2020
BLUE BOOK OF
NINGBO DEVELOPMENT

BLUE BOOK OF NINGBO DEVELOPMENT

宁波发展蓝皮书

2020

主　编　徐　方

副主编　于立平　鲁焕清

童明荣　李建国

ZHEJIANG UNIVERSITY PRESS
浙江大学出版社

目　　录

综合篇

产业篇

区域篇

专题篇

2020 宁波发展蓝皮书
BLUE BOOK OF NINGBO DEVELOPMENT

综 合 篇

2019 年宁波经济发展总报告

戴　娜　章源升　李洪英　汪念萱　徐　卫

一、经济运行基本情况

2019 年以来,全市经济呈现出"总体平稳、稳中有进"的发展态势。2019 年,实现地区生产总值 11985.1 亿元,同比增长 6.8%,其中一产、二产、三产分别增长 2.3%、6.2% 和 7.6%,三次产业之比为 2.7∶48.2∶49.1。城、乡居民人均可支配收入分别增长 7.9% 和 8.9%;实现一般公共预算收入 1468.5 亿元,增长 6.4%。

(一)产业发展总体平稳

1. 农业经济稳中有增

2019 年,农林牧渔业增加值增长 2.6%,同比提高 0.2 个百分点。受春季低温多雨和下半年台风影响,粮食总产和单产略降,粮食产能总体保持稳定。水果总产量 123.56 万吨,同比增长 1.28%,其中以红美人为代表的优新杂柑品种发展迅速。渔业生产保持平稳增长,水产品总产量 100.52 万吨,同比增长 3.9%;农家乐休闲农业经营主体达 1250 多个,从业人员 4.4 万人。

2. 工业生产稳中有升

2019 年,全市规上工业实现增加值 3991.5 亿元,增长 6.4%,略高于去年同期水平。前十大行业中,化学原料和化学制品制造业,计算机、通信和其他电子设备制造业及纺织服装、服饰业增长较快,增速分别为 16.5%、16.5% 和 11.9%。规上工业总产值、销售产值分别增长 3.6% 和 3.2%,产销率为 97.7%。制造业用电增长 3.4％,31 个行业中有 22 个行业用电量实现增长,其中汽车制造业(12.3％)和石油、煤炭及其他燃料加工业(12％)用电增长较快。

3.服务业发展稳中见缓

金融存贷款保持平稳较快增长,2019 年,金融机构人民币存款余额增长9.5％,增速同比提高 2.9 个百分点,贷款余额增长 12.6％,增速同比回落 0.3个百分点。房地产销售保持平稳,商品房销售面积增长 5.6％,增速同比提高0.4 个百分点。商贸经济出现分化,实现限额以上商品销售总额 23803.4 亿元,增长 11.6％,增速同比回落 3.3 个百分点,其中批发业、零售业销售额分别增长12.2％和 3.5％。交通运输业稳中趋缓,水运、公路货物周转量分别增长 11.3％和 5.4％,其中水运增速自年初以来逐步回落;宁波港域货物、集装箱吞吐量分别增长 1.3％和 4.3％,增速同比分别回落 3.2 和 2.2 个百分点。

(二)市场需求总体较弱

1.投资需求实现回升

2019 年,全市固定资产投资增长 8.1％,同比提高 4.5 个百分点。分投资领域看,基础设施投资、工业投资有所改善,分别增长 7.5％、10.5％,增速同比分别提高 5.9 和 10.8 个百分点;房地产开发投资增长放缓,增长 7.3％,增速同比回落 8.2 个百分点。外商投资力度加大,实际利用外资 23.6 亿美元,增长 19.7％。

2.消费市场稳中趋缓

2019 年,全市社会消费品零售总额 4473.7 亿元,增长 7.7％,其中限上社会消费品零售总额 1563.7 亿元,增长 2.6％,增速同比分别回落 0.4 和 1.6 个百分点。从主要商品看,生活必需品类增长 2.6％,汽车类商品增长 0.8％,金银珠宝类(－1.5％)、石油及制品类(－0.6％)商品均出现下降。

3.对外贸易增长放缓

2019 年,实现外贸进出口总额 9170.3 亿元,增长 6.9％,其中出口额5969.6 亿元,增长 7.6％,进口额 3200.6 亿元,增长 5.8％,增速分别同比回落6、3.8 和 9.9 个百分点。从出口市场看,受中美贸易摩擦影响,对美出口下降4.1％,占全部出口比重为 21.4％,比重同比下降 3.6 个百分点,对东盟出口增长较快,增速为 24.3％,其中对越南出口增长 46.5％。

(三)三大收入稳中有升

1.居民收入稳步增长

2019 年,全市居民人均可支配收入 56982 元,增长 8.7％,增速高于去年同期水平。其中,城镇居民人均可支配收入 64886 元,增长 7.9%;农村居民人均可支配收入 36632 元,增长 8.9%。

2. 企业效益实现回升

2019 年,规上工业企业实现利润总额 1298.5 亿元,增长 4.7%,增速同比提高 6.1 个百分点;主营业务收入利润率 7.7%,同比提高 0.2 个百分点;亏损面为 18%,同比下降 0.2 个百分点。规上服务业企业利润总额增长 20.7%,同比回落 14.8 个百分点。

3. 财政收支差额扩大

2019 年,全市实现一般公共预算收入 1468.5 亿元,增长 6.4%,增速同比回落 4.4 个百分点。其中随着减税降费政策的逐步落实,税收收入增长明显放缓,增速仅为 3.3%,特别是个人所得税下降了 20.8%;非税收入增长较快,增速为 24.8%。实现一般公共预算支出 1767.9 亿元,增长 10.9%,增速同比回落 2.1 个百分点。财政收支差额为 299.4 亿元,同比增加 85 亿元。

(四)创新创业持续推进

1. 创新转型成效突出

产业集群加快培育,2019 年全市"246"产业集群增加值增长 7.3%,其中绿色石化、智能家电、电子信息等行业分别增长 9.4%、9.2% 和 16.1%;绿色石化、汽车零部件进入国家先进制造业产业集群培育名单,新型功能材料进入国家战略性新兴产业集群发展工程名单。新兴产业加快发展,数字经济核心产业制造业、高技术制造业、战略性新兴产业增加值分别增长 12.7%、17.8% 和 8.7%,实现高新技术产业增加值 2142.9 亿元,增长 7.4%。跨境电商进口额增长 42.6%,规模保持全国首位。

2. 创新力量不断增强

2019 年,规上工业企业投入研发费用增长 13.7%,研究与试验发展经费投入强度接近 2.8%,财政科技支出增长 58.6%。新引进产业技术研究院 8 家,新增国家企业技术中心 6 家、省级工程实验室 2 家,新认定高新技术企业 815 家。实施人才生态建设"1+X"系列政策和"3315 系列计划",设立宁波人才日,打造"青年友好城",新引进全职海内外院士 8 名,累计引进 19 名,实现海外院士自主培养"零"的突破,新引进顶尖人才 66 名,新增高技能人才 5.89 万人,人才净流入率居全国前列。

3. 创新平台加快打造

出台宁波国家自主创新示范区发展规划,启动甬江科创大走廊规划建设,引进英国诺丁汉大学"卓越灯塔"计划（宁波）创新研究院、西北工业大学宁波研究院等高水平院所，推进浙江大学宁波"五位一体"校区、中国科学院大学宁波材料工程学院、北京航空航天大学宁波创新研究院等项目建设。

（五）社会民生进展良好

1.民生保障进一步加强

就业总体平稳，2019 年城镇新增就业 25.4 万人，同比增长 9.4％，城镇登记失业率 1.61％，同比下降 0.18 个百分点。保供稳价力度加大，全年生猪出栏 87.4 万头，比年初计划增产 8.4 万头；推进粮食"五优联动"试点，打造优质粮食产业链；居民消费价格上涨 3％。

2.社会事业加快推进

省、市民生实事项目全面完成。社会保障不断完善，全市城镇职工基本养老保险户籍参保率、医疗保险参保率分别达到 98.82％和 99.58％。养老服务供给持续提升，新增市级区域性居家养老服务中心 30 个，95％的养老服务机构实现医养结合，市社会福利中心投用，市民康医院扩建项目建成完工。医疗服务体系进一步完善，宁波入选全国城市医联体建设试点城市和社会心理服务体系建设试点城市，组建县域医共体 25 家、资源共享中心 45 个。

3.生态环境持续改善

2019 年，全市空气质量优良率 87.1％，城区环境空气 6 项常规污染物浓度稳定达到二级标准，4 项主要污染物减排均完成省下达任务；市控以上断面水质优良率 83.8％；危废和一般固废处置利用能力分别达 198 万吨/年和 212 万吨/年。

二、经济运行存在的主要问题

在全球贸易摩擦频繁发生、国内市场需求持续趋弱等复杂的国内外环境下，虽然我市经济总体保持平稳运行，但是经济下行压力较大，经济发展存在的问题和隐患仍较突出，尤其是企业经营难度依然较大、实体经济投资低迷、居民消费意愿相对不足等，都需要在下阶段的发展中引起高度关注。

（一）企业经营难度依然较大

一是产品出厂价格持续回落。2019 年全市 PPI 为 97.9，其中 10 月当月（为 95.3）创 2016 年 8 月份以来的月度新低。二是各项成本持续上升。用工方面，规上工业企业应付职工薪酬同比增长 5.7%;融资方面,调研中部分企业反映融资贵融资难问题仍然存在;减税降费方面,部分中小企业受产业链上下游两头挤压,对减税获得感不强。

(二)实体经济投资低迷

一是工业占比明显偏低。近年来,工业投资受企业预期下降、项目接续转换不足等影响,在全部投资中的比重趋于下降,2019 年占比仅为 22.3%,2017、2016 年则分别有 27%、30%。二是新增项目规模普遍较小。前三季度,全市新增 100 亿元以上的项目 1 个,10 亿元以上的项目 25 个,均比去年同期减少 1 个;项目规模明显缩小,10 亿以上项目总投资额为 620.8 亿元,平均单体规模为 24.83 亿元,比去年同期减少 5.21 亿元。全年新开工项目投资下降 16.3%,低于项目投资平均增速 25 个百分点。三是民间投资增长放缓。全年民间投资同比增长 6.1%,处于 2017 年 3 月以来的最低区间。

(三)居民消费意愿相对不足

受物价、房价持续走高等因素影响,我市居民消费信心和意愿相对不足。一是消费需求总体放缓。2019 年,我市社会消费品零售总额增速分别低于全国、全省平均 0.3 个、1 个百分点,处于 2007 年以来的低位;尤其是占比较大的汽车消费,由于处于政策的空档期和消费升级的换挡期,加上受国内汽车消费需求萎缩、"国五"切换"国六"政策实施、进口汽车环保认证难等因素影响,增速明显放缓,成为全市消费需求增速放缓的主要因素。二是居民消费支出处于低位。在居民收入保持较快增长的同时,我市居民消费支出增速处于近几年的低位,城镇居民消费支出仅增长 4.3%,增速比去年同期回落 6.3 个百分点,其中交通通信支出下降 5%。

三、2020 年经济形势展望

(一)世界经济:不确定性风险凸显,下行压力总体较大

在多边贸易摩擦频繁发生、地缘政治风险激化、制造业持续低迷、通缩威胁仍在加剧的背景下,2020 年全球经济增长压力加大。从主要经济体看:美国经济短期平稳,11 月失业率为 3.5%,为近 50 年来的最低水平,但制造业景气度连续 4 个月低于 50% 的荣枯线,国际货币基金组织预计 2020 年美国经济增长 2.1%,低于 2019 年 0.3 个百分点;欧元区增长乏力,虽然宽松的货币政策和扩张性的财政政策将提振消费信心,但受英国退欧、贸易争端等影响,经济预期仍不乐观,德国下调了 2020 年经济增长预期,由 1.5% 下调至 1%;日本经济保持稳定,但日韩贸易摩擦仍将对其制造业和外贸形成负面影响。

总体来看,未来发达经济体经济增长总体放缓,新兴经济体难以独善其身,地缘政治将持续发酵,价值链重塑有望成为大国之间多维博弈的焦点,多边贸易转变为区域贸易的格局将逐步形成,世界经济发展将在动荡中艰难前行。2020 年全球经济增长趋势难言乐观,但中美贸易协定"第一阶段"达成在一定程度上有利于改善市场预期、缓解经济下行压力;以人工智能为重要驱动的第四次工业革命萌芽已现,硬核科技的发展将带来新的产业变革,这些将会成为促进全球经济发展的长期确定性趋势,有望为经济发展注入新的动力。主要权威机构对 2020 年世界经济增长预测的平均值为 2.9%,低于上次预测 0.2 个百分点。

表 1 主要权威机构对 2020 年世界经济增长的预测

预测机构	预测数值/%	预测时间	上次预测数值/%
国际货币基金组织	3.4	2019 年 1 月	3.6
世界银行	2.5	2019 年 1 月	2.6
经合组织	2.9	2019 年 11 月	3.0
平均值	2.9	—	3.1

(二)国内经济:经济运行稳中承压,调控政策有望发力

2019 年,我国经济增长延续总体平稳、稳中趋缓的发展态势,全年 GDP 增长 6.1%,固定资产投资、出口、社会消费品零售总额分别增长 5.4%、5% 和 8%,增速呈现平缓下行趋势。在全球经济增长疲软、外部环境不确定性增多的背景下,2020 年我国经济放缓的压力持续显现。但也要看到,央行货币政策工具趋于多元化,减税降负、政府专项债等财政政策持续发力,5G、人工智能、工业互联网、物联网等新型基础设施将加快建设,政府宏观调控能力有望进一步提升;集成电路、区块链、大数据等新兴产业培育提速,战略新兴产业、网络零售等新动能保持较快增长;12 月服务业商务活动指数为 53%,发展前景持续向好;制造业采购经理人指数(PMI)为 50.2%,连续 2 个月处于 50% 以上的景气区间;中国创新指数持续上升,企业创新步伐不断加快。总体来看,我国经济发展的韧性依然较强。主要权威机构对 2020 年中国经济增长预测的平均值为 5.8%,低于上次预测 0.1 个百分点。

表 2　主要权威机构对 2020 年中国经济增长的预测

预测机构	预测数值/%	预测时间	上次预测数值/%
国际货币基金组织	5.8	2019 年 1 月	5.9
世界银行	5.9	2019 年 1 月	6.1
经合组织	5.7	2019 年 11 月	5.7
亚洲开发银行	5.8	2019 年 12 月	6.0
平均值	5.8	—	5.9

(三)新形势下宁波经济发展面临的机遇和挑战

1. 机遇

(1)重大战略交汇的机遇。从国家层面看,"一带一路"建设、长江经济带建设、长三角一体化发展等三大国家战略在宁波交汇,宁波作为"一带一路"建设支点城市、长江经济带的龙头龙眼、长三角南翼的经济中心,拥有的战略地位、面临的战略机遇更加突出。从省级层面看,浙江大湾区建设规划中提出的空间格局中,"两极""三廊""四新区"分别包含了宁波都市区、甬江科创大走廊、前湾新区,宁波在未来将迎来产业结构优化、创新能级提升、城市国际化现代化水平提高的高质量发展新机遇。从市级层面看,宁波协同推进"246"万千亿级产业集群建设与"225"外贸双万亿行动,着力打造国家制造业高质量发展示范区和新型国际贸易中心城市,经济发展有望再次进阶。

(2)改革红利叠加的机遇。从国家层面看,2019 年国家税务总局对企业增值税、个人所得税进行调整,国家发改委按照一般工商业平均电价再降低 10% 的要求,两次出台降价通知,一系列降本减负的措施出台,有利于企业减轻经营负担,提升经济活力。从宁波层面看,宁波先后获批建设"16+1"经贸合作示范区、国家自主创新示范区、国家临空经济示范区等,目前已有 127 项国家和省级重大改革试点在宁波落地,为重大战略的实施和经济高质量发展提供了有力支撑。

(3)产业技术革新的机遇。区块链、云计算、人工智能、5G、大数据、物联网、集成电路等新兴技术快速发展,逐步成为经济发展动能转换的接力棒。未来高新技术产品的国产替代将成为发展重点,有望掀起新一轮的投资和研发热潮。从宁波来看,一方面,工业基础好,新兴技术应用空间广阔,在集成电路、机器人、工业物联网等领域已初步形成完善的产业配套;另一方面,强院强校强所引进力度加大,科技创新实力有了明显提升。这些都有利于宁波在本轮技术革命与产业变革中抢占先机,在产业迭代浪潮中提升城市竞争力。

2. 挑战

(1)面临资源要素约束强化的挑战。空间资源方面,我市 2017 年土地开发强度为 19.67%,已接近省下达的 2020 年 20.7%的控制红线。能耗约束方面,2019 年我市出台了《宁波市人民政府办公厅关于进一步加强能源"双控"工作的通知》,能耗管控力度进一步加大,不利于新项目落地;部分大企业反映,经过多年能效挖潜,新增的节能空间较为有限。资金约束方面,政府债务水平逐年提高,但财政增收的难度加大,财政收支矛盾突显。

(2)面临国际经贸风险加大的挑战。由于全球经济增长动能减弱,国别之间的贸易摩擦加剧,全球贸易规模短期内增长乏力,世界贸易组织预测 2020 年全球商品贸易增速仅为 2.7%。对外投资风险加大,《2020 年全球交易展望》指出,2020 年全球并购规模预计为 2.1 万亿美元,较 2019 年减少 0.7 万亿美元。此外,美国中期选举、地缘政治等其他风险性因素也会对全球经贸环境产生重要影响。外部市场需求疲弱、国际贸易环境的不确定性将加大我市经济下行风险。

(3)面临传统增长动能弱化的挑战。近年来,汽车、石化、电力等我市重点工业行业的市场需求逐步饱和,对经济增长的支撑力度有所减弱。而在新兴产业规模快速爆发的浪潮中,由于我市企业多以加工和配套为主,较多企业主体扮演着技术应用者的角色,因此能够直接融入这些产业领域的企业仍然数量较少、规模较小,为经济增长注入的增量比较有限。我市战略性新兴产业制造业增加值仅为规上工业增加值的 28.1%,而长三角城市中南京、杭州在 2018 年均已超过30%,合肥甚至超过 50%。

(四)宁波经济发展趋势预测

从主要指标走势判断,工业生产保持平稳,消费边际改善,出口仍然低位增长,物价水平维持高位,全市经济运行总体稳定,预计 2020 年全市地区生产总值增长 6.5%左右。

1. 工业经济保持平稳

随着全球经济步入下行周期、国内经济稳中趋缓,重点领域需求出现下降,化工品价格维持低迷态势,汽车消费持续负增长,电力、纺织行业增长仍较乏力,工业经济运行压力依然较大。但随着一批重大项目建成投产,企业生产效率持续提升,以及新兴经济市场空间打开,新的经济活力也在逐步孕育,2020 年工业经济有望逐步企稳。一是重大项目投产为经济增长注入新动能。吉利汽车杭州湾新区 DMA 项目、余姚整车项目将释放产值,金田新材料高导高韧铜线、高精度铜合金带材项目等有望正式投产,这些将会为工业经济增长带来新的增量。二是生产效率提升为企业注入新活力。全市已有 7993 家规上工业企业实施自动化、智能化改造项目,共 8815 个,其中 5770 个已竣工,已竣工的项目生产效率平均提高 63.7%,企业运营成本平均降低 21.7%;2019 年,规上工业企业劳动生产率为 27.5 万元/人,同比提高 2 万元/人。三是新兴经济迎来广阔增长空间。随着 5G 加快推广应用、集成电路产业掀起国产化热潮,新兴经济有望快速发展。

综合判断,在国家积极拓展国内需求的总体政策导向下,2020 年全市工业经济有望保持平稳增长,预计规模以上工业增加值增长 6% 左右。

2. 投资增长总体稳定

一是工业投资有望实现回升。随着中美贸易战的负面影响被逐步消化,工业企业生产经营预期有望逐步企稳,投资意愿有所提升,三季度重点工业企业监测显示,有 23.4% 的企业表示在未来三个月内有投资打算,同比提高 1.28 个百分点。二是房地产投资将有所回落。从政策上来看,未来房地产调控还将继续。从先行指标看,前三季度商服用地出让面积下降 11.26%,住宅用地出让面积增长 9.01%,增速同比分别大幅回落 137.92 和 71.02 个百分点,未来房地产投资的增长难度将进一步加大。三是基础设施投资将稳中有升。国家层面针对促进地方政府专项债发行、推动基础设施建设方面出台了一系列的政策举措,有望为基础设施投资企稳回升提供支撑。同时考虑到 2019 年较低的基数水平,预计 2020 年基础设施投资将有所回升。

综合来看,工业投资和基础设施投资将有所回升,而房地产业投资将回落,考虑到房地产投资占总投资比重超过 50%,对投资影响较大。预计 2020 年全市固定资产投资增速为 6% 左右。

3. 居民消费有所改善

一是从商品消费看,在国家出台汽车消费购置税优惠政策的刺激下,未来汽车消费有望得到改善;房地产销售保持增长,全年商品房销售面积增长 5.6%,作为房地产的衍生性消费品,家居装潢类商品消费有望得到支撑;2019 年以来,西得州中间基原油(WTI)期货价格总体上维持在 50~60 美元/桶的价格区间内,平均价格水平明显低于 2018 年,2020 年价格进一步下行的空间较小,因此石油及制品类商品零售额增速有望企稳回升。二是从消费能力看,城乡居民消费出现分化,城镇居民人均生活消费支出增长 4.3%,增速低于去年同期 6.3 个百分点,农村居民人均生活消费支出增长 7.3%,增速高于去年同期 2.3 个百分点,由于城镇居民消费水平相对较高,人数相对较多,因此居民消费水平增长总体上处于放缓态势。三是从国家政策导向看，2019 年以来，国家出台了一系列政策推动国内消费市场发展，促进形成强大国内市场将成为较长一段时期内政府工作的重点。

综合来看，居民消费将呈现稳中有升的增长态势，2020 年社会消费品零售总额预计增长 8% 左右。

4.外贸出口仍然低位增长

从促进外贸出口的有利层面看：一是政策环境进一步完善。国家将完善出口退税政策，加大减税降费力度，加快提升贸易通关便利化水平。我市推动实施"225"外贸双万亿行动，积极促进外贸发展提质增效。二是贸易摩擦负面影响有望被逐步消化。涉美出口企业通过开拓新市场、与美企谈判关税分担等方式来应对加征关税影响，2020 年我市对美出口依赖度将会下降。三是跨境电商综合试验区加快推进建设，2020 年快速增长的势头还将延续。

综合来看，外贸新业态、新环境、新政策将会对出口形成有力支撑。然而全球经济下行压力较大，不确定性因素仍然较多，发达经济体之间的贸易局势较为紧张，外贸出口发展的整体外部环境仍低迷，预计 2020 年外贸出口增长 5% 左右。

5.生活、生产物价出现分化

从工业生产看，工业生产者出厂价格指数将持续下行，2019 年全市工业生产者出厂价格指数为 97.9%，2019 年以来均一直低于 100%。根据库存周期（平均 2~4 年左右一轮），宁波从 2015 年 8 月开始进入补库存阶段，2018 年 8 月产成品库存增速见顶，之后增速快速回落至负增长，2020 年去库存周期有望见底，并逐步进入补库存周期。因此，2020 年工业生产者出厂价格指数将呈现出前低后高的走势，考虑到翘尾因素，预计全年下降 2% 左右。

从消费价格看，多种果蔬价格已显著下降；为了稳定生猪生产，国家和地方层面陆续出台了多项政策文件，随着政策落地实施，生猪供给有望逐渐恢复；同时，于 2018 年年中启动的本轮"猪周期"（平均 4 年一轮），也将在 2020 年下半年进入下行阶段，预计猪肉价格将出现明显回落，但受翘尾因素影响，猪肉价格仍将拉高全年 CPI 增长幅度。预计 2020 年 CPI 为 103.5% 左右。

四、2020 年经济发展对策建议

（一）加快产业创新转型

一是大力发展先进制造业。加快建设"246"万千亿级产业集群，加强产业集群布局规划统筹,统筹部署"246"产业集群空间布局,引导产业集群化、特色化发展。持续壮大战略性新兴产业,聚焦新一代信息技术、高端装备、新材料、生物医药、节能环保等领域进行重点突破,具备优势的战略性产业集群争取获得国家的支持。全力发展数字经济,要大力引进培育数字经济企业,推动 5G、人工智能、工业互联网、大数据、虚拟现实等数字产业形成规模优势。引导传统制造企业开展数字化、智能化改造,进一步提高"两化"融合发展水平。推进宁波软件园、集成电路"一园三基地"等平台建设。

二是持续壮大现代服务业。立足制造业、开放、港口的比较优势,顺应人民群众对美好生活的向往,聚焦一批重点突破的生产性服务业、生活性服务业,分行业制定一批专项扶持政策,推动服务业实现更高质量、更快速度的发展。创新服务业发展机制,健全服务贸易、转口(离岸)贸易发展机制,完善提升外贸综合服务平台。创新总部经济、共享经济等新兴服务业发展机制。推进供应链创新及应用试点,建设国际供应链创新试验区。创新文化产业发展机制,推动文创产业平台载体建设。创新先进制造业与现代服务业融合发展机制,发展网络化协同研发制造、大规模个性化定制、云制造等新业态、新模式。

三是加快推进科技创新。深化国家自主创新示范区建设,高效率推进甬江科创大走廊建设,加快建设甬江实验室,持续加大引院校、引机构、引团队、引人才的力度,使宁波成为集聚创新要素的战略高地。加快实施"科技创新 2025"重大专项,支持引进的强院强校强所尽快突破一批"卡脖子"问题,转化一批创新成果。

(二)有效拓展内需市场

一是持续扩大有效投资。以培育"246"万千亿级产业集群为重点,推动制造业高质量发展,结合"增资扩产"专项行动,在制造业领域要谋划一批战略性项目,并积极争取国家布点。谋划建设一批产业链补链、延伸项目和绿色循环化改造、机器换人等转型升级项目,以及一批辐射服务作用大、示范带动能力强的现代服务业载体。加快建立制造业创新中心,引导企业加大科研创新和知识产权投入。加大基础设施补短板力度,推进一批未来社区工作试点、城中村改造、城市品质提升项目。创新投融资体制,规范实施 PPP 项目,积极研究推广城市综合开发 PPP 模式、"XOD+PPP"模式、基础设施证券化模式等。

二是积极培育消费新增长点。在稳定传统消费的基础上,积极培育新兴消费业态,形成一批新的消费增长点。围绕提升宁波城市影响力,关注国内市场消费潜力,立足大宗商品进出口岸,开发国内潜在消费市场,打造国际消费城市。贯彻落实国家税收调节等促消费政策,围绕满足群众需要,培育消费热点,推进消费升级。举办食博会、美食节、购物节等节庆活动,开展省级批零业改造提升试点,打造社区 15 分钟商贸便民圈,建成一批智慧商圈。

三是加大招商引资力度。重点围绕"246"万千亿级产业集群培育和服务业高质量发展,强化产业链项目谋划招引工作,承接北上广深等一线城市的溢出资源,推出上海投资合作洽谈会、宁波(北京)投资合作洽谈会等重点招商活动。主动把握长三角一体化机遇,探索建立长三角招商合作机制,加强相关产业资源、平台建设和项目对接,协同推进沪甬产业合作,引进一批产业、科技、人才、公共服务等领域的合作项目。

(三)再创体制机制优势

一是深化重点领域改革。深化"最多跑一次"改革,推动改革向重点公共服务领域、司法服务领域、党委部门、群团组织和乡村基层延伸。推进"无证件(证明)办事之城"建设。完善市场准入负面清单落实工作推进机制,推进知识产权保护中心和知识产权运营服务体系建设。深入落实融资畅通工程宁波实施方案,全面部署创建普惠金融改革试验区,加大对民营、小微企业的支持力度。持续推进保险创新试验区建设。深化"亩均论英雄"改革评价应用。

二是着力扩大对外贸易。实施"225"外贸双万亿行动,聚焦机电及高新技术产品出口、能源及大宗商品进口、跨境电商、数字贸易、服务贸易、优质商品进口、转口贸易七大重点领域,争取在平台建设、市场开发、人才引进等方面取得突破。扩大信保扶持覆盖面,提高扶持政策兑现比例。加大参展补贴力度和信用担保支持力度,鼓励企业拓展"一带一路"沿线国家等新兴市场。推进大型进口商招引工作,争取在本地设立子公司;出台扩大进口政策,加大优质消费品、机械装备等产品进口。

三是强化开放交流合作。推进"一带一路"综合试验区、"17+1"经贸合作示范区建设,深化与中东欧国家的经贸合作,加快推进国际产业合作园区建设。深度融入长三角一体化发展,增强接轨上海一体化效应,推进前湾沪浙合作发展示范区建设,加快承接一批先进制造、生产性服务领域的重点项目,扩大教育、医疗、保险、养老等领域的合作。深度融入大湾区建设,推进湾区跨区域合作、"科技领航""四港联动"等工程。深入建设大都市区,推进甬舟一体化发展。大力提升宁波都市区核心城市极核功能,启动建设甬舟合作区,推动甬舟铁路、六横公路大桥等区域重大交通基础设施建设取得积极进展,不断深化社保、旅游等重点领域发展。

此外,要强化风险防范化解,严守金融安全底线。密切关注大企业流动性风险,健全不良贷款风险管控清单,完善稳企业防风险的工作体系,着力防范化解企业流动性风险,维护区域金融生态环境。把稳就业放在更加突出位置,积极关注就业形势变化,持续推进"甬上乐业"计划,稳妥落实援企稳岗、社保费减负、重点群体就业创业等相关政策。加强市场监测预警,密切关注民生商品价格波动情况,保持物价稳定。

(作者单位:宁波市信息中心)

2019 年宁波社会发展总报告

徐红映　孙琼欢　潘志同

2019 年是新中国成立 70 周年,在 70 年辉煌发展的基础上,宁波发展开启新征程,谱写新篇章。全市上下始终坚持以习近平新时代中国特色社会主义思想为指导,时刻牢记习近平总书记对浙江和宁波工作的重要指示精神,聚焦"八八战略"再深化,深入开展"六争攻坚"行动,继续打好三大攻坚战。在社会发展领域中,宁波市按照党的十九届四中全会提出的"坚持和完善统筹城乡的民生保障制度""坚持和完善共建共治共享的社会治理制度"的要求,继续做好惠民生、防风险、强服务、重治理等工作,保持经济社会的持续稳定和健康发展,为高水平全面建成小康社会收官打下决定性基础。

一、2019 年宁波社会发展基本形势

2019 年以来,在市委、市政府的正确领导和全市人民的共同奋斗努力下,全市在社会事业、社会治理、社会安全、公共服务等四大社会建设领域成绩斐然,亮点纷呈。

(一)社会事业

1. 基础教育普惠发展,高等教育内涵提升

学前教育公益普惠。办好学前教育,实现"幼有所育"是一项重大的民生工程。目前,宁波共有各级各类幼儿园约 1220 所,其中普惠性民办幼儿园 964 所。在满足人民群众从"有园上"变为"上好园"的需求转变过程中,一方面,大力支持公办幼儿园发展,认真做好公办幼儿园项目的审批、核准等各项服务工作,对于

覆盖率较低的区县(市)下达目标,努力完成国务院要求的公办幼儿园在园幼儿占比到 2020 年原则上达到 50％的目标。另一方面,提升普惠性幼儿园的办学质量,落实以县为主的管理体制,并继续做好民办幼儿园的星级认定等管理,确保办学办园等资质问题,同时加大资金引导和投入,逐步完善民办幼儿园收费机制。

义务教育均衡发展。宁波在义务教育资源配置中积极探索新思路和新路径,努力统筹城乡之间、区域之间、校际之间的资源配置平衡。首先,全面推进"互联网＋义务教育",积极落实城乡学校结对帮扶教学教研工作,2019 年以来,宁波建立省域内跨市城乡结对帮扶学校 19 所,市域内跨县城乡结对帮扶学校10 所,县域内城乡结对帮扶学校 64 所。其次,积极打造智慧校园,通过实施农远工程、多媒体专项工程、教师教育技术提升工程,推进数字化校园建设。再次,加强乡村教师队伍建设,通过乡村教师支持计划、名师骨干带徒等活动,造就一支素质优良的乡村教师队伍。最后,促进义务教育资源的公平共享,出台保障政策,保证残疾少儿义务教育招生入学"全覆盖、零拒绝"。

高等教育内涵提升。宁波积极聚焦高水平大学的建设发展,着力提升城市的核心竞争力。一方面,在甬高校得到快速发展,宁波大学入选国家"双一流"建设高校,宁波诺丁汉大学保持国内中外合作大学领头羊地位,宁波工程学院跻身全国百所应用型本科产教融合发展工程试点高校。另一方面,积极引进优质高校资源。浙江大学宁波研究院揭牌成立;中国科学院大学宁波材料工程学院揭牌;与北京航空航天大学、大连理工大学、西北工业大学等一批名校签约共建研究院(研究生院);宁波工程学院、宁波职业技术学院与固高科技有限公司团队签约共建宁波智能技术研究院、宁波智能技术学院。此外,积极推进"3315 计划""泛 3315 计划""甬江学者计划"等系列工程,引进一大批高层次人才。目前,全市高校共有专任教师 8665 人,其中,全职院士 5 名、高级职称 3854 人、博士2877 人。

2. 基层医疗均衡改善,智慧医疗全面深化

基层医疗均衡改善。自 2017 年我市农村和城镇居民统一并入城乡居民医保制度以来,基本实现了城乡居民"人人享有基本医疗保障"的目标,参保人员的医保待遇整体水平连续多年在全省和全国同类城市中领先。在基层医疗方面,目前,全市共设置社区卫生服务中心和乡镇卫生院 150 家、社区卫生服务站 537家、村卫生室 1870 家,城市 10 分钟、农村 20 分钟医疗卫生健康服务圈已基本建成,全市家庭医生再签约居民 125.3 万人。市卫健委的数据表明,群众对基层医疗卫生机构综合服务满意率达到 96％。截至目前,我市医疗卫生系统拥有国家临床重点专科 1 个、省级重点(扶植)学科 4 个(不含中医)、省级重点实验室 3

个、省市共建学科 10 个(不含中医)。

智慧医疗全面深化。自 2014 年宁波在全国率先推出"云医院"平台以来,智慧医疗快速发展。一是通过分时段预约、诊间结算、刷脸支付等方式,大幅缩短了患者的看病时间。二是依托"云医院",实现了患者上网预约、医生网络问诊,全市已建成 44 家远程会诊中心、273 个"云诊室",二级以上医院均开设了远程会诊中心。三是通过全国第一个区域性的临床病理诊断中心,实现全市的健康档案可共享调阅、跨医疗机构就医可信息共享、检验检查结果互认,中心已经连通全市 15 家医院,可完成 11 个亚专科病理诊断。10 个区县(市)的卫生信息平台已全部建成,并连通至村卫生室。目前,"云医院"平台已经吸纳全市 80% 的医疗机构,已开设 32 个专病专科,累计注册患者近 23 万人,为 72.5 万人次提供了在线咨询及配送药服务,最高日处方量突破 8000 张。

3. 社保覆盖率持续提高,住房保障实现安居

社保覆盖率持续提高。截至 9 月,全市城镇职工基本养老保险参保人数约为 463.8 万人,同比增长 3.3%。城镇职工基本医疗保险参保人数约为 420.7 万人,同比增长 5.3%,失业保险参保人数约为 294.3 万人,工伤保险参保人数约为 367.9 万人,生育保险参保人数约为 281.7 万人,失业、工伤、生育保险参保人数稳步增长。同时,宁波聚焦提高全民社会保障水平,继续调整提高全市退休(职)人员基本养老金,逐步完善城乡居民医保慢性病门诊保障制度,在我市原 153 种慢性病用药的基础上,扩大慢性病药品种类,新增加了浙江省确定的 1000 多种慢性病药品,并提高特殊病种的医保待遇。

住房保障实现安居。一是促进房地产市场健康发展,加快建立房地产市场平稳健康发展长效机制,推进研究制订"一城一策"方案,并积极落实改革完善贷款市场报价利率(LPR)形成机制相关工作,有效实现房地产市场"稳地价、稳房价、稳预期"。二是保障各类限价房和公租房,2019 年"甬樾湾"项目面向城镇中低收入家庭、大学毕业生、外来务工人员、引进人才等"夹心层"发布了 2649 套限价房。三是持续推进老旧小区改造,自 2017 年宁波被列为全国 15 个老旧小区改造试点城市之一以来,2018 年我市共启动老旧小区改造项目 32 个,建筑面积 241.5 万平方米,2019 年启动 42 个老旧住宅小区改造,年内完成老旧住宅小区改造 100 万平方米。

4. 就业形势保持稳定,居民收入平稳增长

就业形势保持稳定。宁波围绕"稳就业"目标,深入实施"甬上乐业"计划。截至 9 月,全市城镇新增就业 18.3 万人,同比增长 5.2%,其中,上半年全市接收高校毕业生 3.4 万余人。城镇登记失业率为 1.94%,继续保持低位。就业成绩的取得主要依靠三个领域的发展：一是产业结构不断优化，宁波拥有五千余家智能制造企业，位居全球城市第七，这些企业为至少一百万人提供了就业岗位；二是高技术领域的新职业诞生，诸如数字化管理师、物联网安装调试员、无人机驾驶员、电子竞技员，为我市诸多新生代青年群体创造了良好的就业机会；三是小微企业的不断壮大，也为就业市场提供了数量可观的岗位。

居民收入平稳增长。前三季度，全市居民人均可支配收入 44630 元，同比增长 9.0%，扣除价格因素实际增长 6.1%。其中，城镇居民人均可支配收入 50366 元，增长 8.3%，实际增长 5.5%；农村居民人均可支配收入 30232 元，增长 9.1%，实际增长 6.2%。前三季度，全市居民人均生活消费支出 24296 元，同比增长 5.0%。其中，城镇居民人均生活消费支出 27414 元，增长 4.0%；农村居民人均生活消费支出 16470 元，增长 6.7%。根据全市低收入农户高水平全面小康统计监测数据，得益于低保标准的进一步提高、农民增收渠道增多等利好因素，我市低收入农户人均可支配收入继续保持较快增长，城乡居民收入差距继续缩小。

（二）社会治理

1. 社区治理全面提升

未来社区是浙江省提出的一项重大民生工程，2019 年宁波市鄞州区划船社区和白鹤社区分别以综合评价全省第一和第四的成绩入选首批未来社区 24 个试点。在共建未来社区的过程中，宁波在多领域开展了一系列先行先试的工作。一是强调党建引领社区治理，充分发挥基层党组织在社区治理中的领导核心地位和作用。二是打造社会协同的社区共治，建立健全居民、居委会、业委会、物业公司、驻区单位、社会组织等多元主体共同参与的社区治理结构。三是鼓励居民参与的社区自治，重点培养社区治理的活力和内生力。四是加强技术应用的社区智治，以构建智慧社区平台为基础，推动社区信息数据整合，实现社区治理现代化。

2. 乡村治理创新不断

乡村治理是国家治理体系的"神经末梢"，宁波市从县（市）级层面、镇村层面等多层级入手，在乡村治理方面进行积极探索。2019 年 6 月，全国加强乡村治理体系建设工作会议在宁波召开，我市乡村治理体系建设工作得到广泛关注。我市创新的"村民说事""小微权力清单""四个平台"等多项制度和做法在全国全省推广，打造了乡村治理的宁波品牌。象山县"村民说事"和宁海县"小微权力清单"制度 2 个案例，入选农业农村部 2019 年首批全国乡村治理 20 个典型案例，占浙江省 3 个入围案例 2 席。同时，宁波也鼓励各区县（市）深入研究各地乡村治理规律,探索创新各种路径和方法,不断丰富乡村治理的实践探索。

3.社会组织蓬勃发展

2019 年,宁波全市登记社会组织共 9943 家,其中社会团体 2536 家,民办非企业单位 7363 家,基金会 44 家,服务供给覆盖教育、科技、卫生、法律、文体、社会保障和救助、公益慈善等多个领域。在培育和发展社会组织的过程中,宁波市坚持多措并举,不断创新方式方法。一是出台《宁波市直接登记社会组织管理办法》《宁波市社会工作专业人才发展三年行动规划(2018—2020 年)》等政策法规,为社会组织发展奠定制度基础。二是通过制订培育计划、搭建孵化平台、给予资金扶持、扩大公共服务购买等措施,为社会组织创造更为宽松的发展空间。三是不断完善公益性社会组织人才引进和培养制度,2019 年,宁波首次将取得"高级社会工作师职业资格"及相应成果的社会工作人才纳入"高级人才"序列,促进我市社工人才的专业化、职业化发展水平的提高。

(三)社会安全

1.平安建设持续推进

宁波继续扎实推进平安建设"三年提升行动",在过去一年间,平安建设指标呈现"整体可控、良性发展"的趋势。在交通安全方面,涉电动自行车交通事故死亡人数同比下降 52.7%,全市道路交通事故全口径死亡人数同比下降 29.6%。在经济安全方面,全市共立经济犯罪案件 519 起,破案 393 起,抓获 918 人,挽回损失 4.6 亿元。在网络金融安全方面,我市共打掉套路贷团伙 183 个,破获各类案件 4010 起,查扣涉案资产 14.72 亿元,打掉非法套路贷 APP 和网络平台 157 个,电信网络诈骗案件同比下降 2.8%。在基层治理方面,试点运行"警网互融",有效汇聚多部门监管处置力量,全市试点公安派出所向网格推送 892 条,落实反馈 854 条,试点单位综治指挥中心向同级公安派出所推送 409 条,落实处置 395 条。同时,全面推广"智安小区"建设应用,全市 1295 个新建"智安小区"达到省标,389 个小区实现"零发案"。

2.扫黑除恶成效显著

宁波围绕"三年为期、宁波无黑"总目标,全力推动扫黑除恶专项斗争向纵深发展。全市公安机关强力推进专项斗争,完善工作机制,组建扫黑除恶专业队,对黑恶势力始终保持零容忍态度。2019 年,我市大数据引领专项斗争的经验做法被公安部扫黑办在全国范围内交流推广,"钱潮""三江潮"系列行动"打伞破网""打财断血"成果显著,扫黑除恶宣传全城覆盖,全民参与,共收到举报线索 1623 条,查证属实并打掉黑恶团伙 86 个,兑现举报奖励 171 万元,形成了对黑恶违法犯罪的压倒性态势,群众获得感、幸福感、安全感明显提升。与此同时,全市坚持边打边建边治,梳理了一批重点乱点区域和行业领域,加强综合治理,一些社会治安乱象得到有力整治。

3.全面护航新中国成立 70 年

2019 年是新中国成立 70 周年,在全力保平安、迎大庆的关键时期,全市各级各部门通过全面动员、全员参与,重点在安全生产、防汛防台、食品药品、城市运行、消防安全、综合治理等多个领域,开展排查指导和专项整治行动。通过落实主要领导亲自抓、分管领导具体抓的安全责任体系,加强宣传教育以提高群众安全生产意识,开展监督检查、随机抽查、暗查暗访等排查督导工作,完善各项应急处置机制,为新中国成立 70 周年各项重大活动的开展奠定了和谐稳定的社会基础。

(四)公共服务

1.政务服务持续优化

2019 年以来,宁波市以深化"最多跑一次"改革为总牵引,着力构建具有宁波特色的"四横四纵"政府数字化转型体系。在深化"最多跑一次"改革方面,2019 年的专题协调会明确了 2019 年 17 项重点任务,聚焦"跑零次"、"掌上办"、事项颗粒化标准等基础工作。在政务服务方面,梳理汇总公民个人和企业全生命周期"一件事"清单,发布 53 项群众和企业"一件事"目录。2019 年,实现"跑零次"事项比率在 90% 以上,70% 的审批服务事项全城通办,80% 的民生事项"一证通办",容缺受理清单在窗口全面实施,市行政服务中心的政务服务自助终端可自助办理 200 多个事项。同时,加快推进"掌上办""网上办"等无形窗口的建设,实现 100% 事项网上可办,网上办件比例超过 50%,掌上可办事项比例达 70%。

2.全民健身广泛开展

在体育事业领域,宁波始终坚持人民是体育事业主体的理念。2019 年,宁波市首届全民运动会与第十八届市运会同时开幕,实现了"群众体育大会"与"竞技运动会"的有机结合。在全民健身领域,基本建成惠及 800 多万人民的全民健身工程体系。2019 年 10 月,宁波奥体中心正式开业,面向市民开放。目前,市本级拥有 36 家体育社团组织和 55 家民办非企业单位,每年组织开展的各类体育赛事活动达 6000 余场,参与各类赛事活动的群众超过 200 万人次。另外,以"一人一技"全民健身公益技能培训为依托,市本级累计开展免费技能培训的参与人数已超过 1 万人。2019 年,宁波积极开展体育文化交流,先后承办了 2019 年国际男篮热身赛、中国汽车耐力锦标赛、WTCR 世界房车锦标赛等大型体育赛事,助力提升宁波的城市知名度和影响力。

3. 文化事业深入推进

自 2017 年启动"一人一艺"全民艺术普及工程以来,宁波的文化事业取得了蓬勃发展。近年来,宁波通过社会化和数字化,使"一人一艺"真正落地生根。一方面,依靠社会艺术机构组建起社会联盟,建立起 151 家社会联盟、36 家空间联盟、34 个艺术普及点、2 家艺术普及基地,让全市基层文艺得到切实发展。另一方面,以互联网为依托,建成了"一人一艺"云平台,通过 PC 端、APP、微信端,使海量的数字文化资源触手可及。同时,宁波以"一人一艺"品牌为载体,不断创新艺术普及形式,如"一人一艺"乡村计划赋能乡村振兴,"一人一艺"文艺客厅创意都市空间,并实现了区县(市)联动遍地开花。

4. 公交服务不断升级

2019 年以来,在公共交通领域,宁波着力构建"公交＋慢行"交通顺畅出行链。一是在轨道交通方面,3 号线一期、宁奉线、4 号线、2 号线二期等 5 个在建工程持续推进。二是在常规公交方面,整合资源,推进公交优先设施建设,绿色交通、智慧交通成为近年来的热点。在绿色出行方面,从 2016 年至今,宁波累计投入财政补助资金 13.6 亿元,用于购买多种能源驱动的公交车辆。在智慧出行方面,"宁波通"智慧公交 APP,每天为 10 多万人提供公交、公共自行车等出行信息查询服务;市区累计建设公交电子站牌 80 多套,2019 年又完成 10 余座候车亭的智能化改造任务;宁波几乎所有公共交通都支持"刷"机,全面实现了一部智能手机"走遍宁波"。

二、2019 年宁波社会发展存在的主要问题

宁波始终坚持把发展社会事业、实现公平正义,特别是解决民生领域中的热点难点问题作为社会建设的着力点,无论是从全国范围看,还是从浙江省内看,宁波在社会发展领域取得的成绩都一直保持领先地位。但是,看得到成绩,也不能忽视问题,当前在社会发展中客观存在的一系列问题,需要政府和社会各界高度重视并着力解决。

(一)社会事业中的结构性差异仍需平衡

由于城乡二元结构体制仍然存在,城乡居民在就业收入、社会保障、教育医疗、人居环境、文化体育、交通保障等方面存在客观差距。以社会保障为例,当前农村居民的参保项目主要以城乡居民基本养老和医疗保险、被征地人员养老保险为主,与职工养老和医疗保险相比,其保障待遇水平仍明显偏低。以医疗卫生

服务为例,农村医疗卫生事业发展不足与农村居民的健康需求之间的矛盾突出,城乡医疗卫生资源配置不均衡,这在偏远山区、海岛等地尤为突出。以基础教育为例,农村普惠性幼儿园在数量和质量方面,与城市有较大差距,中小学校教育经费投入不足、设施配备落后、师资紧缺、教学质量低下等问题仍需进一步改善。

(二)基层治理中的多元主体协同增效不足

当前基层治理的多元主体难以发挥作用,治理中的协同增效不足,是导致治理实际效能不足的重要原因。一是社会组织力量发育不足,无论是在培育发展、资金支持方面,还是在人事管理、组织运行等方面,都过度依赖政府,难以独立承接政府职能转移剥离出来的社会职能和服务职能。二是社会企业参与基层治理不足,难以在养老服务、公益慈善、社区服务、环境保护、精准扶贫、生态农业、食品安全等多个领域提供产品和服务。三是居民的治理主体地位没有充分发挥出来,对公共事务较为漠视,同时不具备参与治理应有的能力和技巧。以垃圾分类工作开展为例,在提升居民垃圾分类意识和实际参与度,引入社会组织参与设施配置、宣传引导、群众培训等过程中,吸引市场主体加入等方面都存在问题和阻力。

(三)社会安全中的重点和难点问题仍然存在

尽管随着“平安宁波”建设和扫黑除恶专项斗争的深入推进,各类刑事案件、生产安全事故等主要指标数量连续下降,但是一些危害公共安全的重点难点问题仍然存在,并在新形势下表现出了新问题、新矛盾。近年来,存在于网络空间的安全隐患日益突出,网络“套路贷”等诈骗犯罪、侵犯公民个人信息、网络赌博乱象、网络淫秽色情犯罪等违法犯罪问题频发,特别是互联网金融的发展为一些不法分子提供了可乘之机。由于普通投资者往往缺乏相关法律政策和金融知识,且犯罪分子不断增强欺骗诱导性,打着“资本运作”“金融创新”“经济新业态”等幌子,以理财、众筹、期货、虚拟货币等形式在各大网络平台进行非法集资活动,这些非法活动的迷惑性变得更强,这大大增加了防范打击的难度。

(四)公共服务中的有效供给仍需改善

精准把握基本公共服务的社会需求,努力提升公共服务有效供给的能力。在行政服务方面,据市统计局调查数据,由于“最多跑一次”改革宣传不到位、信息不对称和确实存在值得商榷的环节等,56.8%的受访者认为当前需提交的审批材料太过于烦琐,59.5%的受访者则认为审批环节过多、时间过长。在交通建设方面,市民对于“停车难、乱停车”“城市慢行交通乱象”“道路反复修反复挖”“农村道路安全排查”等问题反应激烈,城市交通建设中的“老大难”问题依然存在。在文体服务供给方面,虽然宁波在文体设施建设中积极探索新路径,但是在文体服务和产品的供给方面,有特色、有持续性、有广泛参与性的活动项目品种不够丰富,文体服务和产品供给的探索进展缓慢。

三、2020 年宁波社会发展形势展望及对策建议

2019 年以来,在国家发展的整体目标和框架下,宁波在社会发展领域进行了不断探索和创新。在 2020 年,也将继续围绕这一目标继续改革创新,抓重点、补短板、强弱项。一是注重社会事业领域公平和公正,实现更高水平的发展;二是努力完善基层社会治理体系,打造共治共建共享社会治理格局;三是加强社会风险防范和化解,营造更加和谐稳定的社会发展环境;四是调整和优化公共服务供给,促进民生福祉实现新提升。让更多人民群众共享发展改革的成果,为高水平全面建成小康社会打下坚实基础。

(一)深化社会体制改革,实现社会事业均等化

宁波将以党的十九届四中全会提出的"注重加强普惠性、基础性、兜底性民生建设"要求为指引,深化社会体制改革,着力构建完善的公共服务体系,使改革发展成果更多更公平地惠及全体人民。

1.增加农村基本公共服务的财政投入

完善公共财政制度,及时调整和优化财政支出结构,重点加强农村地区,特别是偏远山区、海岛的教育、医疗、养老等基本公共服务设施建设,提高这些区域的教育和医疗水平,逐步拉平与城市的差距。促进农村地区的学前教育、义务教育、高中和职业教育的发展。继续提高农村基本医疗保险报销比例,加大对农村地区医疗基金的拨付力度和医疗保险的补贴力度,降低当地居民的基本医疗费用。

2.加强农村公共服务人才队伍建设

通过政策倾斜、资金支持等方式,鼓励教师和医护人员等专业技术人才到农村地区服务,在职称和待遇方面给予优待。建立组织、人事、教育、卫生、文化等部门协作机制,形成农村人才资源开发合力。健全完善职称评价体系,使工作在农村一线的基层专业人才的绩效、技能等得到公平公正的评价。

3.促进城乡公共服务资源的信息共享

以政府牵头、社会参与的方式,继续探索通过信息技术实现城乡公共服务资源的共享,将优质公共资源信息化,建立共享服务平台,提供远程教育学习、医疗诊断等服务,降低基本公共服务均等化的成本,进而缩小农村与城市的公共服务差距。

（二）完善防范风险机制，实现社会安全常态化

无论是防治系统性风险，还是防治非系统性风险，提高对风险的认识，构建系统化的现代风险防治体系，提高社会规避和应对各类风险的能力，都是实现社会治理现代化的重要内容。

1. 以深化认识为导向，引导社会心态和预期

针对当前网络领域违法犯罪问题高发，特别是互联网金融犯罪凸显的现状，一方面，在不断提升网络综合治理能力的基础上，有效引导社会心态和社会预期，缓和社会焦虑，化解社会戾气，营造清朗的网络空间。另一方面，加强全民的风险防范意识，尤其是要提高外来务工人员、老人、在校学生、贫困人员等风险易感群体对潜在金融风险的甄别防范能力。

2. 以基层治理为重点，加强风险防治的社会基础

防范化解社会领域重大风险的根基在基层、在细末。一方面，进一步完善构建网格化、立体式的基层社会治安防控体系，加强街面巡逻防控，并依靠"天网""雪亮"等平台，实现更全面的治安布局。另一方面，坚持发展新时代"枫桥经验"，深化网格化管理，推进基层信访稳定工作，借助群众力量及时掌握基层矛盾隐患状况，完善舆情排查，及时将矛盾纠纷化解于基层。

3. 以防治结合为手段，构建现代风险防控体系

加强系统化思维，实现风险的事前、事中、事后的全过程管理，重点把握时间窗口，积极主动应对，努力构建集风险评估研判、应对处置和防控责任于一体的防治机制。同时，市、县（区）、乡镇（街道）要分别完善社会风险研判联席会议制度，实现各级各部门共享信息、协作研判、形成共识，形成风险化解合力。

（三）打造共治共享格局，实现社会治理现代化

党的十九届四中全会提出要"建设人人有责、人人尽责、人人享有的社会治理共同体"，社会治理现代化的实现不仅需要"党委领导、政府负责"，还需要"社会协同、公众参与"。

1. 以满足需求为导向，引导社会主体多元参与

推进了解民意的渠道下移，健全完善多渠道的民意表达和民意收集机制，以满足民意诉求为导向，推动群众从个体利益诉求向公共利益诉求转化。推动治理资源下沉，把更多的人力、物力、财力配置到基层，把更多的时间、精力、重心投入基层，引导群众合理合法表达诉求、参与基层治理的互动和协商。

2. 以自我组织为手段，提升参与主体的意识和能力

一是继续支持各类专业性社会组织的发展，重点关注组织内生力量的培育，

逐步形成独立的人事和财务制度。二是促进基层群众的自我组织,促进各类草根组织、社区组织的发展,通过组织化来搭建社会网络,形成互惠规范,产生普遍信任,使个体为公共利益而联合形成公共参与群体成为可能。三是拓展群众的议事渠道,构建多元化的基层协商平台,以民议推动参与,以民议提升能力。

3. 以搭建平台为基础,健全参与治理的体制机制

进一步拓展各地"村民说事""小微权力清单""道德银行"等社会治理平台,完善制度设计和规范运作流程,畅通群众参与社会治理的制度化渠道。同时,依托"一中心四平台全网格""最多跑一次"改革等,完善社会治理的信息支撑,通过各级各类数据资源的互联互通和共享,实现社会治理资源的有效整合和全网联动的高效治理。

(四)把握供给的需求侧,实现公共服务精准化

公共服务的供给侧改革需要立足于不同地区、不同群体的需求和期待,才能促进公共服务的结构性调整,提升供给质量,扩大有效供给,实现公共服务供给的精准化。

1. 实现由粗放模式向精准供给转变

以信息技术为支撑,通过大数据分析,充分挖掘不同区域、不同群体的公共服务需求,实现供求双方的双向互动与匹配。以城市交通治堵为例,构建大数据缓堵综合平台,通过堵点定位、堵因分析、治堵评估、拥堵预报等方式,通过电子路牌、网站、微信、APP、车载终端等方式协助出行者躲避拥堵,提高公众出行效率。

2. 实现由设施建设向服务作战转变

在完善各项公共服务基础设施设备的基础上,重点强化服务机制创新。在文体服务方面,继续深化"一人一艺""一人一技"等全民艺术体育普及工程,推动文化惠民、全民健身等工作融入百姓生活。在政务服务方面,积极完善相关审批政策,优化简化政务程序,并继续推进网上审批、手机掌上审批和自助化一体机办理等工作,打造更为高效、亲民的政务服务环境。

3. 实现由规模增长向提质增效转变

在公共服务供给中,改变单纯以规模数量为指标的衡量方式,强调品质质量的创新创优。不断优化文体产业结构,实现与科技、金融、旅游等产业的融合发展,并朝着品牌化、智能化的方向发展。同时,加强文化体育等公共服务管理运行机制创新,搭建供给需求对接平台,积极引导社会资本加入,并推动跨部门、跨领域的共建共享和融合发展。

(作者单位:中共宁波市委党校)

2019 年宁波文化发展总报告

陈建祥　张　英

2019 年是新中国成立 70 周年,是决胜全面建成小康社会关键之年,也是贯彻落实宁波市第十三次党代会精神、加快推进"六争攻坚、三年攀高"行动的重要一年。面对着蓬勃创新的发展形势,宁波的文化工作不断开创新局,为推动宁波高质量发展和"六争攻坚、三年攀高"行动提供强大的精神支撑和文化引领。

一、2019 年宁波文化发展概况

(一)社会主义核心价值进一步弘扬

1."不忘初心、牢记使命"主题教育扎实推进

5 月,中共中央召开"不忘初心、牢记使命"主题教育工作会议,决定以县处级以上领导干部为重点,在全党开展"不忘初心、牢记使命"主题教育。这是继党的十八大以来我们党所开展的群众路线教育实践活动、"三严三实"专题教育、"两学一做"学习教育之后又一次重大主题教育。伴随着"不忘初心、牢记使命"主题教育拉开帷幕,全市 105 家第一批单位在 6 月 15 日前全部完成了动员部署。9 月上旬,第二批主题教育启动,广大党员纷纷表示要以实际行动确保"不忘初心、牢记使命"主题教育取得预期效果。

2."爱心宁波"城市品牌不断加强

深入开展宁波好人、道德模范、最美家庭等道德荣誉体系建设,有效推进"爱心宁波"城市品牌塑造。2019 年上半年,共评选表彰宁波好人 36 人次,入选中国好人 6 人、浙江好人 14 人,"中国好人""浙江好人"年度上榜人数位居全省第

一。组织开展道德模范评选表彰,评选产生第六届宁波市道德模范 15 名。另外,据统计,"十三五"以来,全市共接收社会捐赠总额超过 28.72 亿元,慈善救助总支出约 21.72 亿元,共有 235 万人次受益,宁波连续五次荣登"中国城市公益慈善指数百强榜"。

3. 文明城市创建全域化高水平推进

一是文明示范线建设取得新进展。全市已启动"五彩四明""斑斓海岸""绚丽浙东"三种类型的农村文明示范线 38 条。4 月,宁波市"多姿三江"文明示范线在老外滩开线启动,成为宁波市首条城市文明示范线,实现了文明示范线建设的城乡全覆盖,"五彩斑斓、绚丽多姿"成为宁波文明示范线建设的代言词。二是文明城市创建持续推进。2 月,宁波市《政府工作报告》提出,宁波将实施环境秩序优化、文明行为促进条例深化、窗口文明提升、公益宣传美化等四项工程。4 月,市委印发《宁波市建设新时代文明实践中心试点与探索创新工作指导方案》,在全市域积极开展试点与探索工作。5 月,全市文明城市建设大会召开,部署在全市深入开展文明城市创建"五整顿两提升"和完善"四项机制"行动,以进一步提升宁波的文明风尚。三是新时代文明实践中心建设有序推进。新时代文明实践中心是加强改进农村基层宣传思想文化工作和精神文明建设的重要载体。5 月底,全市新时代文明实践中心建设暨学雷锋志愿服务工作推进会在余姚举行,鼓励各地先行先试,努力创造在全省乃至全国可推广可复制可借鉴的宁波经验。

4. 主流舆论引导不断加强

全市新闻宣传战线紧紧围绕学习宣传贯彻习近平新时代中国特色社会主义思想这个首要任务,进一步深化重大主题报道。一年来,策划了新中国成立 70 周年、"六争攻坚、三年攀高"、"246"万千亿级产业集群、扫黑除恶专项行动、东西部对口帮扶、生态文明建设、法治宁波建设、市域现代化治理等重大主题,创新报道形式,形成强大的正面宣传舆论声势。同时还推出了熊澎桥、林雅莲、何张辉、陈赛花以及"挡刀女孩""钢琴奶奶"等一批生动鲜活的人物典型,有力弘扬了正能量。

(二)"文化宁波"建设精彩开局

2 月,"文化宁波 2020"建设计划被写入政府工作报告,作为 2019 年宁波重要的文化实践,标志着宁波文化建设进入了一个更加系统、更高站位的新纪元。3 月,市委、市政府正式发布"文化宁波 2020"建设计划,具体包括"书香宁波""影视宁波""音乐宁波""创意宁波"四大计划。

1. 书香宁波

"书香宁波 2020"建设计划以培育全民阅读社会氛围和时代风尚为主要方

向,以提高全市居民综合阅读率为基本目标,以设施和品牌建设、机制和模式创新为重点抓手,大力推进"书香之城"建设。围绕这一计划,推进天一阁博物馆扩建一期工程,加快推进农家书屋、社区阅览室与各级图书馆图书资源的统一流通、统一检索、通借通还,大力发展特色民营书店和"书店+"模式,把"天一阁·月湖景区"书香品牌打造成融藏书文化、阅读文化、创意文化于一体的宁波书香品牌,让宁波书香氛围更加浓厚。

2. 影视宁波

"影视宁波 2020"建设计划旨在依托宁波现有影视产业集聚优势,围绕做强影视拍摄基地、培育影视制作与设备生产产业、加快影视出品基地建设三大重点任务,提升宁波影视文化在影视拍摄、制作、出品、交易、消费等各环节的竞争力,力争把宁波打造成在全国有影响力的集影视拍摄、后期制作、创作出品、版权交易于一体的影视之城,争创世界电影之都。

3. 音乐宁波

"音乐宁波 2020"建设计划以世界音乐文化名城为标杆,立足打造"海上丝绸之路音乐母港、中国新乡村音乐发源地、国家音乐产业基地园区"的目标,将宁波建设成音乐功能完善、音乐人才集聚、音乐创作活跃、音乐产业发达、音乐活动丰富、音乐品牌凸显、音乐消费旺盛,在国内乃至国际上具有较高知名度和影响力的"音乐之城"。

4. 创意宁波

"创意宁波 2020"建设计划以改革开放和科技创新为动力,聚焦中小微企业培育、龙头企业做大做强、创意设计人才培养、产业融合发展四大重点,加快提升文化创意和设计服务水平,推进文化创意和设计服务更好地服务于经济结构优化和产业转型升级,将宁波建设成一流的创意设计高地。

(三)现代公共文化服务体系建设稳步发展

1. 公共文化基础设施进一步完善

2019 年,宁波图书馆新馆、宁波城市展览馆、宁波奥体中心等大型文化设施相继投入使用。同时,宁波率先完成浙江省基本公共文化服务标准认定,基本构建起城乡一体化公共文化服务网络,公共文化设施网络进一步向镇、村覆盖。据统计,截至 2019 年 8 月,全市已建成农村文化礼堂 1590 家,约占应建行政村总量的 75.5%。最新统计数据显示,宁波每万人拥有公共文化设施建筑面积达到 2531.04 平方米,位居全省第一。

2．农村公共文化建设进一步加强

一是"艺术家驻村行动"成为文化助推乡村振兴的有效载体。年初，宁海县借鉴国内外乡村社区营造先进经验，正式提出"艺术振兴乡村，设计激发活力"理念，探索将艺术设计与农村生产生活相融合，激发村民建设村庄、参与艺术创造的内生动力。二是"一人一艺"乡村计划深入实施。2019 年，"一人一艺"乡村计划继续把优质文化资源向基层拓展与延伸，培育文化"火种"，输送专家、人才团队到基层，重点策划实施乡野艺术节、田园水果季、古镇民谣风等主题活动。三是乡村文化振兴的理论研究逐步推进。9 月，由中国小康建设研究会主办的 2019 乡村文化振兴高峰论坛在鄞州举行，专家学者围绕"弘扬优秀乡村文化，助力乡村全面振兴"主题，进行深入交流和探讨，为推进乡村文化振兴建言献策。

3．群众文化活动进一步提质

群众公共文化活动形式越来越多样，品质越来越高。1 月，市音乐家协会首个基层服务示范点在万安社区成立，旨在通过相关活动提升基层文艺团队专业素质，丰富居民文化生活。8 月，"乡音乡情乡愁"主题朗诵会暨"红杜鹃"宁波市基层文艺社团风采大展示颁奖典礼举行，20 个优秀基层文艺社团展示了自己独特的风采。9 月，庆祝中华人民共和国成立 70 周年宁波市"一人一艺"全民艺术普及成果展演在余姚市河姆渡镇举行，各区县（市）选送的 12 个优秀歌舞节目精彩上演。此外，中国新乡村音乐会、市民文化艺术节等节庆活动成为具有广泛影响力的文化品牌。

4．文艺精品创作进一步繁荣

在 2019 年浙江省第十四届"五个一工程"奖评选中，宁波共有歌剧《呦呦鹿鸣》等 13 部作品获奖，获奖数量位居全省第一，创历史最好成绩。其中，原创民族歌剧《呦呦鹿鸣》成功获得全国第十五届精神文明建设"五个一工程"奖，至此，宁波已连续七届荣膺全国"五个一工程"奖。此外，越剧《藏书楼》、话剧《甬商，1938》、甬剧现代戏《暖城》成功首演，群舞《快递小哥》入围第十八届群星奖决赛。电视剧《七月与安生》在爱奇艺平台完成独播，《月上重火》于 9 月上旬杀青，"宁波影视"的影响力进一步提升。

（四）文化产业发展持续推进

1．总体规模平稳增长

宁波将文创产业列为"246"万千亿级产业集群中的千亿级产业集群的重要组成部分，深入实施发展规划，不断推动文化产业保持良好发展态势。从产业总量看，根据市统计局初步测算，2019 年上半年全市实现文创产业增加值 271.67

亿元,同比增长 9.2%,高于宁波市地区生产总值(现价)增速 1.7 个百分点。

2.文化融合进展明显

一是文旅融合。2019 年为文旅融合元年,文化与旅游的融合是热点和亮点。上半年,全市 30 个文化和旅游项目签约,合同利用资金达 378.38 亿元。全域旅游工作稳步推进。目前,象山、宁海、奉化成功创建省级全域旅游示范区,其中宁海还入围国家级全域旅游示范区。修订完善乡村全域旅游示范区认定标准,6 个乡镇获省第三批旅游风情小镇认定。2019 年,宁波旅游节更名为宁波文化旅游节,设计安排了 4 个板块 12 项主干活动。二是文化金融融合。上半年,市股交中心文创板块新增文创企业挂牌 20 家,农行宁波文创支行贷款余额12.86 亿元。同时,宁波成功获批创建国家文化与金融合作示范区,全国仅两地入选。三是创意与非遗加速融合。5 月,皇家园林文创开发中心、北京故宫文化创意有限公司设计及供应链运营中心双双在江北区举行揭牌仪式。作为全国文创企业的旗舰,"故宫文创"落户宁波,可以利用其特有的人才优势、设计优势等,发掘宁波本土传统文化资源和当代人文资源,为宁波本土品牌赋能。

3.文化消费备受关注

全市文化消费呈现良好态势。近 3 年全市居民人均教育文化娱乐支出增速居八大类消费前列。宁波入选文化和旅游部组织的文化消费试点城市奖励名单,位居 45 个试点城市前列。5 月,第十五届中国(深圳)国际文化产业博览交易会举行,文化和旅游部首次在文博会上设置了文化消费试点工作成果专题展,宁波促进文化消费的经验被专题展示,受到各方关注。2019 年还组织实施了宁波文化消费网红品牌推广计划,深圳文博会上,宁波文化消费网红品牌"十大打卡地""十大畅销品""十大热门事"手册被重点推介。

4.重大项目建设取得新进展

宁波文创港核心区正式开工建设,对于提升城市形象品质、完善中心城区功能、集聚高端创意人才、带动产业转型升级都有重大意义。7 月,宁波中华传统文化园落户杭州湾新区,项目总投资约 32 亿元,项目建成后将具备国际一流水平,年接待能力达到 300 万人次。此外,总投资 90 亿元的海泉湾温泉小镇项目和总投资 90 亿元的祥源漫城等项目也在加快推进,宁波音乐港积极创建国家音乐产业基地,宁波华强中华复兴园二期、港中旅"文化小镇"等项目进展顺利,保利文化小镇、贝发文创产业创新综合体等项目已相继启动。

(五)文化传承工作有序开展

1.名城保护工作点面结合

2 月,宁波市第二批历史地名文化保护名录出炉,共有 304 个地名收录其中,从点上进行了梳理。3 月,全市自然资源和规划工作暨市名城委(扩大)会议举行,从整体上规划了名城保护工作。会上提出要进一步完善市名城委牵头协调、各区县(市)具体落实的工作机制,加强上下联动和部门协同,动员全社会共同推进名城保护。

2. 非遗保护呈现新亮点

当前文旅融合的发展潮流对于促进非遗保护也是一个良好契机。2019 年,宁波以文旅融合为重点,深入推进非遗小镇建设,全面实施百场非遗进景区,统筹规范民办非遗展示馆,加快开发非遗衍生品,拓展非遗旅游线路,加强非遗资源开发利用,构建了非遗科学保护新格局。余姚以阳明文化挖掘和营造为主要脉络,以旅游和景区开发为空间载体,以商业良性运作为有机支撑,启动建设"阳明古镇"。另外,近年来"非遗进校园"工作的持续推进,有效促进了非物质文化遗产在青少年群体中的传承与发展,如 10 月,高雅艺术进校园之宁波非遗专场演出在宁波工程学院举行,取得了良好效果。此外,海曙区正将"浙江宁波黄古林蔺草-水稻轮作系统"申报第五批中国重要农业文化遗产,一旦申报成功,这一历史悠久的宁波农耕文化遗产,离成为全球重要农业文化遗产又近了一步。

3. 博物馆建设不断推进

全力推进天一阁博物馆扩建工作,与故宫博物院签订战略合作框架协议,建立市天一阁扩建项目推进领导小组,市委、市政府专题审议并形成《天一阁扩建项目设计需求》,推进概念方案设计工作。积极推进博物馆事业发展,其中宁波博物馆举办的《岁月如歌——1949 年以来宁波经济社会发展变迁物证展》等展览,广受好评。此外,宁波还积极配合做好大运河文化带各项建设工作,协调推进"一馆二带三公园"①有关工作。

(六)城市文化交流传播日趋活跃

1. 城市文化交流持续推进

从国际层面来看,宁波积极响应"一带一路"倡议,着眼扩大"一带一路"朋友圈,不断加强与沿线国家的文化交流。5 月,2019 中国(宁波)文化日、"传统与创新"中国非遗文化展分别在保加利亚的布尔加斯和特罗扬举行。6 月,在首届中国—中东欧国家博览会期间,多场人文交流活动相继举行。从国内层面看,围绕大运河文化带、文化旅游、乡村振兴等主题开展了一系列人文交流。5 月,首届

---

① "一馆二带三公园"是指河海博物馆、西塘运河风情带和刹子港(官山河)运河绿化带以及压赛堰运河遗址生态公园、大西坝运河遗址主题公园、小西坝运河遗址湿地公园。

中国大运河文化旅游博览会在扬州举行,包括宁波在内的 20 余座大运河沿线城市集中展示了各具特色的文化旅游产品。7 月,以"艺术让两岸乡村更美好"为主题,第二届海峡两岸乡村振兴论坛开幕式暨主题峰会在宁海举行。

2. 对外文化贸易稳中有升

受贸易保护主义等因素影响,目前全球贸易总额呈现低位增长态势。面对错综复杂的国际贸易环境,2019 年上半年宁波在全省率先出台"稳外贸新十条"政策,外贸进出口总额依然保持了 7.4% 的逆势增长。在此背景下,2019 年上半年全市对外文化贸易继续保持较高速度发展,对外文化贸易规模持续扩大,结构逐步优化,文化贸易龙头企业效应显现。上半年全市文化产品进出口总额为11.23 亿美元,同比增长 8.6%。

3. 城市形象传播更加多元

在办好《阿拉宁波》《东海明珠》《宁波再出发》等现有涉外节目、栏目的基础上,不断开辟新的外宣渠道。组织开展了第二批宁波国际交流示范基地的评选和命名。加强"感知宁波"国际新媒体传播平台建设,在已开设 Facebook、Twitter、Instagram 等海外社交媒体账号的基础上,增设 YouTube 账号。推动新一轮城市形象推广方案细化落地。

二、2019 年宁波文化发展存在的主要问题

虽然宁波的文化发展取得了较多进展与突破,但还难以与宁波城市的总体定位相匹配、与宁波的经济实力相媲美。

(一)文化战略定位有待明确

相比较深圳、杭州、南京等城市,宁波的文化战略定位还存在如下不足:一是不够高。相比较于国际城市对文化发展的理解和确立文化战略在城市发展战略中的核心地位而言,宁波的文化发展战略目前只是一种从属于城市经济社会发展战略的子战略,缺少科学发展的整体性战略思维。二是不够明。在"十二五"以前,宁波致力于打造"文化大市",2011 年《关于加快文化强市建设的决定》正式出台后,"文化大市"向"文化强市"迈进。与此同时,全国多个城市纷纷提出打造"文化强市"。宁波的提法固然使宁波的文化发展与全国其他各地同频共振,但显然在文化发展的差异化、个性化上仍稍显逊色。三是不够远。目前宁波的文化政策文件中对文化发展的规划基本是到 2020 年为止,更多地着眼于宁波文化当下的发展举措,而对于 2020 年之后乃至更为长远的未来的文化发展谋划还

未正式提上日程。

（二）城市形象建设有待提升

一是城市形象塑造各自为政。目前,宁波的城市形象建设还只是一个职能性、局部性的工作,主要由宣传、文旅、城建、发改委等职能部门分头负责,尚未上升到市委、市政府的工作层面。相关职能部门大多只是从自身职能及部门资源出发对城市形象进行塑造提升,由此造成城市形象多头定位、多头建设、多头宣传的现象。二是城市形象定位多点聚焦。对支撑城市形象设计定位的战略性、核心资源分析不够,宁波先后提出过"东方商埠、时尚水都""东方大港""休闲旅游之都""会展之都""历史文化名城"等各种城市形象定位,但始终没有形成一个能包容城市建设发展各个方面、反映宁波城市特色且能一以贯之的城市形象总体定位表述。

（三）地域文化资源有待深挖

一是文化资源转化程度不高。作为第二批国家历史文化名城,宁波具有较为深厚的历史文化底蕴,但是当前对于宁波地域文化资源的利用转化程度还处于较低层次,根据中国传媒大学的《中国城市文化竞争力研究报告》(2017),宁波的"文化生产要素"得分仅 17.11,而全国城市平均水平达到 26.13。二是城市历史文化空间营造不够。旧城风貌基本丧失,一些历史文化街区改造保留的原真性太少,商业气息浓郁;现存的历史文化遗迹、景点散落在城市各个角落,缺少串联和整体包装推广,导致城市文化空间整体风貌感观模糊,缺乏让人印象深刻的地域特色。三是小微型城市文化空间如商圈文化空间、社区文化空间、城市文化微景观等开发力度不够,创意能力不足。

（四）城市文化经济核心竞争力有待增强

其一,从总量规模看,宁波文化产业对全市的经济贡献度还有待提高,按浙江省文化及相关特色产业统计口径,经市统计局初步测算,2019 年上半年宁波文化及相关特色产业增加值总量为 146.29 亿元,可比增速仅为 2.7%。同时,宁波文化产业增加值占地区生产总值的比重也不高,在副省级城市中排名中下。其二,从产业结构看,文化产业增加值,多半是由文化产品制造业及其销售等文化相关领域收益贡献的,而新闻信息服务、内容创作生产、创意设计服务、数字文化产业等文化核心领域所占的比重还不够高。其三,从市场主体看,文化企业竞争力还不强。宁波文化企业总体规模偏小,规(限)上文化产业法人单位约占总量的 7%。

三、2020 年宁波文化发展形势展望及对策建议

（一）形势展望

从国家层面看，中央高度重视文化建设，文化强国建设持续推进，一系列政策文件陆续出台，文化建设的战略地位进一步凸显。经济发展进入新常态，产业结构调整加快，营商关系进一步优化，文化产业越来越成为经济结构调整的重要支点和转变经济发展方式的重要着力点。

从国内相关城市看，文化战略成为统领城市文化发展的灵魂，指引着城市文化定位和发展的长远谋划。比如，深圳市早在 2003 年就在全国率先提出"文化立市"，2015 年底推出《深圳文化创新发展 2020（实施方案）》，明确了发展目标和153 项重点任务，在新时期为深圳城市文化打基础、补短板、强弱项、谋长远。杭州市不断厚植创新活力之城、历史文化名城、生态文明之都和东方品质之城特色，着力打造具有世界影响力的历史文化名城。

从宁波自身看，一是文化发展谋划将进一步加强。2020 年是"十三五"规划的收官之年，也是谋划"十四五"规划的重要时间节点。宁波将根据"十四五"时期城市发展的定位，重新审视并高度重视"十四五"时期城市文化发展战略的制定工作。二是文化融合将进一步迈入实质性操作阶段。主要表现在三个方面：文化融合将从"老思维"向"新思维"转变，从"小文化"向"大文化"扩展，从"浅融合"向"深融合"推进。三是文化开放程度将进一步提升。"一带一路"倡议为宁波文化走出去提供了重要契机，文化走出去的内容和形式将更加多样，逐渐形成既要双边还要多边、既要达成共识还要机制化的文化走出去新格局。四是基层文化阵地将进一步夯实。根据形势发展，要求实现农村有新时代文明实践中心和文化礼堂，社区有文化家园，城市有文化公园，企业有文化俱乐部，基层文化网络传播矩阵将不断完善。五是公共文化服务将进一步提质增效。在供给侧结构性改革的推动下，公共文化活动和服务深度将不断加大，真正下沉到基层、农村，使城乡之间的公共文化服务差距不断缩小。

（二）发展对策

1. 确立文化立市的城市发展战略

借鉴深圳、杭州、成都等城市在城市文化发展战略方面的经验，根据未来宁波的城市发展定位，重新审视并高度重视"十四五"时期城市文化发展战略的制定工作，将其作为"十四五"规划的重大问题开展前期研究。文化发展战略确定

后,要树立"一年干几件实事,坚持数年,必见成效"的信念,坚持每年抓几件打基础、利长远、得民心的实事,久久为功、积小胜为大胜。通过一件件看得见摸得着的实事,以宁波的文化特质为导向,通过城市文化景观等物质载体,传递宁波的文化信息,积累形成宁波的文化影响力和文化软实力。

2. 推进公共文化产品和服务精准化供给

一是推进对象均等化。坚持普惠大众,把文化扶智与精准扶贫结合,实施文化民生工程,推动形成"广播村村响、电视户户通、电影月月放、演出人人看、书报全民读"的文化生活新常态,确保群众就近、便利、高效地享受公共文化服务。

二是推进主体多元化。坚持扩大开放,倡导公共文化共建共享,整合社会文化资源,增加文化服务供给总量,鼓励机关、企业、社团向市民开放内部文化资源和服务。引入市场机制,实现公共文化资源配送由"政府包办""事业垄断"向"公平竞争""择优选购"转变。

三是推进方式互动化。坚持需求导向,实施"菜单式""订单式"供给,政府端菜、群众点单、即时互动、精准对接,推动文化惠民与文化消费并举,建立群众公共文化需求反馈机制,逐步形成基本型、学习型、发展型、享受型等适用于不同人群的多层次精准供给方式。

3. 加强宁波城市形象建设和传播

一是推动城市形象塑造工作"化零为整"。整合城市宣传中的多个不同方面的形象定位,形成一个系统全面的总体定位、总体战略和总体规划。将塑造和提升宁波城市形象列入政府主要议事日程,由市委、市政府领导牵头,组建包括宣传、外事、新闻、文化、旅游等部门在内的"宁波城市形象塑造和传播领导小组",对外宣传树立同一意识,发出同一声音,避免各吹各的调。

二是围绕"一带一路"枢纽城市定位塑造品牌形象。拓展对外传播平台,培育城市标志性文化品牌,提升城市推广力度和精准度。开发适应市场化、具有浓郁地域文化特色的文化创意产品,打磨完善舞剧《十里红妆》《花木兰》及主题旅游演艺秀《甬秀·港通天下》等文化精品,推动文化资源向文化产业转化。打造"海丝活化石"旅游品牌,深入挖掘"海丝活化石"资源内涵,推进海丝文化与旅游深度融合,推出特色旅游线路,打响"海丝活化石"旅游品牌。打造节庆活动品牌,结合宁波建城 1200 年、王阳明诞辰 550 周年等重要时间节点,深入挖掘雪窦山弥勒文化、阳明文化、天童寺曹洞宗禅学文化等独特的地域文化资源。

4. 大力提升文化开放水平

一方面,继续加强对外文化交流。其一,推进品牌化建设。进一步梳理宁波文化优势资源,突出区域文化个性,围绕"世遗""非遗""海丝"和商帮文化、藏书文化、浙东文化、阳明文化、佛教文化等优势资源,打造一批具有宁波特色的文化交流品牌和叫得响的文化名片。其二,实施分类化对待。加强对境外受众不同的文化传统、价值取向和接受习惯的研究,因地制宜,针对不同地域、历史文化和发展阶段的国家,确定相应的文化交流项目和方式,积极推进本土化传播,减少"文化折扣"现象。

另一方面,积极发展对外文化贸易。其一,强化文化贸易的顶层设计。以全市实施"225"外贸双万亿行动为契机,制定符合宁波本地实际的文化贸易专项规划,明确发展目标以及文化产品和服务出口的重点领域。其二,优化对外文化贸易结构。继续抓好核心文化产品出口的同时,大力推进文化服务出口,关注有潜力的新业态发展,促进文化贸易结构从重产品到优服务的优化调整。其三,推进对外文化贸易集聚区建设。借鉴上海、北京、深圳等地的文化贸易基地建设做法和保税文化贸易发展经验,以宁波保税区为主体园区,以宁波进口商品中心和象保合作区为两个配套区域,打造宁波保税文化贸易基地。

5.推动文化产业高质量发展

一是推进重点文创园区建设。深入实施文创园区全域化发展计划,提升重点园区的产业规模,争创国家级和省级文创产业园区。充分发挥文化产业发展专项资金中用于扶持园区发展资金的作用,扶持潜力大、管理好、产出高的文创园区。支持园区第三方运营机构发展,推动文创园区招商、运营、管理取得良好成效,使园区聚产能、提能级。

二是培育重点文化企业。主抓国家和省认定的文化、文特产业企业,增加这部分企业的数量,扩大企业的规模,提高企业生产效益,打造宁波文化产业发展的核心力量、产业梯队发展模式,从而提高宁波文创产业的文化含金量。培育国标调整后空白行业内的规(限)上文化企业,包括核心文化领域的电子出版物出版、数字出版、录音制作、互联网游戏服务、多媒体游戏动漫和数字出版软件开发等行业,把它们作为宁波文创产业继续深挖发展的方向。

三是促进产业大融合。深化文旅融合,抓好文化旅游资源分级评估工作,深入分析文化旅游产业链的新业态组织构成,为推进文旅融合奠定基础。促进文化产业与消费的融合,扩大文化消费卡的普及面和消费范围,实施"夜文化、夜休闲、夜宁波"品牌工程。促进文化产业与金融的融合,优化信息沟通共享机制,完善金融市场信息系统架构;提升文化金融专业化水平,促进文化金融产品及模式创新;完善文化金融配套发展,搭建文化金融全产业链平台。深化文化和科技融合,以高新区、浙江大丰实业股份有限公司等区块和企业为重点,推进文化共性关键技术研发,提升文化装备技术水平,强化文化技术标准研制与推广。

(作者单位:宁波市社会科学院)

2019 年宁波法治建设总报告

姜彦君　孙祥生　舒　晓　郦建阳　王宏志　史明亮

一、2019 年宁波法治建设的总体情况

（一）良法善治，突出重点立法与监督

1. 以良法促进发展，科学立法

优化立法选项。立足全市改革发展稳定大局，着眼于以良法促进发展、保障善治，科学安排年度立法项目。2019 年,《宁波市生活垃圾分类管理条例》《宁波市甬江奉化江余姚江河道管理条例（修改）》《宁波市市容和环境卫生管理条例（修改）》《宁波市防洪条例》《宁波市全民阅读促进条例》等 7 件法规提请审议通过并报请省人大常委会批准。此外，地名管理条例、养犬管理条例、国土空间规划管理条例将于 12 月提请人大常委会审议。

2. 完善监督工作方式，强化执法监督

一是做好规范性文件备案审查工作。12 月底，接收、登记、分送、报送备案审查的市政府规章 8 件，其他规范性文件 35 件，区县（市）人大常委会规范性文件 4 件，较好完成了审查任务。制定了规范性文件审查参考标准，供相关部门日常审查工作参考使用。二是加大执法检查力度。上下联动开展学前教育"两条例"、水污染防治相关法律法规执法检查，配合省人大常委会开展海洋环境保护"一法一条例"执法检查。2019 年 6 月，市人大常委会启动了《中华人民共和国水污染防治法》《浙江省水污染防治条例》及相关地方性法规执法检查。

（二）深化机构改革，促进法治政府建设

1.深化机构改革，促进服务型政府建设

2019 年 1 月，宁波市委常委会传达学习《宁波市机构改革方案》，研究贯彻落实意见。按照国家和省机构改革要求，机构改革后，共设置市级党政机构 54 个，其中市委机构 17 个，市政府机构 37 个。2019 年 1 月 5 日，新组建的 16 个部门全部挂牌运行。1 月 22 日，市级各涉改部门人员全部完成转隶交接。与改革前相比，市级党政机构共减少 4 个。

2.提升规章立法质量，完善依法行政制度体系

2019 年，市政府计划制定、修订、修改规章立法 5 项，预备项目 6 项，此外还有 8 项调研论证项目。各起草责任单位认真开展调研工作，完成相关立法调研起草工作，提出草案送审稿，上报市政府。截至 10 月底，《宁波市梅山湾海域保护与管理办法》《宁波市养犬管理规定》等 19 部拟制定或修改的法规草案送审稿均已完成并向市政府上报，基本完成向社会征求意见的工作。

3.健全行政执法体制，提升依法行政能力。

按照《深化党和国家机构改革方案》（中发〔2018〕11 号），深化行政执法体制改革，整合组建市场监管、生态环境保护、文化市场、交通运输和农业五支综合执法队伍。截至 2019 年 12 月 10 日，全市共有行政处罚案件 545474 件，其中市本级 69758 件。[①] 从行政复议纠偏结果看，2019 年 1—11 月，市政府本级收到行政复议申请 445 件，不予受理或告知方式处理的 134 件，受理前撤回 13 件，受理 298 件。受理的案件中已办结 223 件，其中维持 99 件，驳回 23 件，撤销 3 件，确认违法 1 件。经协调，以申请人撤回申请等方式终止处理 96 件，综合纠错率 55.16％。[②]

4.加强内部监控，强化法治监督

2019 年 4 月 3 日，宁波市人民政府办公厅发布《宁波市政务督查工作规定》，强化政务监督。宁波市司法行政机关积极落实，强化法治监督。一是强化执法监督。市司法局全力推进浙江省《县乡法治政府建设三年行动计划》的各项工作任务，强化行政权力事项网上运行督查、行政处罚结果信息公开审查、信息报送监督。二是强化规范性文件管理。截至 2019 年 12 月 10 日，全市各区县（市）和政府部门向司法局提交报备规范性文件 213 件，已通过审查并备案的

---

① 数据来源:浙江政务服务网——行政处罚结果信息公开,2019 年 12 月 10 日访问。

② 数据来源:宁波市行政复议局。

168 件,45 件在审文件正在向社会公开征求意见。① 三是认真组织开展行政规范性文件清理。按照国家和省有关要求,组织开展文件清理工作。截至 2019 年 12 月 10 日,经过清理,宣告 13 项行政机关规范性文件失效,废止了 269 件行政规范性文件。

(三)以改革创新为动力,维护公平正义,确保社会稳定

1.人民法院维护公平正义,提升群众司法获得感

两级人民法院深入开展扫黑除恶专项斗争,依法严惩黑恶势力及其"保护伞",努力打造安全稳定的发展环境。健全新型审判监管体系,充分发挥审判委员会、主审法官会议和合议庭的作用,确保公正司法。深化司法领域"最多跑一次"改革,推进诉讼服务中心标准化、现代化建设,为群众提供一站式、综合性、全方位的诉讼服务。宁波法院公布的数据显示:2019 年 1—9 月,宁波两级法院新收各类案件 174772 件(排全省第三位,在杭州、温州之后),同比下降 1.27%;办结 171095 件(排全省第二位),同比下降 2.05%;未结 37821 件,同比下降 3.68%。中院新收 11098 件,同比上升 3.00%;办结 10418 件,同比上升 10.45%;未结 3098 件,同比上升 1.97%。从两级法院来看,收结存均呈向好态势;月均存案工作量 1.97%,略下降 0.12%;一线法官人均结案 262.54 件,同比上升 29.50%。

2.检察院积极作为,打击犯罪,强化监督

2019 年,检察院落实领导干部办案责任制。1—9 月,两级院检察长(共 11 人),直接办结案件 57 件;其他入额院领导(共 66 人)直接办结 1064 件。两级检察院努力推进更高水平"平安宁波"建设,坚决打击黑恶势力犯罪,持续保持打击危害国家安全、公共安全和人民群众生命财产安全犯罪的高压震慑态势,始终坚持把司法办案与化解风险、追赃挽损、维护稳定结合起来。加快构建法律监督新格局,做优刑事检察,做强民事检察,做实行政检察,做好公益诉讼。2019 年 1—11 月,全市共批捕各类刑事犯罪嫌疑人 7253 人,起诉 13432 人。共监督侦查机关立案 57 件;追加逮捕 10 人,追加起诉 140 人;对不符合逮捕、起诉条件的,决定不批捕 2962 人、不起诉 2458 人;对认为确有错误的刑事裁判提出抗诉的,法院已采纳 22 人。加强民事审判和行政诉讼监督,对认为确有错误的民事、行政裁判提出抗诉案件 27 件。②

---

① 数据来源:宁波市司法局官网——宁波市行政执法责任制信息查询,2019 年 12 月 10 日访问。

② 数据来源:宁波市人民检察院安管办提供的数据。

（四）构建矛盾纠纷多元化解机制，提升法律服务满意度

1. 提升服务层次，提高"好评"率

依托全市 11 个公共法律服务中心，按照"特殊群众优先办""急事特事专人办""网络案件限时办"等工作要求，不断提升服务层次，在解答咨询、引导服务、接受援助等方面提高服务意识和专业水准。一方面，修订落实法律援助律师值班制度，以值班律师"六条"有针对性的规范值班制度，让服务更加规范有效。另一方面，制定《宁波市法律援助业务积分办法（试行）》，以积分管理办法调动法律援助志愿者开展法律援助业务的积极性、主动性，激发援助律师群体的活力。2019 年 1—11 月，全市法律服务中心共接待涉法涉诉 89596 人次，接听"12348"法律咨询电话 5.29 万个，接受法律援助申请 1.16 万件，受理矛盾纠纷调解 8.4 万件，发放宣传资料 110 万余份，法律援助为受援人挽回或取得经济利益 1.72 亿元。① 很明显，随着社会治理的深化，深层矛盾凸显，与 2018 年同期相比，矛盾纠纷调解案件数量增幅较大。

2. 构建矛盾纠纷多元化解机制

2019 年出台《关于加强人民调解员队伍建设的实施意见》《宁波市人民调解委员会规范化建设示范点创建工作通知》《加强宁波市人民调解品牌工作室建设工作的通知》等制度文件，全市已建立 100 余个人民调解委员会规范化建设示范点，相继在交通、医疗、劳动、知识产权、金融、商会、旅游等 15 个领域建立行业性、专业性人民调解组织 130 余家，涌现了"老潘""何阿姨"等个人调解工作室 80 余家，打响了人民调解的"宁波品牌"。

（五）普治并举，构建大普法格局

1. 确立目标、明确责任，构建大普法格局

2019 年，宁波市普法教育领导小组办公室发布了《2019 年全市普法依法治理工作实施意见》和《2019 年度市直单位普法责任清单》，对全市党委机关、立法机关、行政机关、司法机关、社会团体、高等院校等 53 家机关、单位做出普法任务部署，明确了工作目标，提出具体责任要求。为贯彻落实省委办、省政府办《关于构建社会大普法格局的意见》（浙委办发〔2019〕2 号）文件精神，全面构建社会大普法格局，促进全民普法教育，宁波市出台《关于构建社会大普法格局的实施意见》，明确社会普法主体，拓展社会普法资源，强化社会普法举措，健全社会普法机制，在宁波构建出大普法格局，推进了宁波的普法和依法治理工作。

---

① 数据来源：宁波市司法局提供的数据。

2. 强化宪法宣传，培养公民意识

一是提升领导干部宪法意识。推动各级各部门开展领导干部述法、举办宪法报告会、开展宪法学习培训、组织宪法法律考试、开展宪法宣誓活动等，重点抓好领导干部任前法律法规考试，完善考试制度和组织工作。5 月 31 日组织了 2019 年第一次新任市管领导干部的法律知识考试，切实提升新任市管领导干部法治意识和依法履职水平。二是强化青少年宪法教育。以"法在心中"为主题，认真组织开展"学宪法讲宪法""法制宣传校园行""法治故事大赛"等系列青少年法治宣传教育活动。三是推动"宪法进万家"宣传活动。全面组织落实司法部、全国普法办《关于组织开展宪法进宾馆活动的方案》《关于组织开展"宪法进万家"活动的方案》《关于集中开展公共交通场所宪法宣传活动的方案》等文件，扩大宪法宣传的覆盖面和影响力。

3. 普治并举，深化多层次多领域依法治理

一是开展第三届"十大法治人物"选树。2019 年 8 月至 12 月，全市精心组织开展了第三届"十大法治人物"选树活动。二是以高水平推进新时代民主法治示范村(社区)建设为抓手，认真总结经验，巩固创建成果，积极开展国家级、省级、市级民主法治示范村(社区)创建活动。截至 2019 年 10 月底，全市已有国家级民主法治示范村 24 个、省级 204 个、市级 378 个。三是探索开展法治镇乡(街道)创建工作，进一步丰富基层依法治理载体。到 2019 年 10 月底，我市拥有省级法治宣传教育基地 24 个、市级 18 个，省级青少年法制教育基地 12 个、市级 36 个，诚信守法企业 180 家，依法治校示范校 110 所。

二、2019 年宁波法治建设的主要特点

(一)齐心协力，建设更高水平的法治宁波

一是中共宁波市委明确更高水平法治宁波建设要点。2019 年 7 月 1 日，市委全面依法治市委员会第一次会议审议通过了《中共宁波市委全面依法治市委员会工作规则》《中共宁波市委全面依法治市委员会协调小组工作规则》《中共宁波市委全面依法治市委员会办公室工作细则》和《2019 年法治宁波建设工作要点》。二是人大理顺机构改革监督体系。2019 年市人大常委会做出《关于市人民政府机构改革涉及市的地方性法规规定的行政机关职责调整问题的决定》，明确上级行政机关对下级行政机关负有管理监督指导职责。三是政府借争创契机把法治政府向纵深推进。5 月 16 日，市长裘东耀主持召开市政府第 58 次常

务会议,集体学习《法治政府建设与责任落实督察工作规定》,强调各级政府及部门要坚定不移把法治政府建设向纵深推进。会议审议通过了《市政府工作规则》,确立了市政府重大决策出台前向市人大报告制度。8 月 13 日,市政府办公厅、中共宁波市委依法治市办联合召开全市 2019 年法治政府建设示范创建活动部署会,以全国法治政府建设示范创建活动为契机,部署我市法治政府建设示范创建工作任务,以争创促发展,深化宁波法治政府建设。四是政协做出督查协调。7 月 8 日下午,市政协召开市直有关部门政协工作专项督查座谈会。市政协党组书记、主席杨戌标强调,希望市直有关部门巩固政协工作机制,着力在加强沟通中增进理解、在协调配合中加深信任、在相互支持中形成合力。

(二)整合力量,强化民主监督

一是市委组建千人法治督察员队伍。2019 年中共宁波市委全面依法治市委员会办公室发布《关于建立宁波市法治督察员队伍的若干意见》(甬党法办发〔2019〕9 号),按照"公开、平等、择优"的原则,在市本级和各区县(市)合计建立千人以上的法治督察员队伍。充分发挥督察工作对法治建设的督促推动作用,对法治宁波、法治政府、法治社会建设工作进行监督。二是公开巡察整改,接受公众监督。2019 年初,市委巡察组分别向 16 家被巡察单位反馈巡察情况,6 月,市委政法委等 16 家单位党组织公布了十三届市委第三轮巡察反馈问题整改情况,公开接受社会监督。三是政协扎实推进民主监督。2019 年,宁波市政协围绕中心服务大局,从关注民生、民意入手,在扎实的调研工作基础上,开展民主监督。深入做好"中心城区城乡接合部建设"、"城乡生活垃圾分类处理"、"最多跑一次"改革、"县域医共体建设工程"和"因病致贫型贫困人群保障工作"等专项民主监督。四是"一府两院"主动接受民主监督。市政府坚持为民执政,接受人民监督。1 月 8 日,市人大常委会与市政府就 2019 年重点工作进行面对面对接。市政府第 52 次常务会议审议通过《宁波市人民政府办公厅办理市人大代表建议政协提案工作规定》,对建议提案的交办、承办、答复、组织、督查考核做出系统规定,强化办理责任,提高办理速度。市法院积极与人大代表互动,接受代表意见。市中级人民法院召开座谈会,面对面听取人大代表对庭审的意见、建议,实现监督与被监督的良性互动。

(三)加强诉源治理,促进社会稳定

一是宁波法院系统便民利民,深度应用"移动微法院"。2019 年以来,全省引入移动微法院案件 68.82 万件,其中宁波 12.96 万件。宁波两级法院的引入率、运用率基本稳定在 90％和 85％。送达、证据交换、网上调解、执行节点推送及终本约谈等主要节点数据大幅提升,增幅均超 50％。利用移动微法院特有优

势在全国范围内实行跨域立案。二是打击虚假诉讼,维护公平正义。2019 年 8 月 6 日,宁波市中级人民法院、人民检察院、公安局《关于加强打击虚假诉讼等犯罪的若干意见》的通知,明标准、晰流程、严惩治,为两级法院绘出防范和打击虚假诉讼的路线图。市中院、市检察院、市公安局联合出台关于"套路贷""恶势力"认定的纪要和意见,开展疑难复杂案件协调会商 120 余次。三是以高压态势扫黑除恶。截至 12 月中旬,全市公安机关共侦办涉黑涉恶团伙 589 个,抓获涉案人 5758 名,破获案件 4059 起,扣押非法资产 13.05 亿元,形成了对黑恶势力违法犯罪的压倒性态势①。四是强化部门联动,化解矛盾纠纷。到 2019 年 9 月,共排查矛盾纠纷 7869 件,化解矛盾纠纷 7001 件。②

(四)集法治合力,深化社会治理

一是市人大强化环境立法与监督。宁波人大 2019 年拟制定和修改的 28 个立法项目中,涉及环境保护的就有 8 项,占比 28.5%。从 2019 年 6 月市人大常委会启动的《中华人民共和国水污染防治法》《浙江省水污染防治条例》及相关地方性法规执法检查阵容和规模看,表现出人大对环境执法监督的重视。二是市政协关注环境建设与治理。2019 年宁波市政协把宁波环境治理作为重要工作内容,开展调研,积极献计献策,实行民主监督。如宁波市政协第四监督调研组到海曙区,两级政协联动开展"推进城乡接合部建设"民主监督活动。围绕"推进城乡接合部建设"主题,市、区两级政协进行沟通交流,践行民主监督。三是政府开展环境整治专项行动,强化环境治理。①推进污水治理攻坚,深化五水共治。发布《宁波市中心城区污水治理五年行动计划(2019—2023 年)》,推进全国一流的生态文明先行示范区和美丽宁波建设。②打好蓝天保卫战进入行动方案。宁波市住房和城乡建设局发布《宁波市住建系统打赢蓝天保卫战两年行动方案》《2019 年度宁波市建筑工程扬尘综合整治专项行动实施方案》,加强对房屋建筑和市政基础设施工程施工现场的扬尘控制,有力推动我市空气污染减量。③打通城乡统筹发展"最后一公里",实现小城镇环境综合整治。2019 年是浙江小城镇环境综合整治三年行动的收官之年。全省 1191 个小城镇全部完成整治任务并验收达标,宁波市 8 个小城镇达标。④加大打击力度,保护环境。市生态环境局针对污染防治重点领域、重点区域和重点行业,以群众反映的热点区域或行业性环境污染问题为重点,不定期开展全市环境安全检查。市综合行政执法

---

①　数据来源:宁波市司法协调小组《2019 年法治宁波建设工作进展情况和 2020 年工作思路》。

②　数据来源:《宁波市司法局强化矛盾纠纷预防化解抓好周年大庆前安全稳定工作》,浙江省人民政府门户网站。

局采取"零容忍、按次查处、累进式处罚"等措施,重拳打击违法占道乱象,累计教育劝导 1.24 万摊次,立案查处 2037 起,处罚款 68.97 万余元。

三、2019 年宁波法治建设存在的不足

(一)立法质量尚需进一步提高,法规自身完善缺乏系统性

总的来看,宁波立法机制尚有欠缺,法规自身完善缺乏系统性,立法质量尚需进一步提高。一是立法选项尚欠科学。尽管宁波立法机关注重科学选择立法项目,已经制订了立法计划,明确了立法建议项目征集、论证等相关程序,但由于相关部门立法意愿、阶段性任务需要以及其他因素等影响,有些立法项目的确立缺乏科学性,后续立法可执行性欠缺。二是规范的设置科学论证不足,与实践脱节,容易造成法规执行效果不理想。法律执行中,流程设计、资源配套、沟通交流和制度保障都是必不可少的,任何一个环节出现问题,都可能导致执行偏差。三是法规修改滞后于改革发展需求。一些已实施十多年甚至二十多年的法规,已经明显不适应形势,却没有进行过修改或废止,形同虚设。如《宁波市经营燃放烟花爆竹安全管理规定》(2006)、《宁波市限制养犬规定》(2004 修正)。四是法规的立法解释存在滞后、缺位的问题。据课题组调研,56.15% 的民众认为部分地方性法规滞后,法规修改不及时。五是法规的清理工作未形成制度,即时清理没有开展,导致一些现行法规与上位法、改革政策之间缺乏紧密衔接、协调。

(二)地方性法规执行不到位

行政机关、司法机关对宁波地方性法规的执行与立法目的存在偏差,有些法规的执行效果不佳。行政机关、司法机关是执行地方性法规的重要主体。从行政机关看,有关执法主体敷衍执行、选择执行、附加执行、推诿执行等现象一定程度上存在。有些行政机关未能有效理解立法意图,制定的配套规范性文件中有些条款设置与法规相抵触,架空或者削弱了法规效力。执行主体同样也是趋利避害的"经济人"。法律执行部门具有多样性,在法律规定的职权模糊地带,不同部门之间往往存在博弈,部门之间交涉谈判、讨价还价、夸大成本、淡化收益等现象客观存在,造成了法律执行效率低下。从司法机关看,司法机关对我市法规不熟悉、不掌握、不应用的现象较为普遍,地方性法规在审判实践中使用率始终不高。除了拆迁等个别领域外,地方性法规实质上未能进入司法领域。这种执行机制的不畅通,使地方立法不能实现预期目标,部分规定形同虚设。

（三）地方性法规实施监督力度不足

一是常态化的法规实施监督机制尚未形成,法规实施的监督缺乏实效。我市尽管监督职责已经明确并且处于运行状态中,但对我市法规实施的监督仍然缺乏主动性、积极性,涵盖面不够,"选择性监督""被动性监督""配合性监督"的色彩比较明显。二是法规实施的监督缺乏精细化的程序和可以量化的标准,监督的力度还需要进一步加强,对于市民群众普遍关注的"解决执行难必须动真碰硬"还存在不足,人大执法检查还没有成为"法律巡视"。比如我市现行法规中有一半以上,从没有进行过执法检查或者听取专题报告、开展专题审议等。开展过执法检查的法规,多数情况属于配合上级人大开展联动检查。三是法规监督和立法工作的结合不够紧密,监督工作的成果未在立法工作中得到体现和应用。

（四）地方性法规实施宣传尚不到位

尽管近年来,人大常委会加大了立法宣传的力度,立法宣传的渠道不断拓展,社会受众范围扩大,执法主体贯彻实施地方性法规的意识增强。但在宣传组织上缺乏系统的、有针对性的宣传策划;在宣传方式方法上没有区分特定群体、一般群体开展有针对性的精准的宣传服务;在宣传时间上过于集中,局限在法规施行之际,没有实现日常化、长效化;在宣传渠道上新闻媒体参与的面比较狭窄,途径比较单一,社会公众对于法规缺乏权威的解读途径,容易在理解上产生偏差。调研显示,市民对宁波地方性法规的了解程度一般的占 45.53%,较不了解和非常不了解的占 24% 以上。62.01% 的民众认为,法规宣传缺乏持续性,法规普及率不高。

四、2020 年宁波必将在新起点上全面深化法治宁波建设

（一）注重精细立法,提高地方性法规立法质量

针对当前我市地方立法可操作性存在的不足,建议进一步推进精细立法,增强法规的可操作性,提高立法质量。一是推进立法项目精细化。深入了解实际需求,坚持问题导向,抓住必要性突出、针对性较强、成熟度较高、意见较统一的项目,以及经济社会发展稳定急需立法的项目立法,真正解决现实中的问题。二是推进立法方式精细化。针对那些明显不适应形势需要的法规、相互间不协调的法规、上位法已修改的法规,通过立法后评估、法规清理,综合运用立、改、废、释等立法方式,适时加以修改完善。三是推进制度设计精细化。要坚持"有几条立几条、管用几条制定几条"的原则,在细化和补充上位法上下功夫。

（二）统筹各方主体，强化执法检查，推进地方性法规的实施

一是"立法、执法、司法、守法"各环节统筹兼顾，协调推进地方性法规的实施。地方性法规效力的维护涉及立法、执法、司法、守法等法治建设各个环节的工作部署，是一项系统工程，必须立足于社会主义法治体系的高度，统筹兼顾、整体谋划、协调推进。通过建立立法工作机构与行政审判机构、行政复议机构、信访机构的日常联系交流机制，及时了解审判机构、复议机构、信访机构在适用地方性法规时，对法规实施中存在的问题、法规自身的合法性等问题做出的及时沟通和反馈，加强法规的交流、理解和完善，强化法规的贯彻落实。二是强化执法检查，推进地方性法规的应用与完善。当前执法检查实践中的问题，主要表现在自觉性、主动性、常态性不足，检查报告以总结和肯定实施成效为主，有关的意见和建议往往局限于工作改进的角度，缺乏与法律救济、法律责任追究机制相衔接的途径和力度，影响了执法检查的实际效果。所以，课题组建议，各级人大常委会在制订年度执法检查计划时，要把当前群众和社会各界比较关注、反映较为强烈的本市地方性法规列入计划，各专门委员会每年至少要对涉及自身工作职能的一件本市地方性法规组织实施执法检查。执法检查以发现、查找问题为主，不仅要听取法规实施单位的意见，更要听取法规涉及的各方利益关系人和社会公众的意见，不仅要检查工作，也要检查违法行为的处理、信访处理、行政复议和行政诉讼的情况。

（三）强化监督，增强地方性法规实施力度

地方性法规的生命在于实施。要维护法规的正确、有效实施，就要建立和完善地方性法规实施的监督机制。一是建立长效化的法规实施情况报告制度。宁波市早已确立了"法规施行一年后的六个月内，由主要实施单位向市人大常务委员会报告实施情况"的制度。为了保证这项工作的长效化推进，有必要在报告的时间、条件、内容、形式、程序、效力等方面进一步制度化的基础上予以加强和改进。二是形成常态化的专项审议（听取和审议专项工作报告）、专题询问（质询）机制。三是加强对地方性法规配套规范性文件的备案审查。地方性法规的实施通常需要政府及其部门制定配套规范性文件，这些配套规定有没有及时制定、是不是与法规保持一致，直接决定法规能否及时、正确、有效地实施，所以要强化对配套规范性文件的法律监督。四是建立地方性法规实施监督工作的公开、通报制度。监督的过程应当向全体国家机关、社会各界和公众开放，结果应当向全体国家机关、社会各界和公众通报、公布。

（四）完善宣传机制，增强地方性法规宣传力度

受传统的"谁执法谁普法"观念影响，法规实施后的宣传职责主要由法规的执行机关承担,立法机关很少对自己制定的法规进行宣传。地方性法规实施中的公众知晓度、理解度和支持度不高,与宣传不到位有很大关系。建议各级普法工作机构应当将我市地方性法规纳入普法宣传范围,在加强法规执行中的宣传职责的同时,建议全面建立由市人大常委会主导的全媒体、广覆盖、常态化的法规宣传和解读、释义工作机制,定期在执法部门、企业、社会团体、基层群众组织和相关公共场所中开展法规宣传、讲解活动,定期向社会公布法规实施的典型案例,并在传统媒介和互联网、移动客户端等新兴媒体上采用访谈、通报、发布等多种方式,定期向公众介绍、解读、分析法规重点条款和实施中的典型案例。

（作者单位：浙江万里学院）

2019 年宁波生态文明发展总报告

任春晓　王剑锋　肖国飞　顾珊珊

宁波市深入贯彻落实习近平生态文明思想,在"八八战略"和"绿水青山就是金山银山"理念的指引下,以践行美丽宁波建设工作为抓手,大力推进生态文明建设水平,先后获批成为国家循环经济试点城市、新型城镇化试点城市、海绵城市建设试点城市、低碳试点城市、生态文明先行示范区建设试点城市,2018 年 7 月,被省政府认定为第二批省生态文明建设示范市。2019 年宁海县被生态环境部评为第三批"绿水青山就是金山银山"实践创新基地,北仑区被评为第三批国家生态文明建设示范市县,象山县成为首批国家生态文明建设示范市县,江北、北仑等 5 个区县(市)成为省级生态文明建设示范区县(市),103 个单位创建国家级生态区县(市)、镇(街道)和村。宁波已全面进入打造全国一流生态文明先行示范区,加快建设更高水平美丽宁波的生态文明建设新阶段。

一、2019 年宁波生态文明建设的总体情况

近年来,宁波生态环境保护成绩斐然,在保障全市 GDP 快速增长的同时实现污染物排放持续减少、生态环境质量持续改善。2019 年宁波总体来说空气质量稳定达到国家二级标准;地表水质优良率稳定在 80% 左右,近岸海域水质得到进一步改善,13 个县级以上饮用水源地水质保持 100% 达标;全市污染地块安全利用率达到 92% 以上,危险废物规范化管理达标率达到 90% 以上;主要污染物和碳减排完成省政府下达的指标任务。全市 60% 的县级城市创建成为省级及以上生态文明示范区县(市)。

(一)水污染治理和水质状况

2013 年 11 月浙江省委十三届四次全会提出的,要以"五水共治"为突破口倒逼转型升级,吹响了浙江大规模治水行动的新号角。第一,宁波逐年强化工业企业污染整治,开展电镀、印染、化工等重污染行业整治提升,2013 年以来,累计完成 1500 多家重污染企业环境整治。落实全民行动治污水,480 条"黑河、臭河、垃圾河"得到有效治理;全市 27 个县控及以上劣 V 类水质断面和 1210 个劣 V 类小微水体基本全面消除。宁波在全省率先开展"污水零直排区"建设,2017年、2018 年完成 130 个乡镇(街道、园区)"污水零直排区"创建,连续两年获得全省治水最高荣誉"大禹鼎",基本实现镇海、北仑 2 个区和保税区、石化开发区等5 个功能园区全域污水零直排。第二,城镇生活污水收集处理率不断提升,建成区和中心城镇生活污水收集管网基本全覆盖,共投运生活污水处理厂 31 座、设计收集能力 215.9 万吨/日,污水收集管网达 1.02 万公里。农村污染治理设施不断完善,开展"污水、垃圾、厕所"三大革命,农村生活污水治理行政村覆盖率达90%以上,农村生活垃圾分类处理覆盖率达 62%,改造农村厕所 5600 多座。第三,积极保障饮用水源安全,完成了全市 13 个县级以上饮用水源地一级保护区生物或物理隔离防护,禁止危险化学品车辆通过饮用水保护区内公路,推进"千吨万人"饮用水源地保护区划分工作。在 2019 年 5 月 13 日杭州召开的浙江省高质量建设美丽浙江暨高水平推进"五水共治"大会上,宁波市被授予 2018 年度浙江省"五水共治"(河长制)工作优秀市"大禹鼎"。这是宁波市级层面第二次夺得全省治水领域的最高荣誉。

(二)大气污染治理及成绩

市委、市政府高度重视大气污染防治工作,始终将改善环境空气质量作为改善民生的一项重要工作来抓,将大气污染防治工作列入民生实事工程来推进。市人大、市政协每年将大气污染防治工作列入执法检查和民主评议的重要议程。2019 年 3 月,经省政府同意,省大气办通报全省 2018 年打赢蓝天保卫战考核结果,宁波获得优秀。同时,宁海县和象山县被评定为第一批浙江省清新空气示范区。2019 年上半年,宁波中心城区国控点位空气质量综合指数为 3.87(数字越小越好),比 2018 年同期下降 0.07;空气质量优良率为 85.1%。其中,优天数比例为 26.5%,良天数比例为 58.6%,轻度污染天数比例为 12.7%,中度污染天数比例为 2.2%,灰霾天为 15 天,比 2018 年同期减少 6 天,无重度及以上污染天。中心城区空气中 4 种主要污染物的平均浓度比 2018 年同期有所下降或持平。其中,PM2.5 平均浓度为每立方米 32 微克,比 2018 年同期下降 11.1%;PM10 平均浓度为每立方米 50 微克,比 2018 年同期下降 12.3%;二氧化硫平均浓度为每立方米 8 微克,比 2018 年同期下降 11.1％;一氧化碳日均浓度第 95 百分位数为每立方米 1.1 毫克,与 2018 年同期持平。这些成果得益于全市各级各部门合力推进各项大气污染防治措施。

第一,建设大气减排重点工程,深化推进工业废气治理。截至 2018 年,率先在浙江省开展挥发性有机物(VOCs)污染治理,累计完成 734 家企业的 VOCs全过程深度治理,建成 233 套固定源、厂界和区域 VOCs 在线自动监测系统;累计淘汰 4200 余台燃煤小锅炉,完成 17 台 60 万千瓦以上火电机组、42 台热电锅炉、9 台 65 吨以上燃煤锅炉的超低排放改造;累计淘汰"低小散""散乱污"企业近万家,淘汰落后和严重过剩产能企业 1000 余家,完成 19 个重点区块(行业)整治工作。第二,积极推进扬尘和农业面源污染治理。全市矿山粉尘持续保持达标状态;全市县级以上城市主干路(含)机械化清扫率保持 100％;秸秆综合利用率 95％以上。第三,机动车尾气是 PM2.5 的重要来源。宁波推进机动车(船)污染物治理,累计淘汰了"黄标车、老旧车"21 万辆,推广新能源及清洁能源汽车 2.26 万辆;建成 138 个船舶岸电装置,宁波舟山港成为全国港口中船舶岸电接电点最多、分布最广、使用效果最好的港口之一。宁波已提前两年进入环境空气质量达标城市行列,更多的蓝天白云成为宁波环境空气质量持续改善的重要标志。

(三)危险废物及污染土壤治理

第一,深入推进危险废物处置,建立从"摇篮到坟墓"的全过程管理工作体制,率先在全省实现从危废产生、转移运输到安全利用处置的全过程信息化监管,并与企业环境信用评价挂钩,倒逼企业履行危废管理处置责任。2018 年,宁波危险废物处置利用率达 98.2％,2017 年和 2018 年连续两年在全省考核中名列前茅。第二,强化危险废物处置能力规划,针对产业结构特点,制订了《宁波市危险废物利用处置设施建设计划》,完善以填埋、焚烧和综合利用为主体的危险废物处置设施网络。第三,建立土壤污染防治体系。有序开展土壤污染详查工作,基本完成了农用地土壤污染状况详查,对 763 家重点行业企业开展基础数据采集;加强污染地块治理修复,对污染土壤开展地块调查,落实治理效果,截至 2018 年底共完成修复施工的地块有 19 个。

二、宁波生态文明建设的主要做法和经验

(一)机构改革整合力量

2013 年 11 月,习近平同志提出"山水林田湖是一个生命共同体……由一个

部门负责领土范围内所有国土空间用途管制职责,对山水林田湖进行统一保护、统一修复是十分必要的"。在 2018 年 5 月召开的全国生态环境保护大会上,习近平同志在发表讲话时再次提到"山水林田湖草是生命共同体,要统筹兼顾、整体施策、多措并举,全方位、全地域、全过程开展生态文明建设"。按照这个思路,2019 年 1 月初,全国包括宁波的机构改革方案中对涉及环境保护的机构有较大的调整。宁波将原来市国土资源局、市规划局(市测绘与地理信息局)、市林业局的职责,以及市发展和改革委员会的组织编制并实施主体功能区规划职责,市水利局的水资源调查和确权登记管理职责,市海洋与渔业局的海洋管理职责,市住房和城乡建设委员会、市环境保护局、市水利局等部门的自然保护区、风景名胜区、自然遗产、地质公园管理等职责整合,组建市自然资源和规划局,作为市政府工作部门。宁波将市环境保护局的职责,市发展和改革委员会的应对气候变化和减排职责,市国土资源局的监督防止地下水污染职责,市水利局的编制水功能区划排污口设置管理和流域水环境保护职责,市农业局的监督指导农业面源污染治理职责,市海洋与渔业局的海洋环境保护等职责整合,组建市生态环境局,作为市政府工作部门。宁波将市委农村工作办公室(市政府农村工作办公室)的职责,市农业局的职责,以及市海洋与渔业局的渔业管理职责,市发展和改革委员会的农业投资项目、市财政局的农业综合开发项目、市国土资源局的农田整治项目、市水利局的农田水利建设项目、市林业局的林特产业等管理职责整合,组建市农业农村局,作为市政府工作部门。经过一年的磨合和运行,新组建的机构职责得到了优化,在生态系统管理保护修复中能从全局视角出发,根据相关要素功能联系及空间影响范围,寻求系统性解决方案,使森林、水、矿藏、生物等多种自然资源互为依托、互为基础。在生态文明建设方面最大限度地打破了条块分割,破除了制度瓶颈,建立了区域、部门之间联防联控和协同共建机制,使管理效率得到了提高。

(二)源头治理抓住关键

源头治水:2016 年 8 月,宁波在全省率先提出全面创建"污水零直排区"目标,也就是全域实现"污水全收集、管网全覆盖、雨污全分流、排水全许可、村庄全治理;沿河排口晴天无排水,地表水环境功能区达标率 100%,劣 V 类水体全面消除"的目标。全市 170 个乡镇(街道)、功能园区单元分四个批次创建。2019 年,宁波在巩固提升已建"污水零直排区"的基础上,以中心城区、姚江流域、象山港沿岸区域为重点,完成 20 个乡镇(街道)的"污水零直排区"建设,年底前杭州湾新区、国家高新区、机场与物流园区全域基本建成"污水零直排区"。为此,宁波制定出台调查技术指南、差别化排污收费、农村生活污水治理等一系列配套政策,高水平推进"污水零直排区"建设。同时,坚持问题导向,将老小区、城乡接合部、工业园区(产业集聚区)、沿街店铺集聚区确定为重点区块,开展专项整治。

源头治气:除了工业废气治理外,宁波重视生活废气治理。至 2018 年底,宁波市汽车保有量达 254.8 万辆,全年污染物总排放量约 14.1 万吨。而柴油车排放的氮氧化物和颗粒物分别占汽车氮氧化物和颗粒物排放总量的 87.6% 和 99% 以上。2019 年 8 月 11 日,经市政府常务会议审议通过,宁波市正式印发《宁波市柴油货车污染治理攻坚战行动计划》,加强对排放检验机构和维修单位的管理,加快老旧车辆淘汰和治理,重点淘汰国三及以下老旧营运柴油货车。加强对新生产车辆的环保达标监管和在用车的监督执法,加强对非道路移动机械、船舶的综合监督管理,推进加油站、储油库、油罐车、原油和成品油码头油气回收。到 2020 年,宁波市柴油和车用尿素抽检合格率将超过 98%,违法生产销售假劣油品现象基本消除;在用柴油车监督抽测排放合格率将超过 95%,排气管口冒黑烟现象基本消除。

餐饮业油烟污染是大气污染的一个原因,也是长期困扰居民生活的难题。为了形成管理长效机制,市生态环境局、市市场监管局和市综合行政执法局联合成立了市中心城区餐饮油烟整治工作领导小组。制定出台《宁波市餐饮服务业油烟污染执法协作配合制度》,明确了责任分工:生态环境部门负责牵头开展"禁设区"的界定和划定工作,依法查处餐饮服务项目未经环评备案或备案弄虚作假、内容失实的违法行为;市场监管部门负责查处未领取工商营业执照,或从事未经许可食品经营项目的餐饮经营者,严守工商营业执照申领的准入关口;综合行政执法部门则负责查处不使用清洁能源、未安装或不正常使用油烟净化设施、超标排放油烟等违法行为,视情况责令限期整改或予以行政处罚。一方面,各部门进一步落实失信信息互通、许可决定、备案信息及执法文书抄告工作,对失信餐饮单位实行"黑名单"管理,强化"一处违法、处处受限"的联合惩戒工作。另一方面,落实规划控制、经营把关、环评监管、互相协作,开展综合治理。截至 2019 年 11 月 2 日,市六区已经排摸餐饮企业 12634 家,排查出需要整改的餐饮店 994 家,已经整改完成 818 家,其中转型不产生油烟餐饮企业 376 家,关闭(含自行关闭)168 家,整改进度为 82%,共立案 43 起,罚款金额 21.82 万元。[①]

(三)服务企业尽心尽力

随着生态文明理念广泛传播,各地政府纷纷推出对污染"零容忍"的铁腕治污政策,但有些地方也存在不分青红皂白地"一刀切"、过于简单粗暴而伤及无辜

---

① 边城雨,刘拥军.我市中心城区开展餐饮油烟联合整治行动[N].现代金报,2019 年 11 月 07 日第 5 版。

的现象。宁波生态环保部门把管好生态环境与保护经济发展结合,2019 年 10 月 31 日,市生态环境局举办首期"企业环保咨询日"活动。这是生态环境部门建立并实行的一项服务企业新制度,目的是倾听企业诉求,通过面对面交流,为企业"把脉会诊",帮助解决制约企业发展的环保问题,通过监管与服务并举、并重,建立亲清新型政商关系,优化营商环境。如位于北仑区小港街道、主要从事纱线染整和坯布染整的宁波兆龙纺织品有限公司,由于企业所在地城区改造,整个厂区面临拆迁,企业如果直接关了,一来自身经济损失比较大,二来很大一部分员工将失去工作,企业负责人希望能把兆龙公司的产能搬迁到他在小港街道的另一家印染企业去。市生态环境局党组书记、局长尹文德在征询了相关处室的意见后表示,企业在不增产不增污并力争减污、采用先进的设备和技术的前提下,搬迁计划是可行的,符合环评审批的要求。在咨询活动现场,宁波大千纺织品有限公司、中海油宁波大榭石化有限公司、宁波德泰化学有限公司等 3 家企业也相继就环保政策、企业搬迁改造、新项目审批、污染物治理和污染排放标准等提问咨询。

党的十八大以来,围绕美丽中国建设,全国各地全力破解日益突出的资源环境问题,优化生态环境审批流程,企业"线下跑"变为数据"线上跑"。浙江省首次推出"环保议事厅",把环保问题和环保冲突搬到桌面上,架起企业、政府和百姓之间的桥梁。宁波在全省率先通过生态环境赔偿磋商,破解"企业污染,群众受害,政府买单"的生态文明建设困局,这一创新做法得到多方点赞。全宁波市县两级生态环境部门还以"生态环境议事厅"为主要载体和平台,建设好、运行好"企业环保咨询日""生态环境集市""生态环境大讲堂""生态环境专家库""生态环境服务队",完善生态环境咨询服务体系,全面提升生态环境部门的服务能力和水平,通过常态化地开展咨询服务、环保培训和环境宣传等活动,更好地服务企业、群众和基层,提升群众对生态环境的获得感和满意度。

(四)严格执法赏罚分明

2013 年宁波《企业环境信用评价办法(试行)》规定,污染物排放总量大、环境风险高、生态环境影响大的企业,应当纳入环境信用评价范围。其中包括:重污染行业内的企业,产能严重过剩行业内的企业,可能对生态环境造成重大影响的企业,污染物排放超过国家和地方规定的排放标准的企业,使用有毒、有害原料进行生产的企业,或者在生产中排放有毒、有害物质的企业,上一年度发生较大及以上突发环境事件的企业等。2019 年 8 月,市环保局公布了 2018 年度企业环境信用评价结果。在参加企业环境信用评价的 1026 家企业中,73 家被评为环保诚信企业(绿牌),570 家被评为环保良好企业(蓝牌),277 家被评为环保警示企业(黄牌),106 家被评为环保不良企业(红牌)。根据相关办法,对绿牌和红牌企业,相关部门将分别采取守信激励和失信惩戒措施。其中,对 106 家被亮红牌的企业将采取的惩戒性措施包括:除责令企业向社会公布改善环境行为的计划或者承诺整改失信行为外,生态环境部门将加大执法监察频次,暂停各类环保专项资金补助;保险机构将提高生态环境绿色保险费率;银行业金融机构将在企业环境信用等级提升之前,不予新增贷款,并视情况逐步压缩贷款,直至企业退出贷款。此外,财政等有关部门也将在确定和调整政府采购名录时,取消红牌企业的产品或者服务。市生态环境局分别于 2019 年 6 月 21 日、8 月 2 日、9 月 2 日公布三批共 30 个生态环境违法典型案例。这些企业中有不正常使用废气处理设施、将废气未经有效处理直接排入大气环境的,有未落实污染物防护措施、使其漏入企业雨水井,并将其排至企业室外雨水沟的,有生产项目未经生态环境部门审批同意就进行生产的,都被追究了相应责任。

2019 年 10 月,慈溪市人民法院一声法槌落定,宁波市首例污染环境罪刑事附带民事公益诉讼案件审理完成。2017 年 3 月至 2018 年 4 月期间,被告人毛某在明知被告人周某和单某不具备固废处置资质的情况下,仍将经过挑拣后的废塑料(俗称缸底料)交由周某和单某等人处置丢弃。周某、单某伙同他人采用货车运输倾倒的方式,先后倾倒废塑料数千吨,造成公私财产巨大损失。市生态环境局慈溪分局现场勘查,后联系公安、检察机关介入联合办案,并第一时间委托浙江省环境保护科学设计研究院对倾倒物进行环境损害评估,认定涉案固废为含有重金属和多种酚类有机物的有毒有害物质。2019 年 5 月,慈溪市人民检察院对该倾倒事件犯罪嫌疑人提起刑事附带民事公益诉讼,法院审理认为,毛某、单某、周某违反国家相关规定,结伙倾倒有毒物质,严重污染环境,其行为均已构成污染环境罪。3 名被告除被判刑外,还被判赔偿污染清理处置费用、生态环境损害补偿费用、环境损害鉴定评估费用等共计 200 余万元。

(五)垃圾分类群策群力

除了工业污染,人自身的生活垃圾也是环境污染的重要来源,为了使生活垃圾减量化、资源化和无害化,宁波在生活垃圾分类管理和分类处理方面也开始积极行动起来。宁波是亚洲地区唯一由世界银行提供资金和智力支持开展垃圾分类的城市。据市统计局统计,项目从 2013 年 7 月启动至今,中心城区 667 个小区共 39.75 万户居民家庭参与了生活垃圾分类,覆盖面达 89.5%,市民知晓率从 35.7% 提高至 93.7%,支持率达 97%。城区生活垃圾分类整体工作在全国 46 个重点城市中名列前三,在 2018 年度全省考核中排名第一,生活垃圾分类基本覆盖了中心城区。

作为一项系统工程,垃圾分类涉及政府、企业、社区、学校、居民等多方主体,需要全社会协力推进。在城市,宁波依托"协同化共建"这一举措,聚焦社区、党政机关、学校等区域群体,让垃圾分类由点及面,辐射整个宁波。通过开展织网行动、敲门行动等,深入探索推广社区自治模式,充分发挥党员干部、楼道组长、保洁人员、居民每一个社区角色的重要作用。坚持垃圾分类"机关先行",突出党员干部示范表率作用,每个党员都回到社区报到,受社区监督,让广大党员干部主动践行生活垃圾分类,党员每日一晒,支部每日一评、每周通报,形成你追我赶的良好氛围。此外,《宁波市教育局推进学校生活垃圾分类管理工作实施方案》将学校也纳入到了垃圾分类共建队伍中来,方案要求全市各级各类学校通过各种形式全面开展市垃圾分类知识教育工作,严格落实13项工作任务,总结推广"五个一""高校+"学校生活垃圾分类管理经验,让每一名学生都能践行垃圾分类新时尚,由此带动全家参与。

在农村,为有效推动农村垃圾减量化、无害化、资源化,巩固农村环境卫生整治成效,切实保护饮用水源,有些农村如奉化区大堰镇箭岭村作为试点,探索实行垃圾分类"综合利用"模式,着力打造"零污染"村庄。制作环保酵素和试验生态农业就是村庄实现垃圾减量的一大法宝。村民们将红糖、植物鲜垃圾和水,按照1∶3∶10的比例混合,经过3个月发酵制成环保酵素。村民生活产生的有机厨余垃圾,种植桃树剩下的烂果,大多被回收制成了环保酵素。环保酵素上层的清液可以当杀虫剂、杀菌剂、清洁剂,底层的废渣是优质的有机肥料,可以还田。环保酵素可以改善土壤肥力,甚至能驱虫、杀菌。

在垃圾处理方面,宁波市落实"一栏、二图、三点、四桶、五导"分类投放机制,严格做好居住小区分类投放设施配置和督导引导工作。推进"垃圾分类+资源回收"两网融合,全面推广应用"搭把手"智能回收模式,实现再生资源全品类回收。高标准建设的"三厂六站"(三个垃圾处理厂和六个生活垃圾中转站),厂站全部采用自动化控制系统,从垃圾车卸料、垃圾压缩到转运装车,全部自动控制,机械操作,远程监控。宁波还成立了浙江省首个有机废弃物处理技术重点实验室,从行业长期发展上谋新篇。

三、宁波生态文明建设发展趋势与对策措施

宁波生态文明建设硕果累累,但环境污染防治压力增加、生态保护效果有待提高、环境管理制度需要完善、垃圾分类难题急待破解、农业农村依然存在短板,依然有一些地方需要改进,依然有一些方面需要重视,主要有以下四个方面。

(一)污染防治突出一个"早"字,把源头治理和末端治理相结合

2018年4月2日,习近平在中央财经委员会第一次会议上发表讲话,细化

了打赢决胜小康社会三大攻坚战的思路和举措。并提出打好污染防治攻坚战有七场标志性的重大战役，即：蓝天保卫战、柴油货车污染治理、城市黑臭水体治理、渤海综合治理、长江保护修复、水源地保护、农业农村污染治理攻坚战。到2020年使主要污染物排放总量大幅减少，生态环境质量总体改善。具体到宁波，治水治气任务依然艰巨。2019年6月，市人大常委会发挥"法律巡视"的监督利剑作用，聚焦水污染防治，启动执法检查和专题询问。在治水方面，宁波还存在着大量问题。第一，部分水体的水质状况不太理想，富营养化现象仍然存在，一些内河的个别点位水质不容乐观。一些河道水质不稳定，出现反弹，部分水体发黑发臭，还存在劣 V 类水。第二，一些城乡接合部还不同程度地存在污水直排、垃圾直接入河的现象，部分污染严重的河道河面上肉眼可见油污等污染物。第三，有些地方对"污水零直排区"建设思想重视不够，老小区内的排水设施监管存在盲区，资金保障不到位，标准执行不严格，或者自行降低技术标准，存在只是局部截污纳管的现象。城镇污水管网建设存在管网破损和漏接、混接、错接、断头等现象。第四，不少小区存在雨污不分、养护不到位等现象。按照省市法规，小区相关设备设施验收合格之后移交物业公司，政府部门只管城市公共管网。移交物业公司后监管部门不明确，不能很好地起监督作用。前几年全市投入大量资金建设农村生活污水处理设施，总的情况是好的，但也有小部分存在着荒废闲置的现象，需要补齐短板。

防治水污染是个复杂的系统工程，未来要首先抓规划这个"龙头"，按照"一法一条例"要求和宁波实际情况，对水资源保护利用和污水治理进行专项规划，编制规划后推进实施，使水质不仅达到国家标准还要确保不反弹。此外要抓节水减少水污染总量，抓调水改善河道水环境，抓清水使河道保持清洁，抓建设扩建新建污水处理厂，抓执法对水污染违法事件进行查处，创建无违建河道。

（二）垃圾分类突出一个"细"字，使垃圾处理与资源化利用结合

垃圾资源化，是将废弃的垃圾分类后，作为循环再利用原料，使其成为再生资源。垃圾基本构成大体上分为有机物、无机物、塑料类、金属类、不可回收物几大类。宁波生活垃圾分类情况依然喜忧参半，源头分类难、参与率低成垃圾分类急需破解的短板。宁波应在垃圾分类的基础上，实现垃圾资源化利用。自2019年2月15日宁波市厨余垃圾处理厂一期项目开始进入试运行期以来，厨余垃圾日处理能力稳步提升，处置厨余垃圾产生的沼气，经生产提纯后转化为天然气，正式并入宁波兴光燃气公司的城市管网，供应给居民家庭和工业企业使用。厨余厂项目顺利实现天然气并网，实现分类后厨余垃圾资源的循环利用，标志着宁波市生活垃圾的减量化、资源化、无害化处理水平又上了一个新的台阶，也为宁波市垃圾分类产生的厨余垃圾末端处理提供了解决方案，有效地减少甲烷年排放,对减少温室气体排放具有重要意义,进一步实现了宁波生活废弃物分类回收、循环利用的可持续发展,也确保了生活垃圾"源头居民分类、中间分类清运、末端分类处置"的大框架能够顺利落实。

建筑垃圾的资源化利用急需破局。如各种装潢类的建筑垃圾通过分类去杂、粉碎、过筛、给料输送等工艺流程,可制作成护坡砖、草坪砖、免烧砖等建材成品。宁波市建筑废弃物处置和利用体系已基本形成,但存在消纳能力不足、资源化利用率低、区域限制大等问题。导致这些问题的深层原因在于现行法规政策不完善、组织体制不顺畅、监管执法难以做到协调一致。目前,建筑垃圾管理相关法规制度《宁波市建筑垃圾管理条例》已经列入市人大立法项目库,围绕《条例》的相关配套细化制度也在研究制订中。以后要结合《宁波 2049 城市发展战略》,强化包括建筑垃圾在内的废弃物治理,形成完整稳固的废弃物无害化和资源化处理产业,建立起规模适中、可持续的建筑垃圾资源化利用产业集群,建立治废产业发展规划,巩固和拓展废弃物资源化利用范围;建立政府引导、市场开放、国企兜底的治理体制,鼓励民间企业参与,规划建设精细化、信息化的全市废弃物监督管理体系。

（三）环境管理突出一个"精"字,把转型发展和提升工业经济"亩产量"结合

随着科学技术的发展,宁波狠抓产业数字化转型,促进实体经济提质增效,使生态环境管理也随之转变方式。宁波一方面推进以"亩产"效益综合评价办法为导向的资源要素市场化配置改革,使其成为宁波激发工业经济活力的有效途径,全面升级工业"亩产论英雄"机制,从广度和精准度上全面发力,通过综合评价全覆盖、要素配置市场化、低效企业强淘汰等组合拳,培育更多工业"高产田"。大力实施创新引领"亩产效益"、低效用地"亩产倍增"、扶优做强"亩产英雄"等行动,力促"亩产效益"全面提档升级。另一方面宁波不断培育数字经济新动能,加快培育电子信息、软件和新兴服务产业集群,积极创建特色型中国软件名城,积极推进信息技术在制造业、服务业和农业等各领域的融合应用,产业数字化转型不断深入。数字产业的发展能增加 GDP 却不会增加环境污染的风险,做到经济与环境共赢。信息技术和互联网还可被运用于环境保护之中,如为进一步加强姚江流域水环境治理,在姚江流域 10 个主要支流上安装水质自动监测站,实现姚江流域主要支流水体监测自动化,尽早发现水质的异常变化,为下游水质污染迅速做出预警预报,及时追踪污染源,从而实现姚江流域"联防联治"。生态环境执法部门充分利用无人机、管道机器人、污染源自动监控等科技监管手段,对生态环境违法行为实施精准打击。建立污染源自动监控点位,实施 24 小时全时监控等。今后要培育经济发展新动力,减少传统产业的环保压力。

（四）乡村振兴突出一个"美"字，推进农业农村发展与文化旅游相融合

宁波市人民政府办公厅 2018 年 4 月发布《关于加快民宿经济发展推进农旅文深度融合的意见》（甬政办发〔2018〕44 号），这是美丽乡村建设的升级版，也是振兴乡村的新抓手。民宿经济是以民宿为载体，以乡村旅游为纽带，带动观光农业、文化创意、娱乐运动、健康理疗、养生养老、租赁合作、信息服务以及农特产品加工营销、商贸餐饮等产业发展的新型产业链经济。加快民宿经济发展，推进农旅文深度融合，对于贯彻落实"绿水青山就是金山银山"理念，深入推进农业供给侧结构性改革，促进宁波农村一二三产业深度融合和产业转型升级；对于引导市场、资本、人才、技术向农村集聚，推动美丽乡村和农村精神文明建设，实现强村富民和农村繁荣振兴；对于促进宁波建设长三角一流、国内著名的乡村旅游目的地，建设宜居宜业宜游城市，推进城乡一体化发展，都具有十分重要的意义。宁波农旅融合发展的主要目标是：到 2020 年，全市建成民宿经济集聚区 30 个、产业融合示范区 30 个、美丽田园景观区 30 个、民宿典范项目 60 个，建成 3A 级景区村庄 100 个以上，民宿经济总收入年均增长 25％以上，实现 3 年翻一番，达到 100 亿元。基本建成民宿经济产业体系和公共服务体系，民宿经济发展质量明显提高，服务管理水平进一步提升，经济社会生态效益贡献突出，成为强农业、美农村、富农民的重要经济支柱。为此，全市上下特别是涉农部门要深入贯彻党的十九届四中全会精神，认真贯彻习近平新时代中国特色社会主义思想，大力实施乡村振兴战略，以改革创新为动力，以发展民宿经济为基础，以培育"民宿＋"新型产业体系为主攻方向，以民宿集聚区、产业融合示范区、美丽田园景观区建设为抓手，着力推进农旅文深度融合，着力推动民宿经济集聚化、品牌化、智慧化、规范化发展，着力构建民宿经济发展的人才、技术、要素保障体系，形成布局合理、结构优化、体系完整、特色明显、功能完善、绿色高效的现代民宿经济新格局，为加快"名城名都"建设和推进农村现代化提供强劲的新动能。

（作者单位：中共宁波市委党校）

2019年宁波党的建设总报告

吴桂侠

2019年,宁波市各级党组织在市委坚强领导下,坚持党要管党、全面从严治党,强化责任担当、锐意改革创新、狠抓工作落实,深入开展"不忘初心、牢记使命"主题教育,在思想政治建设、基层组织建设、干部队伍建设、人才队伍建设等方面都取得了新进展,为努力交出"四张高分答卷"、推动宁波走在高质量发展前列提供了坚强政治保证。

一、2019年宁波党的建设基本状况

(一)深入开展"不忘初心、牢记使命"主题教育

根据中央和省委统一部署,我市紧扣"守初心、担使命,找差距、抓落实"总要求,紧盯"理论学习有收获、思想政治受洗礼、干事创业敢担当、为民服务解难题、清正廉洁作表率"目标,抓深抓实抓细学习教育、调查研究、检视问题、整改落实四项重点举措,努力创设紧贴主题、有"宁波味"、有实效的特色做法。

1. 原汁原味学深悟透

组织党员干部认认真真读原著学原文悟原理,学懂弄通伟大思想,深刻体悟初心使命。全市党员干部通读精读规定书目和党章,认真学习党史、新中国史等辅助材料,深入学习习近平总书记对浙江和宁波工作重要批示指示精神,特别是对余姚横坎头村全体党员的"回信"以及"四个一些"、唱好"双城记"等要求,学深悟透核心要义和精神实质。各地各单位领导班子以党委(党组)理论学习中心组、读书班等形式开展集中学习,共组织集中学习研讨4619场次,平均集中学习

时间达到 7 天,参与学习领导干部 7.8 万人次。深挖本地红色资源"富矿",组织开展"初心之旅"1.23 万批次,参与党员 55.68 万人次。实体化打造 200 个"初心讲堂",运用电视、电台、新媒体等融媒体矩阵,全时段展播"红色故事汇""初心悦听""名师微课"等"乡土教材"。

2.深入一线调研解难

广泛开展"调研解难题、深化三服务"活动,组织党员干部深入基层一线开展调查研究,做到摸实情、解难题、提对策、促发展。坚持问题导向,紧紧围绕事关宁波长远发展的全局性关键性问题、群众关注的热点难点问题、党的自身建设等重点,广泛开展"调研解难题、深化三服务"活动。全市党员领导干部累计走访一线 3.77 万次,其中走访企业、群众 5.28 万余家(户);征求和发现各类意见问题超过 2 万个,绝大部分已经解决。党员领导干部结合调研形成领衔破难清单,召开调研成果交流会 1196 场次,形成高质量的调研报告 8295 份。深入开展包乡走村深化"三服务"活动,组织 386 名区县(市)和部分开发园区领导班子成员走遍包干镇乡(街道)下辖的所有村(社区),找准问题症结,拿出破解实招。深入开展"千名支书讲党课""万名党员上讲台"活动,引导党员和领导干部走上讲堂,分享所思所悟所得,实现基层党组织和党员全覆盖。

3.靶向聚焦检视问题

认真贯彻习近平总书记"四个对照""四个找一找"要求,深入开展"三对标三自查",广泛开展"五个问一问"活动,并对查摆出的问题逐条制定整改措施。各地各单位党委(党组)召开"对照党章党规找差距"专题会议 1151 场次,领导班子及成员对照党章党规自查问题 5.21 万个,对标自查问题 2.95 万个。领导班子成员认真撰写剖析材料,每份材料都经单位一把手、市委巡回指导组审阅把关,多数材料都数易其稿,多的超过 10 余稿。各单位认真组织召开专题民主生活会,会前普遍做到党委(党组)负责同志与每名班子成员必谈、班子成员与班子成员之间必谈、班子成员与每个分管部门负责同志必谈,会上真刀真枪、较真碰硬,党员干部思想灵魂受到了洗礼。稳妥有序开展领导班子和领导干部政治素质调研分析,以政治体检促党员干部担当作为。

4.真刀真枪整改落实

对标习近平总书记对宁波工作重要指示精神,细化明确 26 个方面 111 项攻坚任务,建立工作台账。紧扣 9 项专项整治任务,制定责任分解清单,细化形成 40 项整治重点、101 条整治措施,建立"红黄绿"对标亮灯机制,实行动态管理。针对巡视巡察、扫黑除恶、环保督查等专项督查反馈问题,逐项建立问题清单,严格实行销号管理。发挥"锋领红帮"企服平台作用,完善政策帮享、人才帮育、市场帮需、困难帮解、党建帮强等"五个帮"功能,主题教育期间办结企业需求(问题)4336 件。建立提醒催办和跟踪督查机制,先后对老小区环境整治、"垃圾围城"等问题进行跟踪督办,对不担当、慢作为的干部进行严肃问责。举办 3 期"民生问政、服务问效"电视节目,邀请市直单位一把手现场接受媒体问询。

5. **实绩实效践行使命**

围绕中央和省、市委当前正在做的事,找准结合点发力点,把主题教育成果转化为干事创业的强大动力,做到两结合、两促进。组织广大党员干部在"六争攻坚"一线比拼、赛绩亮诺,奋力推进"246"万千亿级产业集群、甬江科创大走廊建设等"栽树工程",推动我市经济平稳健康发展。纵深推进"最多跑一次"改革,部署实施 71 项改革提升举措,在推进数据共享、打造"无证件办事之城"等方面取得积极进展。各地推行"大众点评"、"掌上中介"、"红色代跑服务队"、"最多跑一次"陪办等载体机制,推动"最多跑一次"改革提质增效。落实新一轮稳外贸政策,引导党员干部保持战略定力、提高斗争本领,为企业发展保驾护航。引导党员干部在急难险重任务中冲在前、干在先,以强烈的责任担当统筹做好国庆安保维稳、安全生产、接访处访、意识形态管理等工作,特别是在防御台风"利奇马""米娜"的战斗中,全市各级党组织和党员干部众志成城、顽强奋战,实现了"不死人、少伤人、少损失"的目标。统筹打好系统治理、依法治理、综合治理、源头治理组合拳,高水平推进我市市域治理现代化。

(二)锻造忠诚干净担当的党员干部队伍

以建设忠诚干净担当的高素质专业化干部队伍为关键,重点抓牢领导班子和干部队伍建设,大力选拔培养优秀年轻干部,充分调动各级干部干事创业激情,持续锻造一支忠诚干净担当的宁波铁军。

1. **常态开展"六争攻坚"一线调研**

以主题教育为契机,按照"一月一走访、两月一汇总、一季一研判"的方式,深入开展"六争攻坚"干部表现一线调研,分两批次开展领导班子和领导干部政治素质专项调研,"双找"表现优秀和表现一般的班子干部。加强干部关爱激励,扎实推进公务员职务与职级并行制度,每两个月一次常态化实施"六争攻坚"先锋榜展示,推选评选省"担当作为好干部"11 名、市"六争攻坚"好干部 100 名,3 个集体被评为全省"人民满意的公务员集体",4 人被评为全省"人民满意的公务员",陈淑芳同志被中组部评为全国"人民满意的公务员"。

2. **加快选育培养年轻干部**

实施优秀年轻干部成长计划,首次制定《年轻干部选配预审暂行办法》,市直行政(含参公)单位处级年轻干部、行政和事业单位处级年轻干部占比均有一定比例增加,区县(市)镇乡(街道)党政正职中年轻干部占比也稳中有升,市属企业、高校 40 岁以下中层干部占比已经超过三成。结合日常干部调配,突出选优配强年轻干部,市直机关、区县(市)、国企、高校市管班子中年轻干部占比均比上年度有一定比例增强。

3.完善落实多层次干部历练机制

出台加强和规范干部挂职及市级重大片区、重大项目指挥部挂职干部管理相关意见,选派"六争攻坚"一线挂职干部 1000 余名、市级重大片区重大项目指挥部挂职干部近百名,同时选调一批干部到上级机关、央企协会、先进地区挂职,到甬舟一体化、城中村改造等集中办公。抓好东西部扶贫协作干部人才选派,足额选派在岗挂职干部、人才参加扶贫协作,超额完成省对市考核指标。

4.加快构筑干部大监督体系

着力建设市县联动的"大监督"平台,实现对监督信息的在线共享。扎实开展基层选人用人和干部因私出国(境)违规违纪问题专项整治、干部不担当不作为问题专项整治,以及领导干部配偶、子女及其配偶经商办企业专项整治,及时处理未经审批出国、违规办理因私证照、违规持有因私证照人员,问责不担当不作为干部。出台不实信访举报澄清操作办法,对近百名干部不实信访举报进行澄清。开展市直机关单位混岗和长期借用问题整改工作,对混岗、长期借用按照管理权限抓好清退。

(三)大力推进基层党建"锋领港城"建设

紧扣"两个必须"要求,以基层党建"锋领港城"建设为抓手,坚持抓基层打基础,统筹抓好各领域基层党建,发挥党员先锋模范作用,进一步推动基层党建全领域建强、全区域提升。

1.实施基层党建千分制考评

按照基层党建"锋领港城"实施意见的安排部署,围绕中心工作以及基层党建各项重点任务,修改完善 2019 年度基层党建千分制考评标准,并及时印发。组织开展基层党建质量综合评价专项调研,组成 3 个专项调研组,由 6 位市直单位局级领导同志带队,采取"看、问、访、核、查"等方式,每季度赴区县(市)对落实基层党建基础工作、服务中心实绩实效情况进行专项调研。

2.推动各领域党建全域提升

按照习近平总书记"两个必须"重要指示精神,深入实施组织力提升工程。以加强组织体系建设为重点,在农村,以实施村级组织班子整固提升、"消薄"攻坚提升、村级组织活动场所改造提升"三大提升行动"为抓手,持续深化"整乡推进、整县提升"，为推动乡村振兴打牢组织基础；在城市，全覆盖建立街道大工委、社区大党委制，出台关于党建引领物业行业和党建带群建指导意见，推广党建引领社区治理"八联工作法"；在"两新"领域，深化落实"三年行动计划"，大力实施"双强先锋"、双覆盖"集中攻坚月"行动，全面推进"三整一全"建设。

3.建强基层党员干部队伍

全面实行村社党组织书记县级党委备案管理，建立村干部资格条件常态化联审机制，实行县级组织部门对村党组织书记选、育、管、促的统筹把关。评选产生 50 名宁波市兴村（治社）名师，启动推荐表彰 100 名"宁波市担当作为好支书"。对全市村"两委"干部逐个过筛，全市清理三类不合格村干部。从严加强党员教育监督管理，建立违规发展党员通报、发展党员质量定期评估机制。开展"两优一先"评选推荐，评选 100 名优秀共产党员、100 名优秀党务工作者和 100 个先进基层党组织，在全市上下有力营造了向典型学习、向标杆看齐的良好氛围。

4.打响组织力提升攻坚战

深入贯彻《中国共产党党支部工作条例》，加强基层支部规范化标准化建设，制定出台《关于进一步深化基层党组织星级动态考评管理的指导意见》，分 8 个领域细化量化考评标准，实行星级管理评定权限"上提一级"，为全市各领域 1.35 万个独立法人基层党支部进行授牌。抓好后进基层党组织整转，倒排 136 个后进村党组织、12 个后进社区党组织、65 家"两新"组织。推行"四个一"组团帮扶措施，即做到 1 名县级领导干部挂点联系、1 名镇乡（街道）领导干部包干负责、1 个部门或企业结对帮扶、1 名第一书记或农指员进驻指导。目前 137 个后进村（社区）已完成整转，整转率达 92.6%，"两新"组织整转率达到 100%。

5.健全落实基层党建全要素保障

加强阵地保障，启动村级组织活动场所（党群服务中心）建设提升行动，建成甬江人才创新中心党群服务中心，启用两新红领学院。加强经费保障，开展社区工作者薪酬待遇落实情况专项调研，全市 10 个区县（市）全部出台社工专项文件。

（四）打造具有国际竞争力的人才高地

强化聚才引智，突出产业特色和重点领域，强化要素保障和生态营造，聚焦顶尖人才和青年人才，全力打造创业创新生态优异、科创人才资源富集、创新引领高质量发展的人才强市。

1.升级高效能引才政策体系

持续落实人才生态建设"1＋X"系列举措，出台宁波市服务全省人才发展意见及开放揽才产业聚智政策实施细则,在全省率先出台海外人才引进服务 23条,建设浙江创新中心,设立宁波人才飞地,推动我市优质服务资源向省内外人才延伸覆盖。前三季度,制造业人才净流入率居全国首位,每万从业人员人才资源数居全省首位。新增各类人才 19.5 万人,高技能人才 5.1 万人,新引进大学生 10.2 万人;全职新引进海内外院士 6 名;超额完成新自主申报入选"国千""国万""省千""省万"年初目标。

2.打造高能级聚才平台

全面参与推进国家自主创新示范区建设,主动介入前湾新区、甬江科创大走廊等人才战略平台规划建设,指导有关部门出台实施高等教育跨越式发展意见,参与引进大连理工大学宁波研究院、西北工业大学宁波研究院和研究生院、中荷创新研究院、诺丁汉大学卓越灯塔计划(宁波)创新研究院等创新平台,启动建设东钱湖院士之家,首个市级人才科创平台甬江人才创新中心正式启用。截至三季度,新建成高能级大院大所 7 家,新引进产业技术研究院 12 家,新增省级博士后工作站 23 家。

3.开展高质量人才活动

推出"与宁波·共成长"总品牌,将每年谷雨确定为全市人才日,首次举办人才日系列活动,策划举办 31 场 92 项人才活动。高规格举办人才科技周,集成发布青年人才十大新政,举办宁波史上最大规模青年人才招聘会,吸引 5000 余家企事业单位、3.4 万名各类人才参加。策划实施"一带一路"青年学者论坛、数字经济领域国家特聘专家宁波行等活动,举办院士系列活动 30 余场,务实开展俄罗斯、中国香港等地引才活动。

4.建立高品质人才服务生态

深化人才领域"最多跑一次"改革,升级人才服务联盟,新选聘 26 名助创专员,新增天津、中国工程院、中国科学院 3 个人才联络服务站,服务站总数达到12 个,上线人才公共信息服务平台。开展宁波市杰出人才、有突出贡献专家、优秀海外留学人才、优秀高技能人才等的评定工作。出台高层次人才子女入学实施意见、海外人才子女就读国际学校补助政策,优化人才落户、安家补助、购房补贴政策,建成投用国际青年人才社区。

（五）持续推进清廉宁波建设

2019 年,宁波市各级纪检监察机关以党的政治建设为统领,聚焦民心所向,紧盯重点领域和关键环节,严惩贪污贿赂、滥用职权等职务违法和职务犯罪,更加精准地惩治腐败,更加有效地遏制增量,更加有力地消减存量,充分体现监察体制改革权威高效的政治优势,精准发力推进清廉宁波建设。

1. 在严明政治纪律上狠下功夫

推进政治监督具体化、常态化，坚持"党中央重大决策部署到哪里，监督检查就跟进到哪里"，加强对党中央和省、市委重大决策部署落实情况的监督检查，坚决纠正有令不行、有禁不止等行为。把压实主体责任作为重要职责，推行"三书三查两报告"制度，通过责任分工告知书、监督提醒通知书、函告书和评议审查等形式，实现明责、履责、评责、追责的闭环。认真落实新修订的问责条例，严格执行"一案双查"问责制度，倒逼各级党组织和党员领导干部履责尽责。

2. 驰而不息纠治"四风"问题

密切关注"四风"问题隐形变异新表现新动向，列出 20 项负面清单，综合运用"重心下移重点查""借助数据精准查""问题整改回头查""互相督促交叉查"等"五查"工作法，持续推进正风肃纪。探索建立"四风"问题"联督联查联防"工作机制，定期召开责任单位联席会议，商讨解决所遇到的问题。认真落实"基层减负年"各项要求，通过"基层点题"等形式，对反映集中的上级部门"四风"问题，逐一分析、督办整改。实行通报曝光情况季报制度，推进典型案例通报曝光常态化。

3. 坚决查处群众身边的作风和腐败问题

始终坚守为民情怀、践行根本宗旨，充分发挥人民群众的主体作用，切实维护群众利益。在宁波日报、清廉宁波网、机关单位等积极拓展"信、访、网、电"四大举报平台，在村居积极推广村民说事、居民协商议事等制度，健全完善"小微权力"清单制度。连续三年开展基层涉纪信访专项整治行动，每年选取 100 件问题复杂、处置难度大的信访件，市县两级纪委监委领导包案督办。积极开展基层涉纪信访"减存遏增、提质增效"行动，深入开展民生领域专项整治，坚决查处发生在教育医疗、环境保护、食品药品安全、征地拆迁等方面侵害群众利益的问题。扎实推进扫黑除恶"三年行动计划"，严肃查处党员干部涉黑涉恶腐败和充当"保护伞"问题，有伞必打、有网必破。

4. 大力推动清廉宁波建设

形成 2019 年推进清廉宁波建设工作要点，明确 5 个方面 34 项具体任务。针对 15 个重点节点，持续开展风险提醒教育。在全市投放清廉教育宣传媒介 2400 余处，播放清廉宁波广告 4.2 万余次。编印下发《红色家风》教育读本，深入开展清廉文化进机关、进学校、进企业、进社区、进农村、进家庭"六进"活动，浓厚清廉文化宣传氛围。在正名护廉上，严格按照"三个区分开来"要求，精准开展澄清工作，旗帜鲜明地为 101 名受到诬告的干部澄清正名，切实保护干事创业的积极性。

二、存在的问题和短板

对照新时代党的建设新理念、新思路、新要求，2019 年宁波市党建工作仍存在一些问题，主要表现在以下方面。

（一）少数单位和个人存在"四个意识"不强问题

从宁波实际看，讲政治讲忠诚已经成为各级党组织和党员干部的政治习惯，但从对主题教育参与单位的巡察、考察、检查中发现，思想不统一、意志不统一、行动不统一的情况还时有发生。有的党员干部"总开关"拧得不紧，共产主义信仰产生动摇，政治理论学习蜻蜓点水、浅尝辄止，甚至个别不信马列信鬼神，热衷参加宗教迷信活动，迷失自我、丢掉底线。有的眼里无大局，讲政治口号化、表面化，当"两面人"、做"两面派"，贯彻落实中央和省委、市委决策部署不坚决、不彻底，搞变通、做选择、打折扣。有的缺少斗争精神，对意识形态领域斗争认识模糊，不敢发声、不敢亮剑。有的政治立场不坚定，是非观念不清楚，发表或传播违反政治纪律的言论，造成不良影响。有的对党不忠诚老实，报告个人有关事项时耍滑头、不老实，搞"缺斤少两"、玩"移花接木"。因此，还需要采取有力措施对党员干部来一次思想洗礼、行为纠偏，教育引导党员干部旗帜鲜明讲政治、坚定不移讲忠诚，自觉成为习近平新时代中国特色社会主义思想的坚定信仰者、忠实实践者、有力捍卫者。

（二）一些党员干部存在担当作为不足问题

当前，我市正在实施"246"万千亿级产业集群、前湾新区、甬江科创大走廊等一批"栽树工程"，改革发展稳定任务非常繁重。特别是经济下行压力持续加大，多种问题交织叠加，需要每一个党员干部拿出敢打敢拼的精神状态，干出一番实实在在的发展业绩。应该讲，宁波大多数的党员干部能够迎难而上、攻坚克难，但也有一些人缺乏事业感、责任感、使命感。有的对待工作"挑肥拣瘦""拈轻怕重"，遇事能绕则绕、能推则推，当"休闲式"干部。有的把纪律规矩当成不担当不作为的"挡箭牌"，以担心问责为由头，为了不出错宁愿不干事。有的信奉"吃菜吃素、当官当副"，不挑重担、不受委屈，总想着太太平平过日子、稳稳当当守位子。有的防范化解重大风险的意识不强，对矛盾风险走势缺乏分析研判，应对处置能力不强。有的面对新知识新技能，不学习、不钻研，不当有心人、不下苦功夫，遇到实际问题束手无策。因此，还需要采取有力措施引导党员干部牢记建设宁波、振兴宁波的使命担当，提振精气神、保持好状态、学习新本领，共同推动宁波走在高质量发展前列。

（三）民生领域还存在一些堵点痛点难点问题

党的建设,打点在党员干部上、落点在人民群众上,最终要落到为老百姓办实事、解难事、做好事。总的来看,我市民生事业取得长足发展,但也还存在一些人民群众烦心操心揪心的问题(调研问卷显示,与群众生活密切相关的前几个诉求分别是:"优质教育、医疗资源不足",占 60.1%;"房价居高不下、租房贵、租房难",占 52.4%;"社会养老机构不足,服务质量不高",占 45.0%;"空气、土壤、水体等环境污染",占 36.1%)。我们绝大多数党员干部能够做到民有所呼、我有所应,但也有少数干部有意无意脱离群众、漠视群众。有的认为群众所反应的事都是"鸡毛蒜皮"的小事,因此绕圈走、打哈哈、敷衍了事。有的接待上访人员时态度生硬、推诿扯皮、敷衍塞责,把小问题拖成大难题。有的单位公布的联系电话只是摆设,不是空号就是忙音,老百姓根本找不到人。因此,还需要采取有力措施教育引导党员干部搞清楚"我是谁、为了谁、依靠谁"的问题,积极回应人民群众在公平正义、山清水秀、风清气正等方面的关切,切实解决群众在吃穿住行、柴米油盐、生老病死等方面的诉求,力争交出一份满意答卷。

（四）基层党建工作还存在的一些突出问题

近年来,宁波牢记习近平总书记"两个必须"的指示要求,把党建争强作为"六争攻坚"的重要内容,采取有力措施补上了基层党建的许多短板,基层基础总体越来越稳固。但从巡视巡察、专项调研、扫黑除恶专项斗争等情况看,基层党建领域的问题和风险点还不少,必须保持清醒头脑。第一批主题教育中,中央把基层党建突出问题专项整治作为"8＋1"专项整治之一,放在突出位置,紧锣密鼓部署推进。专项整治内容包含基层党组织软弱涣散、村干部队伍管理"宽松软"、党员失管漏管和发展党员违规违纪等方面内容,都是推动基层党建高质量发展的题中应有之义。下步是要借专项整治这个东风,以刮骨疗毒的勇气和手段对基层党建突出问题进行大排查、大检修、大扫除,该吃药的吃药,该动手术的动手术,不断推动全面从严治党向纵深发展,把党建设得更加有力。

（五）形式主义、官僚主义存在反弹回潮问题

党的十八大以来,党中央驰而不息推进作风建设,取得明显成效。从宁波实际看,奢靡主义、享乐主义基本得到遏制,但形式主义、官僚主义问题仍然存在,并出现许多新表现新变种。有的地方对贯彻落实中央重大决策部署表态多、调门高,不加消化、囫囵吞枣地部署,上下一般粗地传达。有的写文件、出意见机械照搬照抄,依葫芦画瓢,只求政治过硬,做足表面文章。有的党员干部调查研究人到心不到,搞形式、走过场,指示多、求教少,走点多、研究少,对策多、落实少。

有的身在基层但不熟悉基层,靠近群众但不了解群众,处在一线但不敢冲在一线,存在"走读化、机关化、浮躁化"倾向。有的缺乏正确的政绩观,报假情况、假数字,报喜不报忧,掩盖问题和矛盾。有的抓工作重形式轻内容、重数量轻质量,看起来轰轰烈烈,实际效果却不佳。下步还是要针对党员干部作风方面存在的问题,拿出恒心和韧劲,集中整治形式主义、官僚主义,持续打好作风整治攻坚战持久战。

三、2020 年党的建设展望及对策建议

2020 年是全面建成小康社会的决胜之年,是"'八八战略'再深化、改革开放再出发"纵深推进之年,也是我市"六争攻坚、三年攀高"行动的收官之年。党的十九届四中全会提出要坚持和完善党的领导制度体系,提高党科学执政、民主执政、依法执政水平,这对做好新时代党的建设工作提出了新的更高要求。2020年,宁波市各级党组织要坚持以习近平新时代中国特色社会主义思想为指导,认真贯彻落实新时代党的建设总要求,坚持实干导向、聚力攻坚,把牢主责主业、拉高履职标杆,高质量抓实抓好党的各项建设,为推动宁波走在高质量发展前列提供坚强组织保证。

(一)突出强化政治建设,增强组织政治功能

党建要强,首要前提是政治要强。各级党组织必须把政治建设摆在首位,确保把每个党组织建设成为宣传党的主张、密切联系群众、推动改革发展的坚强战斗堡垒,永葆绝对忠诚的政治本色。深入推进"两学一做"学习教育常态化制度化,建立不忘初心、牢记使命的制度,引导广大基层党员干部强化"四个意识",坚定"四个自信",做到"四个服从",坚决维护党中央权威和集中统一领导,对党绝对忠诚。强化意识形态工作责任制,牢牢掌握意识形态工作领导权,进一步加强思想舆论引导,引领广大群众始终听党话、跟党走。严格执行党内政治生活若干准则,严格落实"三会一课"、谈心谈话、民主评议党员等基本制度,严肃开展批评和自我批评,重视发展积极健康的党内政治文化,不断增强党内政治生活的政治性、时代性、原则性、战斗性。落实固定组织生活日制度,积极探索具有鲜明政治性、具有本地特色、适应管理需要、体现时代要求的创意组织生活方式,进一步提升党内组织生活与中心工作的贴合度,增强针对性、有效性。

(二)压紧压实党建责任,形成大抓基层合力

坚持"书记抓、抓书记",严格落实各级党组织书记第一责任人的职责,推

行机关、事业单位、国企等的党建工作由党委（党组）"双副"分管制度。完善定责、履责、考责、追责相衔接的基层党建责任链条，分层分类建立责任清单、任务清单，合理区分集体责任和个人责任，确保将基层党建责任传导到每个支部、每名书记。坚持定性与定量考核相结合，注重运用社会评价、民意调查等方式，扩大群众考评占比。深化完善市县乡党委书记抓党建报表制度，推动党组织书记抓基层党建述职评议向村（社）、国企二三级企业、高校二级院系、"两新"组织等领域延伸。总结推广党建巡察、专项督查等经验做法。把履行基层党建责任情况与各级领导班子以及领导干部评优评先、职务调整、选拔任用、后备人选确定等直接挂钩，建立党建工作推进不力通报约谈、问责追责制度。

（三）着力聚焦担当作为，强化干部队伍建设

要坚持政治标准和专业能力相统一，健全完善全过程的知事识人机制，以事择人、依事选人，强化专业导向，重视选拔专业能力、专业精神强的干部，使干部队伍整体专业素养能够适应改革发展需要。要坚持优化结构与保证质量相统一，提高选人用人的科学化水平，既要大力发现培养选拔优秀年轻干部，又要选好用好各年龄段的干部。加大干部跨条线跨部门跨领域交流力度，探索形成制度性互派任职长效机制。严格落实全面从严治党要求，深入治理"为官不为"，探索干部"歇职教育"、"回炉"培训等做法，推动干部能上能下。探索制定廉洁从政负面清单和领导干部配偶、子女工作变动预报告制度，规范领导干部配偶、子女及其配偶经商办企业行为。深化落实激励干部担当作为"8＋1"政策，定期开展"六争攻坚"干部风采和先锋榜展示。

（四）突出基层组织建设，构筑坚强战斗堡垒

以组织力提升为重点，统筹推进农村、城市基层、国有企业、"两新"组织、事业单位、机关等领域党建工作，形成基层党建工作整体效应。农村党建紧扣乡村振兴战略，实施新一轮"整乡推进、整县提升"工作，探索开展行政区划交界地毗邻党建和镇乡"大党委"制，统筹推进村级组织活动场所建设提升。城市基层党建着眼引领社会治理，扎实推进新时代城市基层党建工作，突出强化街道党工委统筹功能，全面推行街道"大工委"、社区"大党委"制，推动区域党建、单位党建、行业党建互联互动。统筹加强学校、公立医院、国企、机关等领域党建，分类制定教育、卫计、国资等行业系统党建工作意见。

（五）强化党员教育管理，发挥先锋模范作用

严把党员进出关口，制定党员发展政治审查的具体要求，重点做好从产业工人、青年农民、高知群体和"两新"组织中发展党员的工作。对于党员长期不发展或发展家族化倾向较明显的村党组织，县乡要及时介入和指导改进。严格执行党员管理"十条红线"和行为底线,探索制定不合格党员处置的简易程序,切实畅通不合格党员出口。强化党员日常管理,深入开展党员锋领指数考评,稳妥处置不合格党员。落实党内关心关爱政策,深化党员创业帮扶,加强党内人文关怀与心理疏导,增强党组织凝聚力。市县两级层面设立党员教育课程库、师资库、教案库,培育一批党课"土专家"和宣讲"名师",因地制宜用好党员红色教育示范基地,提高党员教育的针对性和有效性。组织村(社)党员签订"不信教不信谣不传谣"书面承诺,认真开展信教党员教育帮扶工作,坚定党员理想信念。

(六)推进清廉宁波建设,营造良好政治生态

加强清廉文化建设,大力弘扬宁波历史先贤和当代廉政道德模范事迹,引导党员干部廉洁修身、清正齐家。加强清廉文化阵地建设,实施清廉文化精品工程,扩大"清廉宁波"网站、微信、微博的影响力。有效运用任前谈话、廉政承诺等方式抓好岗前培训教育,开展案例通报、庭审旁听的体验式教育,引导党员干部筑牢思想防线。完善防腐制度体系,深化落实防腐治腐制度,确保权力在阳光下运行。建立健全个人重大事项报告制度和班子成员廉政档案制度,主动接受党员群众监督。完善问责追责办法,对落实"两个责任"不力,管辖范围内群众身边的不正之风和腐败问题突出的,严格实行"一案双查"。正确处理全面和从严的关系,用好监督执纪"四种形态",切实做到抓小抓早、抓常抓长。深化"双百"专项整治,加大对"村霸"和宗族恶势力的打击力度,严查基层干部涉黑涉恶问题。突出重点领域和关键环节,严肃查处发生在"三资"管理、征地拆迁、生态环保等领域的严重违纪违法行为,以及党员干部吃拿卡要、盘剥克扣、优亲厚友等问题,提高群众的幸福感和获得感。

(七)服务党的中心工作,引领经济社会发展

全面开展农村基层党建"对标建强、领航振兴"行动,因地制宜发展农村集体经济。在城市认真落实示范市建设各项措施,健全由基层党组织统筹区域服务资源、服务项目的工作机制。深入实施国企锋领行动计划和"两新"组织"双强先锋""双强堡垒"行动,助推国有企业和"两新"组织创新发展、转型升级。强化村(社区)党组织在基层治理中的领导核心地位,倡导具备条件的村(社区)党组织书记通过法定程序实现"一肩挑"。深入推进网格党建,大力提倡基层党组织班子成员、党小组长等党员骨干担任网格长、网格员,积极参与网格事务管理,组团开展为民服务。加强党对社会组织、物业公司、业委会的领导,鼓励倡导在职党员干部担任业委会主任、社会组织负责人,参与基层社会治理。全面推进"甬·志愿"服务联盟建设,深化党员志愿"服务月""服务日"制度,不断提升服务群众的能力水平。

(作者单位:宁波工程学院)

2020 宁波发展蓝皮书
BLUE BOOK OF NINGBO DEVELOPMENT

产　业　篇

2019 年宁波工业发展情况分析及 2020 年展望

罗　丽　苏慧琨　盛　茜　郑俊之

2019 年以来,面对复杂严峻的宏观环境和持续加大的下行压力,我市全面贯彻落实市委、市政府决策部署,按照市委、市政府"六争攻坚、三年攀高"工作要求,以推进制造业高质量发展为总目标,以培育"246"万千亿级产业集群为总抓手、以稳中求进为总基调,积极应对各类风险挑战,扎实推进工作取得实效,工业运行呈现总体平稳、持续承压、低位运行态势。

一、2019 年全市工业发展情况分析

(一)工业经济总体平稳

一是工业生产总体平稳,但增速有所下滑。1—11 月,全市共实现规上工业增加值 3609.6 亿元[①],同比增长 6.1%;低于全省 0.1 个百分点,高于全国 0.5个百分点(见图 1)。1—11 月,全市共实现规上工业总产值 16026.7 亿元,同比增长 3.3%;销售产值 15623.5 亿元,同比增长 2.5%。

二是工业用电平稳。1—11 月,全市工业用电量为 531.6 亿千瓦时,同比增长 2.6%,高于全省 1.1 个百分点(全省 1.5%,列全省第 7 名)(见图 2)。全市制造业用电量为 496.2 亿千瓦时,同比增长 3.1%。

三是企业效益有所下降。1—10 月,全市规模以上工业企业实现利税总额1694.6 亿元,同比下降 4.9%。其中,利润总额 1064.9 亿元,同比下降 0.3%,

---

①　因保留小数原因,可能出现实际得数和计算得数不一致的情况,下同。

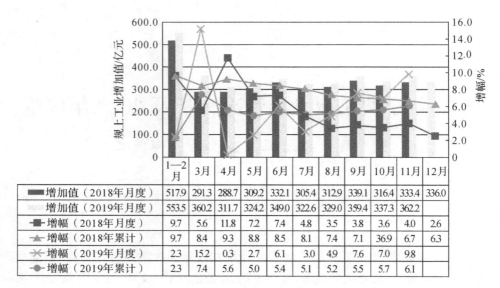

图 1　规上工业增加值增速走势

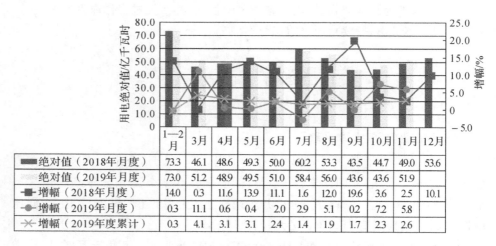

图 2　全市工业用电月度走势

增速较 1—9 月收窄 2.8 个百分点。营业收入利润率 7.5%,高于全省 1 个百分点,高于全国 1.6 个百分点。百元营业收入成本 83 元,分别较全国、全省低 1.3元、0.6 元。

四是工业出口持续回落。1—11 月,全市出口交货值为 2987.1 亿元,同比增长 4%;从月度增速看,延续了 5 月以来的逐月回落趋势,特别是下半年以来,受贸易摩擦持续影响,出现了负增长(9 月-1.7％,11 月-2.8％)(见图3)。不同行业出口差异较大,增长较好的行业主要是造纸、石油加工、有色、仪器仪表、电气机械等,均实现两位数增长,且保持了年初以来的稳定趋势;出口下行压力较大的行业主要集中在金属制品业、专用设备、纺织业等三个行业。

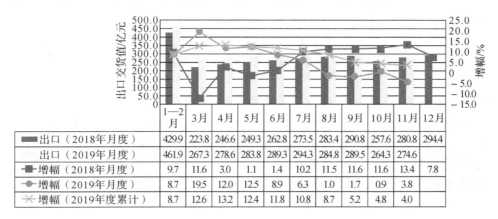

	1—2月	3月	4月	5月	6月	7月	8月	9月	10月	11月	12月
■出口(2018年月度)	429.9	223.8	246.6	249.3	262.8	273.5	283.4	290.8	257.6	280.8	294.4
□出口(2019年月度)	461.9	267.3	278.6	283.8	289.3	294.3	284.8	289.5	264.3	274.6	
■增幅(2018年月度)	9.7	11.6	3.0	1.1	1.4	10.2	11.5	11.6	11.6	13.4	7.8
●增幅(2019年月度)	8.7	19.5	12.0	12.5	8.9	6.3	1.0	1.7	0.9	3.8	
✕增幅(2019年度累计)	8.7	12.6	13.2	12.4	11.8	10.8	8.7	5.2	4.8	4.0	

图 3　规上工业出口交货值月度走势

(二)工业投资滞留低位,但降幅有所收窄

一是总体呈现平稳回升。1—11 月,全市累计完成工业投资 719.2 亿元,同比增长 8.3％(同期全省 10.1％),增速比 1—10 月份提高 4.4 个百分点,增速创年内新高。累计完成技改投资 460.3 亿元,同比增长 6.2％,增速比 1—10 月份高 3.5 个百分点,并高于全省 0.4 个百分点,在全省排名第 6。主要由于大榭华泰盛富 70 万吨/年轻烃利用项目、高新区均胜集团汽车电子智能制造项目、镇海炼化 120 万吨大乙烯工程项目、江北金田集团增资扩产系列项目、宁海双林集团变速器系列项目、象山日星铸业大型海上风电关键部件等一批重点大项目的带动作用,大榭开发区、高新区、镇海区、江北区、宁海县、象山县等地区投资增速较快。

二是重点领域投资加快。加强重大项目谋划,围绕“246”产业集群领域,已初步谋划 21 个重大项目,总投资超过 400 亿元。推进沪甬产业合作,聪链高端芯片项目、石墨烯应用项目、复旦科技园浙江(创新)中心等一批项目成功签约,推动中科院上海分院院长王建宇院士工作站落户宁波。推动重大产业链招商项目谋划洽谈,牵头参与洽谈并推进北京一县一品公司、中广核等 22 个项目,其中已签约落地 5 个。开展企业“增资扩产”专项行动,建立动态调查排摸机制和“增资扩产”项目库,1280 个“增资扩产”项目 2019 年累计完成投资 433.6 亿元。

（三）产业结构持续调整，"246"产业引领增长

一是聚焦培育"246"产业集群。积极培育绿色石化、汽车 2 个世界级的万亿级产业集群，高端装备、新材料、电子信息、软件与新兴服务 4 个具有国际影响力的五千亿级产业集群，关键基础件、智能家电、时尚纺织服装、生物医药、文体用品、节能环保 6 个国内领先的千亿级产业集群，"246"产业集群加快建设。全市"246"产业集群实现增加值（已剔重）2866.3 亿元，同比增长 7.1%，增速高于规上 1 个百分点。其中电子信息、绿色石化、高端装备、智能家电集群分别增长16.3%、9.1%、9.5%、9.7%。

二是数字经济加快发展。积极推进集成电路"一园三基地"建设，加快推进宁波软件园核心区建设，争创中国特色型软件名城，加快发展新一代人工智能产业。1—9 月，集成电路及其相关产业产值 123.5 亿元，同比增长 14.3%；1—9月实现软件业务收入 598 亿元，同比增长 24%，增速位居全国同类城市前列；数字经济核心产业（制造业）增加值同比增长 13.1%，增速高于规上工业 7 个百分点。战略性新兴产业增加值 1019.1 亿元，同比增长 8.9%，高新技术产业增加值 18598 亿元，同比增长 7.1%。

三是传统产业改造提升效果显现。以"点、线、面"形式深入推进智能化改造，整治提升"低散乱"企业，积极推进"互联网＋""人工智能＋""设计＋"等与制造业的融合应用，深入推进传统制造业改造提升。2019 年，17 大传统产业累计实现增加值 1970 亿元，同比增长 6.1%，增速高于规上 0.6 个百分点。全员劳动生产率 26.9 万元/人·年，同比提高 10.4%。

（四）强化创新驱动，发展质量加速提升

一是打造高能级创新载体。推进制造业创新中心、产业技术研究院等新型创新载体建设。2018 年以来，新引进共建北航、上海交大、大连理工等高能级研究院 12 家（累计共建 60 家），建成石墨烯创新中心、智能成型技术创新中心、磁性材料应用技术创新中心等 3 个省级制造业创新中心。加快企业技术中心建设，推动企业技术中心能力提升，目前全市累计拥有国家级企业技术中心 24 家、省级 103 家，国家级技术创新示范企业 7 家、省级 7 家。

二是提升企业创新能力。做精做强行业单项冠军企业，鼓励企业聚焦主业开展技术创新、产品创新和模式创新，新增国家级单项冠军企业（产品）11 个（累计 39 个）；开展"四基"重点领域产业链培育行动，围绕伺服电机等 10 个领域，鼓励产业核心企业和配套企业协同创新，培育产业应用配套链和技术创新链；近两年来，我市在新材料、"四基"、高端装备等领域，累计获得国家级科学技术奖励（包括国家技术发明奖、国家科学技术进步奖）13 项。1—11 月，新产品产值

5401.9 亿元,同比增长 10%。

(五)强化改革突破,发展生态加速完善

一是深化实施"亩均论英雄"改革。在全省首创取数规范化、对象全面化、流程标准化、操作信息化、运用精准化、任务清单化的工作机制。强化评价结果运用,分 A、B、C、D 四档,实施差别化政策,引导各类资源向优质企业倾斜,倒逼亩均税收 1 万元以下的低效企业通过改造提升实现提质增效或通过依法关停腾出土地空间。2019 年,规上工业亩均税收、亩均增加值同比增长 15.7%、11.5%。

二是深化产融合作。与中信银行(总行)等 8 家银行建立常态化政银对接机制,加大对制造业的贷款支持力度。11 月末,全市制造业贷款余额 3883 亿元,比年初新增 91 亿元,同比增长 7.5%。制造业贷款占各项贷款的比例为 24.4%。

三是优化土地资源配置。精准排摸"246"产业集群新增用地需求,加强工业用地供给,1—9 月,全市新增工业用地(工矿仓储)14025 亩,占全部供地的比重为 31.7%。加快推广实施土地弹性出让、先租后让、租让结合、长期租赁等新型土地供给方式,降低企业初始用地成本。

二、2019 年宁波市工业经济发展中存在的主要问题

虽然当前我市工业经济保持中高速增长,但工业发展的外部严峻复杂形势没有改变,内部不平衡、不充分的矛盾和制约依然存在,全市工业经济运行面临较多困难和问题。

一是稳增长压力加大。上半年全市规上工业增加值增速为 5.4%,明年要实现工业经济的平稳增长,面临较大压力。重点行业增长压力较大,石油加工等重点企业的生产负荷基本稳定,没有新增产能。化学原料行业的产品价格处于下行通道,部分企业对多生产的积极性不高。汽车制造行业面临市场需求持续萎缩压力,一些重点企业的产能利用率下降,吉利余姚 DMA 项目、杭州湾 PMA 项目等即将投产项目尚未形成新增量。

二是工业投资持续增长压力较大。招商落地的先进制造业项目、新经济新业态项目相对较少,优质增量不足。本地企业投资意愿有所下降导致部分重大项目暂缓实施或投资大幅缩水,重大项目投资释放缓慢。部分区域由于缺乏大项目投资支撑,如北仑区投资,一直处于负增长。部分行业如汽车制造业、电气机械及器材制造业等行业投资受消费需求、中美贸易摩擦升级等因素影响,增速呈现负增长,1—9 月分别为 −23.8%、−3.9%。

三是企业稳生产的风险仍在加大。企业对中美经贸谈判前景把握不准,生产普遍更趋谨慎,订单金额小,订单时间跨度缩短。出口不确定性加大,出口下行压力较大的行业主要集中在金属制品业、专用设备、纺织业等行业。企业"走出去"步伐加快。受中美经贸摩擦影响,更多企业考虑"走出去",2019 年,剔除大项目偶然性因素,全市对外投资备案的企业数和投资额保持两位数增长,投资区域主要为越南、印尼、泰国、墨西哥等地。但由于新兴市场普遍存在基础设施落后、产业配套不全、劳动生产效率不高、法律不完善、管理不透明等和东南亚综合成本快速上涨等问题,企业"走出去"面临更大困难。

四是资源要素保障压力大。土地供给不足,工业用地指标紧张,成本上升,新建项目用地难以保障,低效用地大量存在。制造业贷款规模与制造业发展需求不相适应,制造业贷款余额占比不高,面大量广的中小企业贷款难、贷款贵、贷款慢的现象仍然广泛存在。能源要素保障压力较大,能源消费总量增长较快,难以完成考核目标。

三、2020 年宁波工业发展形势分析

从国际环境看,由美国挑起的中美贸易摩擦一年多来起伏不定,中美之间贸易争端呈现长期化、常态化趋势。在美国贸易保护主义冲击下,国际多边贸易体系处于震荡之中,WTO 面临停摆危机,各国纷纷寻求区域和双边自贸协定谈判。面对国际经贸合作格局的变革,2020 年世界经济继续保持低增长,同时增速放缓,不稳定因素增多。根据世界贸易组织的统计预测,2020 年全球贸易增长将连续三年放缓,增速从 2018 年的 3% 下降至 2.6%。受到新兴市场和发展中经济体的带动,2020 年世界经济或有望复苏,但国际贸易的不确定性和投资疲软可能使世界经济增长差于预期。我市经济外向度高达 80%,预计明年全球经济的变化将会对我市造成较大影响。

从国内看,当前我国经济发展面临新的风险挑战。2019 年国内经济受关税影响,工业出口、工业投资增长均出现回落,工业利润下滑,消费增速放缓,国内经济下行压力加大。同时,2020 年仍然是中国产业结构调整的关键时期,支撑国内经济发展的三大产业将继续处在调整和收缩阶段。一是传统制造业,如汽车行业,明年将继续调整与收缩;二是建筑业,随着中国基础设施的不断完善,行业的调整趋势无法避免;三是房地产业,明年也有较大的调整和收缩。但随着新一轮改革开放的逐步推进,减税降负等政策效应的显现,"一带一路"贸易合作的提升,经济波动仍然能保持在合理区间内。

从宁波自身看,中美贸易摩擦对我市工业经济的影响逐步显现,部分企业产能向东南亚等国家和地区转移。2019 年我市工业经济运行整体平稳,但距离原有预期尚存在差距,工业经济承压较大,工业投资持续增长放缓。面对复杂的经济环境,亟须推动产业集群发展,加快推进关键核心技术研发,推动产业结构调整,完善政策保障体系,做足充分准备以应对潜在风险。

综合分析,2020 年,国内外经济形势依然不容乐观,不确定因素依然较多,我市经济外向度较高,不可避免地会受到国际贸易环境变化的影响。随着"246"万千亿级产业集群培育、数字经济、关键技术攻关等工作的深入发展,预计 2020 年我市工业经济总体将继续保持稳定发展的态势。规上工业增加值同比增长 6%左右;"246"产业增加值同比增长 7%左右;数字经济核心产业增加值同比增长 10%以上;软件主营业务收入同比增长 25%以上;工业投资同比增长 6%左右。

四、2020 年推进宁波工业经济发展的对策举措

2020 年,积极贯彻落实市委、市政府"六争攻坚、三年攀高"战略和推动经济高质量发展总体部署,聚焦推动产业集群和数字经济发展、构建优化产业创新、企业服务和要素配置,全面推动全市工业和信息化实现高质量发展。

(一)全力推动产业集群发展

一是重点建设世界级产业集群。加快建设绿色石化产业集群,推动宁波石化经开区、大榭开发区建设,推进镇海炼化一体化、大榭石化产品升级改扩建等重点项目建设,加快构建"两院一中心"石化集群创新体系。加快建设发展汽车产业集群,全力推动前湾新区、北仑区(含梅山)汽车产业集群发展,加快推进吉利 PMA 纯电动汽车等重点项目建设,推动整车制造与关键核心零部件企业协同发展。

二是壮大数字经济核心产业动能。强化电子信息产业优势,加快推动中芯宁波项目建设,争取杨久光电、拓荆科技等一批重点项目落地,深化"一园三基地"、江北膜幻动力小镇、余姚智能光电小镇等建设。积极争创中国特色软件名城,加快建设宁波软件园,推进高新区核心区、鄞州区联动区、海曙区特色区协同发展。加快发展数字经济前沿产业,实施新一代人工智能产业培育工程,探索"5G＋AI＋安全"产业培育机制,加快应用场景建设,积极发展 5G、区块链等前沿产业。

三是加快建设战略新兴产业集群。以稀土永磁材料、高端金属材料等为发

展重点,培育新材料产业集群,加快建设新材料测试评价平台区域中心,推动膜产业技术的推广应用和产业园区公共服务平台建设。培育高端装备产业集群和关键基础件产业集群,推进智畅工业机器人及制造系统等一批重点项目建设,加强整机部件协同制造。培育生物医药产业集群,加快推进康达洲际等医疗器械产业园建设和孵化,推进康龙化成等重大项目建设。培育节能环保产业集群,加快构建空压机、热泵等重点产品产业链和服务链。

四是提升建设传统优势产业集群。培育时尚纺织服装产业集群,促进纺织面料、化学纤维、针织等纺织服装产业链升级,推广海曙区服装制造业省级试点工作做法。培育智能家电产业集群,推进慈溪小家电智造小镇、小家电智造创新中心等平台载体建设,加快方太产业基地等一批重大项目建设,打造一批智能家电应用新场景。培育文体用品产业集群,全力提升文体产品品种、品质、品牌,加快推进宁海文体用品制造业省级试点建设。

(二)全力推动稳增长促投资

一是推进工业运行稳增长。加强工业运行监测,推进工业经济运行监测平台调试应用和功能优化,做深做细"事前监测—事中调度—事后分析"的月度机制,建立大中小企业各阶段监测分析。完善工业运行监测指标体系,探索对重点地区、重点企业的订单、原材料价格、用工等情况的监测。强化风险防范意识,加强困难企业情况排摸,建立常态化跟踪监测制度。

二是加强重大项目谋划。围绕"246"产业集群培育、传统产业改造提升,继续谋划一批符合国家战略,投资规模大、技术水平高、发展前景好、示范带动强的重大项目,谋划一批以龙头企业为主导、上下游配套企业协作实施的完善产业链项目,谋划一批有利于我市产业核心竞争力提升、产业结构优化的高新技术项目,努力实现由单个项目谋划向项目群、产业群谋划的转变。推动各区县(市)、前湾新区、甬江科创大走廊等大平台聚焦新能源汽车等重点产业项目建设。加强对世界 500 强、中国制造业 500 强、行业龙头企业以及对产业发展具有带动作用的项目的招引。

三是实施"增资扩产"专项行动计划。强力推进重点企业目前在建的"增资扩产"项目、有意向对外投资的重点企业项目、在外已设立生产基地的企业和在外甬商有意愿返乡投资的项目、总部型企业实力提升项目等四类项目建设,积极培育对接在外投资企业、已在外投资企业和总部型企业等三类企业,推动形成较为完善的支持企业在本地"增资"的良好投资环境、政策措施和服务体系。

(三)全力推动关键技术攻关

一是加快新型创新载体建设。推动石墨烯、磁性材料、高端金属合金材料等重点行业制造业创新中心和新材料测试评价平台区域中心建设,筹建智能网联汽车以及超级电容储能、密封材料等领域的创新中心,加快建设新材料测试评价平台区域中心、国家级汽车检测中心等公共平台建设。争取国家级科技转化平台(智能制造领域)在宁波落地。推进以企业为主体的企业技术中心等创新载体建设,力争创建一批省级企业技术中心。

二是强化"四基"领域关键核心技术研发。持续推进伺服电机、减速器等 6 条"四基"产业链,启动培育智能信息终端、电动汽车、高性能合成橡胶、高端合成树脂等 4 条产业链。引导企业、科研院所、高校协同开展核心技术攻关,推动基础产品、工艺技术研发和应用,组织实施一批"四基"技术产业化专项和"四基"产品应用专项。

三是加快新产品推广应用。发布 2020 年重点新材料首批次保险示范目录,加大首台(套)重大技术装备保险补偿政策实施力度,推动智能装备重点优势企业与零部件企业开展配套应用。加强国有采购对接,建立完善国有投资项目定制化开发机制。

四是培育优势领军企业。做优做强千亿级龙头企业、行业骨干企业、高成长企业、单项冠军企业、创新型小微企业梯队,着力培育总部型企业。推动大中小企业融通发展,鼓励大企业从"制造商"向"平台商"转型。全年力争 5 家企业(产品)列入国家级单项冠军,新增"小升规"工业企业 400 家。

(四)全力推动发展生态优化

一是推进"亩均论英雄"改革全覆盖。推进评价对象全面化,将评价对象从工业领域向服务业和高新技术企业延伸,从企业评价向制造业重点行业以及工业集聚区、经济开发区、高新园区、小微企业园区等产业园区和特色小镇拓展。推进评价体制的科学化,引入销售收入、用电等指标,探索定性加定量评价、行业评价等评价方法,规范、改进和完善加减分等评价规则。全面整治提升亩均税收 1 万元以下的低效企业。

二是完善企业服务体系。进一步完善中小企业公共服务平台网络建设,加快区县(市)子平台实体化建设步伐,同时加快推进百个窗口平台建设,并广泛聚集各类社会服务资源,实现企业服务"一点提问、全网联动,件件着落、全程可溯"的目标。进一步加大降本减负工作力度,会同市税务局启动"减税降费'应享尽享'攻坚行动"。

三是推动工业园区整合提升。启动编制新一轮重点工业集聚区规划,完善以工业集聚区为支撑的"246"产业集群空间布局体系。加快建设小微企业园,编制未来发展规划、绩效评价及星级认定管理办法、工业地产厂房预售管理办法等相关政策。强化园区服务指导,规范园区运营管理,加大扶持力度,推进园区数字化建设。

四是积极推动先行先试。拓展保险支持新产品研发推广范围,研究制定软件、生物医药、智慧应用等领域的新保险产品,鼓励更多领域新产品推广应用。深入开展新能源汽车动力蓄电池回收利用试点,出台并实施动力蓄电池回收网络、溯源信息管理系统提升优化等方案以及相关配套政策措施,推动组建宁波市动力蓄电池回收利用产业联盟。

（作者单位：宁波市智慧城市规划标准发展研究院
宁波市工业和智能经济研究院）

2019 年宁波农业发展情况分析及 2020 年展望

屠雯珺　　沈庆炜

　　2019 年,在乡村振兴战略的统领下,宁波一二三产业融合加快,现代化农业建设不断推进,全市农业生产保持平稳且呈现提质增效态势。但宁波农业发展仍存在自然风险抵抗能力较弱、农业价值链各环节信息有效性较差、农产品品牌知名度偏低及农业经营主体规模偏小等问题。为了进一步推动宁波农业产业发展,宁波应大力提升农业气象服务水平,发展数字农业,加快农业品牌质量和价值建设,推进农业产业化联合体建设。

一、2019 年宁波农业发展情况

　　2019 年,宁波全力推动乡村振兴三年行动计划,促进现代农业高质量发展,农业经济呈现稳定发展的良好态势。2019 年前三季度宁波农林牧渔增加值为229.7 亿元,同比增长 2.3％,比浙江省平均高 0.5 个百分点;农村居民人均可支配收入达 30232 元,同比增长 9.1％,城乡居民收入比缩小到 1.67∶1。

(一)农业生产的基本情况

1.粮食生产基本平稳

　　2019 年前三季度宁波粮食播种面积约 150 万亩,与 2018 年持平,但受不利天气影响,单产整体偏低。其中,春粮面积 33 万亩,总产 7.6 万吨,分别比 2018年减少 1.2％和 14.3％;早稻面积 18.9 万亩,总产 8.1 万吨,分别比 2018 年增加 5％和减少 6.9％;晚稻面积 98.9 万亩,比 2018 年增加 1.9 万亩,但受台风"米娜"影响,预计单产有所下降。

2.经济作物稳中略增

2019 年前三季度宁波经济作物总体稳定,茶叶、蔬菜产量回升,其他基本持平。其中,受不利天气影响,上半年蔬菜种植面积和产量较 2018 年有所减少,三季度逐步恢复增长,前三季度蔬菜面积为 124.2 万亩、产量 189.8 万吨,基本与 2018 年持平。水果生产较稳定,产量达 96.47 万吨,与 2018 年持平,其中三季度同比增长 0.6%。得益于夏季大宗绿茶产量上升,2019 年茶叶产量增幅明显,前三季度茶叶产量达 1.66 万吨,同比增长 6.0%。

3.畜牧业企稳反弹

受环境整治、"猪周期"下行、非洲猪瘟疫病等多重因素影响,2019 年前三季度宁波畜牧业生产持续下滑,全市肉类产量为 7.43 万吨,同比下降 9.6%。但三季度以来,受生猪价格上涨影响,生猪生产止跌反弹,恢复增长态势。三季度生猪出栏 22.4 万头,同比增长 1.4%,环比增长 19.2%。除此以外,禽蛋等产品产量也有所增加,前三季度全市禽蛋产量为 3 万吨,同比增长 8.6%。

4.渔业生产稳中有增

2019 年前三季度宁波水产品总量达 55.47 万吨,同比增长 3.6%。其中,海洋捕捞产量为 29.77 万吨,同比增长 4.9%;淡水捕捞产量为 4.27 万吨,同比减少 2.5%;远洋捕捞产量为 1.45 万吨,同比减少 12.2%;海水养殖产量为 18.45 万吨,同比增长 2.6%;淡水养殖产量为 1.53 万吨,同比增长 31.2%。三季度宁波渔业增速进一步加快,海洋捕捞、淡水捕捞、海水养殖、淡水养殖的产量增幅分别达到 6.8%、15.7%、7.4%和 6.8%,增幅较半年度均有明显提升。

(二)现代农业发展加快

2019 年宁波农业产业链、价值链不断延伸,成为乡村产业振兴新动能。第一,农产品加工业势头向好。上半年宁波农业企业加工农产品 479 万吨,同比增长 3.7%,全市农产品加工率达 68.8%。第二,特色休闲观光农业健康发展。宁波现有休闲农业经营主体 1250 多家,从业人员 4.4 万人。2019 年上半年接待游客共 28.4 万人次,营收 20.4 亿元,同比分别增长 6.3%和 5.9%。

宁波农业机器换人成效显著,2019 年宁波鄞州区被评为浙江省农业"机器换人"示范县,海曙区洞桥镇等 10 个乡镇为浙江省农业"机器换人"示范乡镇,海曙西杨粮机专业合作社等 19 个基地为浙江省农业"机器换人"示范基地。2019 年年初数据显示,宁波已成功创建省农业"机器换人"示范县 3 个、示范乡镇 19 个、示范基地 44 个,创建步伐领跑全省。

(三)农业制度支持不断加大

2019 年宁波农村土地制度和集体产权制度改革稳步推进,象山宅基地"三权分置"改革、北仑国家级农村不动产确权登记发证和慈溪国家级农村承包地经营权贷款等试点在全市推广。2018 年和 2019 年分别启动 15 个和 22 个试点项目，取得了良好效果。通过"土地超市"，余姚市完成土地流转 2267 亩，成为浙江经济体制领域改革的 26 项重点之一；江北区充分挖掘城郊农村区位优势，通过拆除违章建筑和清产核定村级集体土地为农业发展提供了空间。除此以外，目前宁波 99.6％的村社完成村级集体经济股份合作制改革，基本实现面上全覆盖。

同时，金融支持缓解农业资金压力，为乡村振兴添动力。2019 年农村普惠授信覆盖面达 70％，截至一季度，全市农户小额信贷余额达到 93.5 亿元。金融产品更丰富，海域使用权、集体林权、农村宅基地、渔船、捕捞证抵押等抵质押贷款产品相继推出，截至一季度，宁波农村金融创新产品余额达到 221.2 亿元。例如，2019 年年初试点的"土地综合保险"业务为土地经营权流转提供租金支付履约保证；2019 年 10 月第一单"保险＋期货"鸡蛋价格保险完成，实现了"保险＋期货"产品的落地。此外，2019 年宁波作为首个与国家融资担保基金开展合作的计划单列市，获得授信 25 亿元，为全市再担保项目分担 20％的风险责任。

二、当前宁波农业发展存在的主要问题

2019 年，宁波农业生产保持良好态势，现代化农业建设也稳步推进，但发展中仍存在一些问题亟待突破。

（一）自然风险抵御能力较弱

宁波地处东南沿海，台风等自然灾害频发，但农业灾前预测和灾后补偿能力均不强，"靠天吃饭"的局面没有得到根本性转变。在气象灾害预测方面，虽然宁波对灾害性天气的监测率和预报率已达 85％，但预报准确率还不够高，突发气象灾害预警时间的提前量还不够长。除此以外，虽然宁波是全国首个保险创新试验区，但农业保险和国际成熟的保险体系相比还有差距。第一，保险赔付的上限较低，不能足额弥补农户损失；第二，有些政策性农业保险的保障力度在下降，例如根据 2019 年修订的宁波政策性农业保险标准，生猪养殖保险的保障基数下降；第三，农业生产者对保险的接受程度不高，农户 44％以上通过村统一购买，不利于提高农户了解农业保险产品和购买保险的意识，使得宁波农业自然风险补偿不足。

（二）农业产业各环节信息有效性较差

2019 年中央一号文件强调数字农业农村建设，宁波虽已投入智慧农业云平

台建设,但农业生产和销售信息化依然是短板。一方面,农业产业链条长且复杂,信息不对称问题严重,而农民整体文化素质偏低,对市场的判断力较弱,导致供需结构不匹配,价格超常波动以及农产品销售环节不流畅。另一方面,生产信息化也有待提高,大田水稻全程精准化种植、设施农业物联网应用和畜禽、渔业规模化智能养殖等能大幅提升农业生产精准化和智能化水平的项目在宁波还未普及。农业生产的非标准化一方面带来粮食和食品的安全隐患,另一方面不利于提升宁波农产品的国内外竞争力。

(三)农产品品牌知名度偏弱

截至 2019 年上半年,宁波市级以上知名农产品累计达 360 个,品牌虽多但知名品牌少。在 2017 年 7 月发布的浙江省知名农业品牌百强榜上,50 个知名农产品区域公用品牌名单中宁波仅占 6 个,46 个知名农业企业品牌中宁波仅有 4 家入选,20 个特色农产品品牌中宁波仅占 2 个。在 2018 年 12 月发布的中国区域农业品牌影响力 100 强中,山东入选 22 个居第一,浙江入选 5 个居第六,入选品牌分别为"丽水山耕"、"庆元香菇"、"金华两头乌"、"西湖龙井"和"安吉白茶",宁波无品牌入选。总体来看,虽然宁波不断推进品牌建设,但与省内外先进地区相比仍有差距。

(四)农业经营主体规模偏小

宁波市新型农业经营主体虽然成长快速,但存在数量不少却规模偏小、竞争力不强的问题。截至 2018 年,产值超亿元的市级农业龙头企业只占 31%,在主板上市的企业只有 2 家。农业经营主体规模与农村土地流转和规模经营密切相关,虽然目前宁波农村土地流转面积有 151.6 万亩,土地流转率和规模经营率均超过 69%,但与现代农业要求的 70% 的标准还略有差距。

三、2020 年宁波农业发展形势展望

(一)农业发展形势分析

1. 国际农业发展形势

(1)全球农业生产和消耗均平稳增长。据联合国粮农组织预计,2019 年世界谷物产量为 26.85 亿吨,同比增加 1.2%。在生产小幅增长的同时,世界谷物消耗量较 2018 年同期略有增加,预计将超过 27.08 亿吨,同比增加 1.0%。虽然粮食生产和消耗均小幅增长,但联合国粮农组织预计由于玉米库存的大幅减少,2019 年末世界谷物库存将为 8.28 亿吨,比同期下降 3.2%。

（2）全球农业贸易不确定性加大。据联合国粮农组织数据，2019 年世界谷物贸易预计小幅增加至 4.15 亿吨，比 2018 年同期增长 2%。但世界范围内的贸易摩擦、英国脱欧以及《美墨加贸易协定》都为未来的全球农产品贸易带来了不确定性。第一，中美持续贸易紧张局势对全球农业贸易产生影响。虽然 2019 年 12 月中美贸易谈判达成第一阶段协议，紧张局势有所缓解，但贸易不确定性持续发酵，将继续影响中美农产品进出口，大豆等大宗农产品价格以及其他国家的市场份额。第二，英国脱欧进程也为全球农业贸易带来了不确定性。欧盟数据显示，2018 年英国超 70% 的进口农产品来自欧盟，62% 的出口农产品去向欧盟成员国。据欧盟协议，成员国之间的贸易免关税，若英国脱欧完成将推高贸易壁垒，从而影响英国、欧盟其他成员国及其他相关国家的农产品价格和生产。第三，美国、墨西哥和加拿大三方 2018 年 11 月签署的《美墨加贸易协定》（USMCA）将取代北美自由贸易协定（NAFTA）。与北美自由贸易协定相比，美墨加贸易协定小幅提升了农业市场准入。虽该协定截至 2019 年 10 月尚未获得美国国会批准，但若该协议生效将影响北美乃至全球的农产品贸易格局。

（3）全球范围内对农业的支持方式悄然转变。据经济合作与发展组织（OECD）数据，全球范围内对农业生产者的直接补贴正在下降，对农业的支持方式悄然转变。2016—2018 年，OECD 国家对农业的支持总额平均每年为 3250 亿美元，其中向生产者提供的支持占 OECD 成员国农业总收入的 18.5%，远低于 2000—2002 年的 30%，同时向生产者提供基于商品产出的支持也同比下降。同时，2018—2019 年各国不断完善农业支持政策。例如，加拿大推进《加拿大农业伙伴关系 2018—2023》，引入"农业科学"和"农业创新"项目分别支持农业创新链的不同阶段；美国《2018 年农业改进法案》于 2019 年生效，完善了联邦农作物保险计划，向受影响的农民提供更完善的灾害赔偿。

2. 国内农业发展形势

2019 年我国农业农村经济继续保持稳中有进态势。2019 年 10 月数据显示，第一产业增加值为 4.3 万亿元，同比增长 2.9%，农村居民人均可支配收入为 11622 元，实际增长 6.4%。

2019 年全国农业生产保持平稳。一是，粮食生产稳中有增，种植结构进一步优化。预计 2019 年粮食产量继续保持在 1.3 万亿斤以上；优质专用小麦比例达 33%，比 2018 年提高 3 个百分点。二是，生猪生产企稳回升，牛羊禽肉增加较快。国务院有关部门及各省市的畜牧业生产促进措施效果逐渐显现。截至 2019 年 9 月，全国年出栏 5000 头以上的规模猪场生猪存栏环比增长 0.6%，能繁母猪存栏环比增长 3.7%。禽肉、牛肉、羊肉产量增加较快，前三季度分别比 2018 年同期增长 10.2%、3.2% 和 2.3%。

2019 年农村一二三产业融合加快,乡村产业发展提质增效,产业扶贫成效明显。一是,农业农村产业快速发展。农产品加工业平稳发展,2019 年前三季度农副食品加工业和食品制造业分别同比增长 3% 和 5.6%。农村新产业新业态发展势头良好,截至三季度,全国美丽休闲乡村达 710 个。乡村建设不断发展,截至三季度,累计创建 114 个国家级现代农业产业园和 1821 个省级产业园,累计建成 552 个农业产业强镇和认定 2851 个示范村镇。二是,农业绿色发展不断加快,成为乡村振兴的重要引领。2019 年全国 175 个县开展果菜茶有机肥替代化肥试点,实现 586 个畜牧大县推进畜禽粪污资源化利用全覆盖。

3. 国内外农业发展形势对宁波农业发展的启示

2019 年粮食生产和消耗仍是世界农业关注的焦点,全球农业贸易受国际形势影响有较大不确定性,农业的支持政策从原来对生产者的单一支持转变为对农业价值链的全方位及风险控制弥补的支持。我国国内农业生产供给基本稳定,积极推进乡村振兴和绿色发展,促进农业产业融合和新业态发展。宁波作为一个外向型城市,在加强品牌建设推动宁波知名农产品外销的基础上,需密切关注国际贸易形势对宁波农业进出口的影响,积极应对风险。同时利用好国家乡村振兴、农业发展的各种政策,以农业绿色发展和乡村分类发展为基调,根据宁波各地的资源禀赋,实现宁波农业的可持续发展。

(二)2020 年宁波农业发展主要指标预测

鉴于 2019 年农业生产情况,若 2020 年天气适宜,宁波农业各部门将呈现速度不一的增长态势:粮食生产保持稳定并略有增长,经济作物提质增效,畜牧业生产企稳并小幅增长,渔业生产继续小幅增长。

1. 粮食生产保持稳定

2019 年宁波粮食生产虽受不利天气影响单产下降,但总产继续保持平稳,预计能达到 80 万吨左右。随着机械化水平和灾害防治水平的提升,以及种植结构进一步优化,如果 2020 年天气适宜,粮食生产将继续保持提质增效的态势,亩产和总产将小幅增长,总量将继续保持在 80 万吨以上。

2. 经济作物提质增效

2019 年宁波经济作物总量虽与 2018 年持平,但高端经济作物(例如茶叶)有所增长,使得总产值较 2018 年有所提升。2020 年随着种植结构进一步调整,品牌建设大力推进,宁波经济作物将继续保持提质增效的发展态势,在生产保持平稳的基础上,总产值保持上升,增幅预计在 5% 左右。

3. 畜牧业生产企稳回升

2019 年宁波畜牧业受到环境整治、非洲猪瘟疫病等多重因素影响,产量继续下滑,但随着国家对生猪养殖的支持力度上升及畜牧业产品价格指数走高,预计 2020 年宁波畜牧业产能将进一步恢复,企稳并小幅增长,呈现 2%～3% 的小幅回升,总产值达到 40 亿元左右。

4. 渔业生产保持稳定

2019 年宁波渔业生产继续 2018 年的上升趋势,且增幅有所上升。根据 2019 年前三季度和 2018 年基数,预计 2019 年宁波渔业总产值平均增幅为 2.5% 左右,达到 187 亿元左右。受厄尔尼诺现象及渔业生态环境整治、水产养殖区尾水治理推进的影响,预计 2020 年宁波渔业产值仍将维持 2% 左右的低速增长,产值在 190 亿元左右。

四、2020 年推进宁波农业发展的对策建议

(一)大力发展智慧农业气象服务,提升自然灾害防御能力

提升宁波自然灾害的防御能力需大力发展"互联网＋"下的智慧农业气象服务。智慧气象是在高科技和互联网发展基础上形成的气象服务系统,有效利用智慧气象能满足宁波农业发展的需求。具体而言,宁波可以从四方面来发展智慧气象服务:一是科学提取气象数据和农业数据,运用大数据进行统计分析,提高预报精准性;二是通过利用"互联网＋"下的智慧农业的便利性,增加气象预报信息的丰富化、多样化,不仅预报天气且提醒农业生产者如何预防,从而减少农作物损失;三是在生产信息化的基础上,对农作物的生长环境做精细化记录,针对性地提高不同农作物的抗灾水平;四是完善宁波气象体系建设,在易受灾地区建立相应的气象防御站,并在每个乡镇构建专门的气象信息服务站。

(二)加快发展数字农业,提升信息可得性及有效性

提升农业价值链各环节的信息可得性和有效性是解决信息不对称等供求问题的关键。数字农业将数字化信息作为新的农业生产要素,宁波需在农业价值链的各个阶段发展数字农业:一是在农业生产过程中提高生产信息化水平,依据不同农业部门设计信息化系统,以"数据"为核心帮助生产者进行生产和质量管理;二是基于生产数字化信息,建立统一的农业基础数据服务及产业决策支持平台,在农业生产各环节建立统一的农业大数据采集服务,并打造统一的信息平台,对农业基础数据进行分析和管理后形成不同类型的报告,一方面供政府制订和调整农业发展规划,另一方面通过信息平台对接供销双方减少供求不平衡的情况;三是加强农村信息服务,一方面开发符合"三农"特点的信息技术产品和应

用软件,另一方面对农民进行信息化技术培训,推动信息技术与生产、经营等环节融合,培养懂信息技术的新农民。

(三)推进品牌质量和价值建设,增加农产品附加值

农产品的质量和品牌价值提升是农产品供给侧改革的核心,具体可以从三方面入手:一是政府做好顶层设计来培育区域公共品牌,每年选取1～2个水果、茶叶等区域公共品牌重点推广,对区域公共品牌进行统一宣传推广和维护;二是利用生产信息化来加强农产品质量安全管理,构建农产品生产的精细化和标准化指标体系,让质量成为农产品品牌建设的核心;三是利用新兴渠道进行宣传和销售,例如手机 APP、网络直播等。农产品的购买模式已从单一农贸市场购买转变为线上线下多渠道购买,品牌推广和销售模式也应随之改变,可利用现代科技和流量来提升品牌知名度,利用网红经济效应,通过网络直播来进行宁波农产品品牌建设和销售。

(四)加快农业产业化联合体建设,促进多主体协同发展

农业产业化联合体是农业产业化新模式,龙头企业、农民合作社、家庭农场及小农户等农业经营主体以分工协作为前提,以利益联结为纽带来解决农村土地流转、规模经营及农业各产业链信息不对称等难题。农业产业化联合体建设的关键是构建合理的利益联结和兼容约束机制把松散的合作变成利益共享的紧密合作。第一,政府通过产业基金等手段推动农业龙头企业牵头构建农业产业化联合体,龙头企业从资金、技术、物料以及后期销售等方面支持农业直接生产者,农民合作社通过销售和提供服务参与到农业产业化联合体中。第二,在利益共享方面,龙头企业通过规模采购供应生产资料及联合农户进行规模生产减少采购环节等渠道提高利润,再通过利润让渡使各个经营主体共享利润从而达到紧密结合的目的。例如,三方可共同设定基本生产和销售指标,超过基准后获取的利润让农合社及小农户按协议参与分配;龙头企业在向合作社社员提供农业生产资料的过程中,让利一部分给合作社;服务类合作社以低于市场的价格为联合体的家庭农场和小农户提供农机、农技等服务,依靠规模服务获取相应利润;设计多样化的合作方案,让小农户可以以劳动或土地等不同方式参与到产业化联合体的利益分配中。

(作者单位:宁波大学)

2019 年宁波服务业发展情况分析及 2020 年展望

励效杰

2019 年以来,面对错综复杂的国内外经济发展环境,宁波市委、市政府紧紧围绕"六争攻坚、三年攀高"行动计划,全市上下积极践行"三服务"活动,推动宁波经济高质量发展,全市经济呈现出总体平稳、稳中向好的态势。服务业发展增幅稳步上扬,贡献持续增大,已成为支撑城市经济发展的重要动力、价值创造的主要源泉和区域竞争的主战场。

一、2019 年宁波服务业发展主要特点

(一)产业地位提升

对 GDP 的支撑作用不断增强,服务业成为经济增长的主引擎。前三季度,全市实现服务业增加值同比增长 7.4%,占 GDP 比重为 47.1%,比 2018 年同期提高 1.5 个百分点;税收贡献不断加大,服务业成为税收收入的主要来源。1—10 月,实现服务业税收收入 1137.24 亿元,占全市税收总额的 47.13%,同比增长 19.41%,比全市税收平均增速和二产税收增速高出 9.91 个、17.51 个百分点。就业人数稳步增加。2019 年 11 月,全市规上服务业从业人员达 5.1 万人,同比增长 2.7%。服务业成为吸纳劳动力资源的重要渠道。

(二)结构逐步优化

传统优势产业继续保持良好的发展态势。商贸业发展平稳,1—6 月全市批发业实现销售额 11227.5 亿元,同比增长 11.6%。零售业实现销售额 2191.0 亿元,同比增长 11.0%。住宿业有所回落,1—6 月,全市住宿业实现营业额

49.6亿元,同比增长 5.4%,较 2018 年同期回落 7.3 个百分点。餐饮业发展良好,上半年,宁波餐饮业实现营业额 256.4 亿元,同比增长 13.1%,较上年同期回落 3.0 个百分点。金融业规模稳步增长,9 月末,全市金融机构本外币存款余额为 2.04 万亿元,贷款余额 2.17 万亿元,分别增长 8.5%和 11.7%。交通运输增势较好,前三季度,全社会公路货物周转量为 359.6 亿吨公里,水路货物周转量为 2578.1 亿吨公里,分别增长 4.4%和 13.0%。宁波舟山港货物吞吐量为 84559.7 万吨,增长 2.1%,集装箱吞吐量为 2126.1 万标箱,增长 5.6%。

(三)投资趋于回升

三产投资逐步提速,服务业成为吸引投资的主领域。2019 年度全市服务业投资占全社会固定资产投资的比重为 67.4%,服务业已经成为宁波市投资的主要力量。特别是对民间投资的吸引力最强,2019 年度民间服务业投资额占全部服务业投资额的 53.8%,比上年增长 16.1%,拉动全市服务业投资增长 8.0 个百分点,对全市服务业投资的贡献率高达 105.9%。

(四)改革加快推进

国家保险创新综合试验区改革稳步推进。积极组建中国保险博物馆等各类文化、智库和人才培养平台,营造浓厚的保险创新氛围;积极打造保险科技产业集聚区,目前全市已集聚专业保险中介机构 20 家、各类技术赋能型保险科技企业 20 余家;完善"双创"保险服务体系,探索开展"保险+投资"的投保联动新模式试点,全国首创"商标保险+维权+服务"的商标专用权保险模式,前三季度已为 16 家企业的 1330 件商标提供保障 600 万元;扩大"创客保"保障范围,2019年累计为 2000 多名注册创客提供风险保障 480 多万元。交通物流综合试点成效显著。深化国家交通物流平台宁波综合示范区建设机制改革,推进国家物流信息平台宁波示范区二期项目建设,开展国家物流平台与宁波空港跨境电商物流业务互联互通项目。推进多式联运示范工程,省内萧山、金华、兰溪、长兴保持稳定开行,已实现"天天班"开行,义乌至宁波班列 9 月份实现单月业务量破万箱。

(五)布局日趋集聚

作为浙江省 15 个产业集聚区之一的宁波梅山物流产业集聚区,对标创建自由贸易港,重点推动国际供应链创新试验区、中国新金融创新试验区、国际科创合作试验区、国际人文交流合作试验区、国际近零碳排放试验区等五个试验区建设,跑出更快更稳的高质量发展加速度,实现跨越式发展。继蔚来汽车、鸭嘴兽供应链、国信证券等一批高端现代服务业企业落户后,上榜全球 500 强企业的同方全球人寿保险宁波公司入驻鼓楼街道,鼓楼积极引进"高亩均"的区域总部型企业成效初显,高端服务企业集聚区呼之欲出。

(六)业态不断创新

科技创新引领作用不断增强,新产业新业态层出不穷,成为经济增长新动能的摇篮。电商助力,消费市场繁荣发展。2019 年上半年,宁波市实现全网零售额 856 亿元,位列全省第三;全网零售量 20.5 亿件,店铺数量达 9.6 万家。其中,家电网络零售额在省内遥遥领先,占比达 56%。跨境电商已成为宁波外贸转型发展的新亮点和促进经济增长的重要引擎。上半年,宁波市跨境电商进口继续快速增长,全市实现跨境电商进口额 89.8 亿元,同比增长 38.4%,跨境进口验放单量 4969.2 万票,同比增长 29.8%。

二、当前制约宁波服务业发展的主要问题

(一)发展理念有待深化

一是服务业发展仍以要素驱动为主。随着经济进入新常态,原有的依靠要素驱动经济增长的模式难以为继,面对资源环境的巨大压力,一些高投入、高消耗、高污染、低效益的行业必然要退出市场。二是服务业创新动力亟须与时俱进。随着大数据、云计算、移动互联网、人工智能等与服务业的深度融合发展,以新一代电子信息技术、新材料技术、新能源技术等为主导的新一轮科技革命正在深刻改变着人们的生产、生活方式。三是服务业发展应满足新时代社会需要。随着温饱问题的解决以及中等收入群体的不断扩大,人民群众对旅游、体育、养老、教育、医疗保健等发展型、享受型消费的需求急剧增加。面对快速增长的消费需求,高品质、高质量的服务供给存在滞后现象。

(二)人才要素依然紧缺

一是用工成本上升。物价上升推动用工成本刚性上升。为了吸引和留住人才,企业要花费更多的招聘成本、培训成本、薪资福利和留人成本。二是服务业社会认同感不高。餐厅服务员和营业员为需求大于求职缺口最明显的两大职业。但传统观念认为服务人员社会地位低,工作环境差且待遇较低,工作时间长,因此很多求职者不愿意从事这些工作。三是劳动力落户仍然存在障碍。受到户籍等政策的制约以及财税激励不到位等因素影响,政策更多向高学历人才、高端行业人才倾斜,服务业低基础人才落户途径少且难度较大。

(三)行业转型亟须加快

一是服务业产品难以满足多样化、个性化需求。随着以高新技术为基础的

新服务业态的不断出现,部分传统服务行业转型力度不够,出现场景过多而竞争力不强的局面,产品严重同质化、低端化,个性化服务的产品稀缺等问题逐步暴露出来。二是服务业生产工具智能化程度不高。服务业企业生产工具良莠不齐,智能化水平不高,信息化水平参差不齐,在服务业数字化、网络化、智能化发展道路上心有余而力不足。三是服务业产业组织融合程度不够。目前尚且存在一些有形和无形的壁垒,一定程度上阻碍了产业深入融合。

(四)行业监管有待创新

一是对以"互联网十"为依托的服务业新业态、新模式发展采取"包容审慎"监管原则的同时,缺乏动态、有效的监管机制,个别行业管理部门"不敢管""不愿管""不会管"的监管不作为,导致企业主体责任落实不到位;二是事中事后监管能力不足,对正在进行的或已结束的行为和活动整体性、全过程、多方位的监督和管理较为落后,监管方法和手段往往围绕审批展开,如设置事前门槛、规定提交材料、签订承诺书等,对大数据等现代手段的利用不够充分,法律、市场和技术手段运用缺乏,造成监管缺位;三是除政府监管外,企业、消费者、社会组织等多元主体共同参与治理的格局有待建立。

三、2020 年宁波市服务业发展形势展望

(一)中美贸易摩擦影响

中美贸易战的持续将拖累全球经济增速下滑,世界贸易组织测算,美国对华加征关税将使得全球贸易量锐减 17%,加上美联储加息也将导致部分国家资本流出、本币贬值、金融动荡、债务压力加大,能源和大宗商品价格大幅波动风险增加,因此,预计 2020 年世界经济增速将小幅回落至 3.0% 左右。当前我国经济平稳增长的良好基础仍然存在,政策调控仍有一定空间,改革动力仍有一定潜力,开放仍有一定红利,加上我国庞大的人口体量带来的内需潜力,都为全国经济平稳增长形成有力支撑。但同时各领域的风险也在不断增多,中美贸易摩擦对我国经济增长的风险将不断显现,加征关税直接影响对美出口订单,影响企业供应链生态;资本市场动荡向金融系统蔓延,银行风险控制加强,流动性进一步收紧;受中美贸易摩擦前景不明、环保治理政策的不确定性、企业减税降费获得感不强等因素影响,实体企业对市场预期不佳风险有所增加。因此,综合来看,2020 年,我国经济运行将总体平稳,增长速度略有回落,预计全年增长 6.0% 左右。

（二）数字技术传播扩散

数字经济正成为宁波转型发展的主动力和经济稳增长的"压舱石"。2019年上半年,宁波市数字经济核心产业实现增加值同比增长 10.4%,增速高于全市工业 5 个百分点。规模以上电子信息产品制造业完成工业总产值 911.6 亿元,同比增长 8.1%;软件业务收入 373.4 亿元,同比增长 21.9%,高出全国平均增速 6.9 个百分点。根据赛迪研究院发布的"中国数字经济百强城市"名单,宁波市排名第 22 位,在计划单列市中居第 3 位。在培育数字经济核心产业上,宁波正多点布局,全面开花。包括:做大做优软件和信息服务业;大力发展云计算、大数据产业;鼓励发展数字内容服务业;等等。2019 年宁波市政府制定了《宁波市软件和信息服务产业集群发展规划(2019—2025 年)》,随着产业规模持续快速扩大,企业数量和质量不断提升,软件和信息服务业将进一步成为全市经济的重要增长点。

（三）城乡居民消费升级

在消费规模不断扩大的当下,消费结构也在发生着改变。城镇居民从传统的温饱型消费模式逐步升级为生活质量型消费模式。一方面,传统消费与品质消费占比此消彼长,商品零售中食品类、服饰类、日用品类等生活必需品所占比重降低,居住类、交通类、通信类等体现生活品质的消费比重逐年提高;另一方面,服务消费成为新的消费增长点,体育、娱乐、租赁等服务业营业收入上升势头显著。宁波市统计局发布的数据显示,上半年,全市实现社会消费品零售总额 2012.3 亿元,同比增长 8.1%。全市居民人均可支配收入 31173 元,同比增长 9.3%,人均生活消费支出 16479 元,同比增长 3.6%。随着城乡居民收入水平的提高,消费活力进一步迸发,未来几年,无论是推动消费升级,还是减税降费,抑或是接连出台促进消费的政策,都将持续优化消费环境,提升消费能力。

（四）城乡融合发展深化

宁波城乡融合发展起步较早、基础较好。从城乡统筹到城乡一体,再到城乡融合,宁波的探索与创新,从未停止。一是交通基础设施进一步完善。2019年宁波市全力推进 28 个总投资 5 亿元以上的交通重大建设项目和 23 个重点前期项目。二是乡村振兴战略深入实施。近年来,宁波市坚持城乡融合、城乡一体发展理念,统筹协调,分类指导,全面实施农村品质提升行动,为新时代美丽宁波建设打下良好基础。三是信息基础设施加速更新换代。目前,宁波在主要商圈交通枢纽、重点区域率先进行了首批 5G 基站部署,基本形成了"一城一港一湾区"的 5G 网络覆盖格局。未来将持续推进宽带网络、下一代互联网、5G、窄带物联网及公共基础设施物联网建设,不断提升城市智能感知和互联互通水平。

四、2020 年宁波服务业发展对策建议

（一）强化统筹谋划

一是做好服务业形势分析。充分发挥市服务业发展领导小组统筹协调职责，进一步完善宁波市服务业"1＋N"工作机制，继续加强服务业形势分析监测，分析服务业形势监测项目进展情况，研判运行趋势、存在问题和潜在风险，及时提出对策措施，督促、推进工作，统筹协调服务业发展综合政策。二是完善服务业考核机制。科学制定服务业考核指标体系，与省考核指标进行无缝对接，研究提出宁波市服务业发展目标和各区县（市）分解方案，按时开展服务业发展目标考评。继续执行区县（市）发展目标完成情况与市财政转移支付挂钩政策。三是谋划服务业规划政策。深化实施服务业规划和物流、金融、旅游、信息服务等专项发展规划。根据《关于加快服务业提升发展的若干意见》，围绕服务业重点行业，研究制定港航物流、科技信息、文化创意、金融保险等领域专项政策方案，促进重点产业跨越发展、重点区域错位发展。

（二）聚焦重点行业

一是大力发展生产性服务业。根据"六争攻坚、三年攀高"要求，研究完善港航物流、科技服务、金融保险、工业设计、信息服务、文化创意等重点行业专项政策。做好每季度生产性服务业发展情况和重大项目进展情况跟踪监测。强化重大事项会商调度机制，联动要素资源和政策资源，着力实现生产性服务业提质增效发展。二是推进物流业高质量发展。根据港航物流服务中心行动纲要，制定谋划年度物流发展实施方案，明确港航物流年度工作重点，对方案实施强化督查。加快物流专项资金政策兑现，做好物流企业优惠政策落实工作，为宁波市物流业发展提供资金支持。以"提质、降本、增效"为导向，加强物流业信息化和标准化建设。强化口岸协调机制和完善物流行业信用体系建设，推进物流业转型升级。三是加快发展新兴服务业。立足资源条件、产业基础和市场潜力，将商务服务业、软件信息业作为宁波新动能产业和未来的主攻方向。密切跟踪人力资源、科技服务、广告、文化创意等其他营利性服务业发展。四是积极推进能源贸易。抢抓国家推动绿色能源应用、加快储气设施建设的发展机遇，依托中海油统筹协调国内天然气资源的平台优势，加快设立中海油天然气互联网销售运营管理中心。整合现有大宗商品交易市场资源，谋划建设以原油、成品油、燃料油、液化天然气（LNG）、化工品等为主的国际大宗商品交易（贸易）中心，集聚一批有

影响力的有能源经营资质的大宗商品离岸、在岸贸易主体。

（三）狠抓产业投资

一是全力推进投资争速。建立完善服务业重大项目库,继续实施服务业三年攀高项目建设计划,力争在高端港航物流、科技服务、金融保险、文化创意、信息服务等重点领域布局并进行建设。二是聚焦重大载体建设。按照"专业化、高端化、特色化"要求,重点推进 37 家市级服务业产业基地和十大功能性平台建设,打造高新区、北仑区、江北区 3 个省级生产性服务业集聚平台,梅山保税港区、国际航运中心等 10 个省级现代服务业集聚区,鄞州区省级服务业强县,以及镇海大宗货物海铁联运物流枢纽港、宁波经济技术开发区现代国际物流园区等 2 家国家级示范物流园区,强化集聚平台载体的辐射带动作用,促进全市服务业重大平台载体优质高效发展。三是注重重大项目招引谋划。指导帮助浙江传化集团做好属地对接,加快推进城市物流配送中心、共享产业园及科技城等项目建设。进一步跟踪对接万科集团在甬前期项目投资情况,做好企业服务工作,确保项目早日落地。持续做好与新希望集团、华润集团等的对接工作,打造千亿产业集群项目。

（四）创新监管模式

一是创新新业态监管模式。在密切关注新业态新模式发展演变的基础上,不断调整创新现有监管体系和监管方式,合理界定新业态新模式不同行业领域的业态属性,分类细化管理。二是营造良好法治环境。健全和完善服务业投资负面清单制度,出台行政审批和政府监管的正面清单。规范政府权责,强化服务主体责任,引导服务业守法经营和有序发展。同时,探索建立覆盖服务业企业及从业人员,包含信贷、纳税、合同履约和服务质量在内的公共信用信息系统,形成涵盖法律、行政、市场等手段的失信行为联合惩戒机制,营造公开、公平、公正、诚信、择优的投资秩序和市场环境。三是深化"放管服"改革。坚持"凡是市场能自主调节的就让市场来调节,凡是企业能干的就让企业干",并充分利用现代信息手段,加强行政审批各部门各环节的互联互通,实行服务业企业网上并联审批和线上注册登记制度,实现"一枚公章管审批",切实降低服务业企业制度性交易成本。

（五）聚焦质量提升

一是注重企业创优。加大对服务业龙头骨干企业的培育力度,建立重点企业联系制度,树立行业标杆,引领全行业高质量发展。积极推进服务业"个转企,小升规"等工作,在企业发展、品牌培育、信用建设、市场环境等方面加以重点扶持。二是加强服务业质量建设。推进标准化发展,加大品牌扶持力度,支持服务业企业积极申报浙江名牌、知名商号、著名商标等荣誉称号,强化知识产权服务,夯实服务质量管理体系,促进服务业"提质、提速、提能级"发展。三是完善促进消费体制机制。根据中央完善促进消费体制机制要求,制定落实宁波市完善促进消费体制机制实施方案,加快发展服务消费,拓展提升信息消费,倡导发展绿色消费,积极引导时尚消费,着力培育品质消费,充分挖掘农村消费,加快促进宁波市消费结构升级。四是规范行业标准。支持行业协会、服务业龙头企业参与政府主导的标准制定工作,提高信息服务、数字服务、在线服务、分享服务等新兴领域的标准化水平。同时,鼓励企业和社会组织制定严于国家标准、行业标准的企业标准和团体标准,将拥有自主知识产权的关键技术纳入企业标准或团体标准,促进技术创新、标准研制和新业态新模式协调发展。

（作者单位：浙江万里学院）

2019 年宁波外贸发展情况分析及 2020 年展望

俞雅乖　骆映竹　何　龙

在全球贸易态势愈加紧张的环境下,宁波海关数据显示,2019 年宁波市前三季度完成外贸进出口总额 6810.1 亿元,同比增长 6.8%。其中,出口 4441.2 亿元,增长 8.2%;进口 2368.9 亿元,增长 4.3%。外贸出口全国占比为 3.56%,比上年同期提高 0.1 个百分点,领跑全省、全国。2019 年,宁波乃至全国面临的外贸压力并未减少。中美贸易摩擦不断,人民币汇率呈"双向波动"特征,英国"脱欧"依然身陷囹圄。可见,目前外贸环境并不乐观,但是宁波外贸发展具有极强的韧性,加之国家政策的扶持,宁波外贸无论在当下还是未来都力求保持总体平稳态势,努力提质发展。

一、2019 年宁波外贸发展情况

2019 年 1—10 月,宁波累计口岸进出口总额达 1.41 万亿元,同比增长 7.0%,进出口规模创历史新高;其中出口额接近 1 万亿元,同比增长 10.2%;进口额达 0.41 万亿元,同比增长−0.2%。

在 2019 年复杂的全球贸易形势影响下,宁波港域继续强化基础设施建设,提升码头服务能力,实现了集装箱吞吐量的稳步增长。随着梅山港区 6~7 号集装箱码头的逐步建成,宁波舟山港的国际大港地位进一步得到巩固。

(一)出口保持稳定增长,增速领先全国、全省

2019 年 1—10 月,宁波市外贸进出口、出口和进口额分别为 0.76 万亿元、0.50 万亿元和 0.26 万亿元,同比分别增长 6.4%、7.9% 和 3.6%,累计实现贸易顺差 0.24 万亿元,外贸出口额全国占比为 3.6%,比上年同期上升 0.13 个百

分点,全市出口保持稳定增长,增幅高于全国、全省,进口增幅有所下降。从增速看,2019 年 1—10 月,宁波外贸同比呈增长态势,其中 7 月同比增长较快,外贸进出口同比增长 20.3%,进口同比增长 2.5%,出口同比增长 29.8%,出口增长尤为明显。从规模看,宁波出口、进口规模均呈现较好的发展趋势,贸易成交额较大。如图 1 所示。

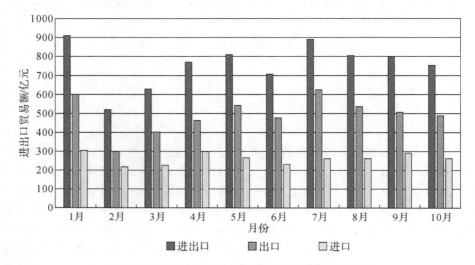

图 1   2019 年 1—10 月宁波地区外贸进出口贸易额

与全国相比,2019 年 1—10 月宁波市进出口、出口、进口增速分别高于全国 3.9、3.0、3.9 个百分点,与全省相比,宁波进出口、出口、进口高出全省 0.1、0.2、1.1 个百分点,增速与全国、全省相比较为领先。2019 年 1—10 月,全国、全省和全市进出口贸易数据对比情况见表 1。

表 1   2019 年 1—10 月全国、全省和全市进出口贸易数据对比

项目	全国		全省		全市	
	累计/万亿元	同比/%	累计/万亿元	同比/%	累计/万亿元	同比/%
进出口	25.64	2.5	2.50	6.3	0.76	6.4
出口	13.99	4.9	1.87	7.7	0.50	7.9
进口	11.65	−0.3	0.63	2.5	0.26	3.6

数据来源:中国海关 2019 年 1—10 月的数据。

(二)北美洲市场进口大幅下降,大洋洲取代美洲市场

如表 2 所示,2019 年 1—10 月宁波市从北美洲进口数额大幅度下降,主要

是因为中美贸易摩擦,从美国市场的进口数额下降了 28.1%,而下降的这一部分主要从大洋洲进口,因而大洋洲增长了 25.3%。除此之外,宁波从香港的进口数额也大幅提升,增长了 311.8%。在中美贸易摩擦下,宁波出口美国数额仍有小幅增加,比较 2018 年同期的情况,中美贸易摩擦对宁波出口美国影响小于美国出口宁波。在 2019 年整体进口增量较小的情况下,大洋洲逐渐取代北美洲,成为宁波进口的主要市场。

表 2　2019 年 1—10 月宁波口岸分洲别进出口总值

洲别	出口	进口	出口	进口
	累计/万元	累计/万元	同比/%	同比/%
亚洲	28958862	25324771	17.2	−0.1
非洲	7772774	3087153	17.7	7.2
欧洲	29889847	3869358	10.6	−2.5
拉丁美洲	9819711	2661188	6.2	−6.3
北美洲	20891869	2523101	1.6	−21.7
大洋洲	2623382	3597853	2.8	25.3
其他	0	211	0	−67.7
合计	99956446①	41063634	10.2	−0.2

数据来源:中华人民共和国宁波海关 2019 年 1—10 月数据。

注:因四舍五入原因,可能出现实际得数和计算得数不一致的情况,下同。

(三)机电产品出口居首位,二极管及类似半导体器件和太阳能电池延续 2018 年高增速

如表 3 所示,机电产品出口依旧居于首位,虽然 2019 年 1—10 月份增幅较 2018 年有所下降,导致占全市出口比重下降了 1.2 个百分点,但仍然遥遥领先于其他产品,所以机电产品这种不需要高密度劳动力的产品在将来仍有发展前景。与机电产品相似的高新技术产品,2019 年的增幅较 2018 年相比有很大的下降,下降了 12.6 个百分点,而二极管及类似半导体器件和太阳能电池保持了和 2018 年相近的增幅,出口皆增加了 35%左右,具有良好的发展前景。

---

① 2019 年 10 月宁波口岸分洲别进出口总值表[EB/OL]. (2019-11-27)[2020-03-31]. http://ningbo. customs. gov. cn/ningbo _ customs/470752/2881004/470758/470759/gdzjck-qkb/2713797/index. html.

表 3　2019 年 1—10 月宁波口岸主要商品出口情况

商品名称	本年累计/万元	比重/%	同比/%
机电产品	47568242	44.4	7.8
纺织纱线、织物及制品	14380890	13.4	21.1
服装及衣着附件	6077638	5.7	7.3
高新技术产品	4913272	4.6	11.3
塑料制品	3602031	3.4	16.5
鞋类	3568022	3.3	3.5
汽车零配件	3447074	3.2	6.6
文化产品	3350744	3.1	7.0
家具及其零件	3182611	3.0	9.9
灯具、照明装置及零件	2487221	2.3	1.9
农产品	2297889	2.1	5.6
二极管及类似半导体器件	2105287	2.0	34.7
太阳能电池	2082621	1.9	35.0
通断保护电路装置及零件	1474342	1.4	7.0
水海产品	1458129	1.4	13.4
玩具	1217073	1.1	14.4
箱包及类似容器	1098910	1.0	9.9
未锻轧铜及铜材	984857	0.9	9.1
电线和电缆	957474	0.9	0.03
钢材	763144	0.7	6.0

数据来源：中华人民共和国宁波海关 2019 年 1—10 月数据。

（四）主要商品进口额增减不一，粮食进口量再次下跌

如表 4 所示，2019 年 1—10 月，宁波市进口前 20 位商品进口额增减不一。其中，农产品、铁矿砂及其精矿、成品油的进口量大幅度上升，尤其是成品油，相比 2018 年同期，上涨了 31.3%；而乙二醇、苯乙烯、粮食进口额都出现了负增长，且幅度都在 30% 左右，尤其是粮食，在 2018 年进口额下降 22.2% 的基础上，2019 年再次下降 26.7%。

表 4　2019 年 1—10 月宁波口岸主要商品进口情况

商品名称	累计/万元	比重/%	同比/%
原油	13472712	34.6	−0.1
机电产品	3770910	9.7	−11.8
初级形状的塑料	3559685	9.2	9.7
废金属	2947324	7.6	0.3
高新技术产品	2239343	5.8	−10.6
农产品	2001276	5.1	20.3
天然气	1704513	4.4	12.0
铁矿砂及其精矿	1695079	4.4	26.5
二甲苯	1617836	4.2	5.2
未锻轧铜及铜材	1138581	2.9	−0.6
集成电路	969270	2.5	−1.7
纸浆	697767	1.8	−0.5
纺织纱线、织物及制品	614127	1.6	9.3
乙二醇	525318	1.4	−32.8
液晶显示板	492298	1.3	−5.0
苯乙烯	349931	0.9	−30.8
成品油	335838	0.9	31.3
粮食	301962	0.8	−26.7
水海产品	240747	0.6	8.2
钢材	218558	0.6	15.9

数据来源：中华人民共和国宁波海关 2019 年 1—10 月数据。

（五）一般贸易占据首位，来料加工贸易进出口额大幅上涨

如表 5 所示，2019 年 1—10 月，宁波进出口贸易方式中一般贸易出口累计达 91523049 万元，同比增长 11.3%，为宁波外贸的主要贸易方式。其中外商投资企业作为投资进口的设备、物品同比在 2018 年大幅度下降的情况下，2019 年进口增量达到 87.8%。

表5　2019 年 1—10 月宁波市进出口贸易方式情况

贸易方式	进出口 累计 /万元	出口 累计 /万元	进口 累计 /万元	进出口 同比 /%	出口 同比 /%	进口 同比 /%
一般贸易	124027458	91523049	32504409	8.2	11.3	0.3
加工贸易	13390887	7652487	5738399	−1.8	−3.0	−0.2
其中:进料加工贸易	9686189	6766860	2919329	−7.5	−6.7	−9.4
其中:区内加工货物	683330	205926	56608	−8.3	0.3	−11.6
其中:来料加工贸易	3704698	885627	2819071	16.9	38.8	11.4
外商投资企业作为投资进口 的设备、物品	34282	0	34282	87.8	/	87.8
保税监管场所进出境货物	1916994	115329	1801666	6.9	45.8	5.1
其中:物流中心进出境货物	60162	7970	52192	−35.0	8.4	−38.8
海关特殊监管区域物流货物	1444961	534048	910912	−12.9	14.2	−23.6
海关特殊监管区域进口设备	19992	0	19992	−5.8	/	−5.8
其他贸易	185506	131532	53947	61.2	96.7	11.9
合计	141020080	99956446	41063634	7.0	10.2	−0.2

数据来源:中华人民共和国宁波海关 2019 年 1—10 月数据。

(六)各区(县)市进、出口增速普遍呈现不均衡现象

如表6所示,2019 年 1—10 月,宁波市区(县)市进出口额最高的是北仑区,到了 2343.3 亿元。从进出口总额的增速来看,除了奉化区的 −2.9% 和北仑区的 3.7%,其余区(县)市均超过了全国平均水平,其中,镇海区、余姚市、宁海县、象山县的增速都十分高,超过了 10%。从出口额的增速来看,江北区、余姚市、宁海县表现优异,同比增速达到 14.2%、12.5%、28.7%。

表6　2019 年 1—10 月宁波市分区(县)市进出口总值

区(县)市	进出口 累计/亿元	出口 累计/亿元	进口 累计/亿元	进出口 同比/%	出口 同比/%	进口 同比/%
海曙区	601.3	520.4	2075	5.5	8.6	4.0
江北区	471.6	302.4	61.5	2.1	14.2	−20.0
镇海区	412.2	208.0	136.2	12.7	9.8	−19.0

续表

区(县)市	进出口 累计/亿元	出口 累计/亿元	进口 累计/亿元	进出口 同比/%	出口 同比/%	进口 同比/%
北仑区	2343.3	1008.3	171.6	3.7	4.0	25.1
鄞州区	1635.0	1226.6	1050.5	6.6	6.8	5.8
奉化区	163.5	139.5	320.3	−2.9	−2.9	25.0
余姚市	778.0	495.6	19.1	14.1	12.5	−7.3
慈溪市	735.0	648.7	217.3	4.5	6.4	16.1
宁海县	251.5	227.8	64.8	27.3	28.7	−12.9
象山县	166.9	151.4	6.4	11.3	7.9	8.4
全市合计	7559.7	4928.6	13.7	6.4	7.9	6.2

数据来源：宁波市统计局 2019 年 1—10 月数据。

（七）宁波保税区跨境电商单区域业务量蝉联全国榜首

2019 年前三季度,宁波海关累计验放宁波保税区跨境电商网购保税进口申报清单 5631.7 万单,货值达 106.9 亿元,同比分别增长 49.3% 和 69%,货值占全市的 80%,超出 2018 年全年业务量,单区域业务量蝉联全国榜首。这一方面得益于在 2019 年 6 月宁波海关推出的"创新税款担保方式""状态互转、跨区直转""试点'新零售'"等 8 项措施。宁波海关持续优化监管服务水平,不断探索实践跨境电商监管的"宁波模式"。

（八）宁波空港跨境电商出口大幅增长,有望成外贸出口新动能

据宁波海关统计,宁波空港口岸跨境电商零售出口业务自 2019 年 5 月 8 日开始试运行以来截至 9 月 30 日,共监管 85.86 万单,货值 208.62 万美元,业务量逐月递增。跨境电商零售出口作为我国对外贸易新形态,是对传统对外贸易的补充,是出口企业新增的出口渠道,这一新兴贸易业态有望成为宁波市外贸出口新动能,助力宁波顺利实施"225"外贸双万亿行动。

二、2019 年宁波外贸发展存在的主要问题

（一）出口类型不理想限制宁波外贸高质量发展

宁波出口高新技术产品的附加值不够理想。与过去相比,工业制成品出口

比重有所上升,但结构层次较低,技术含量和附加值溢价偏低,没有能力同发达国家抗衡,缺少明显的国际竞争优势。此外,宁波劳动密集型加工贸易产品占比较大,尽管这一比重连年下降,但占比依然较大。与此同时,"廉价劳动力"正逐渐消失,劳动密集型产品占比过大意味着成本高,必然会阻碍外贸发展。最后,宁波服务贸易类产品发展虽在进步,但占比不大,且发展缓慢乏力。

(二)贸易保护主义不利于宁波外贸长远发展

美国贸易保护主义政策不但降低了中国在全球价值链中的参与度,还通过压制技术进步来打压中国在全球价值链中的地位,降低了中国在全球价值链中的预期收益。贸易保护主义挑起了国家间的贸易纠纷,破坏全球价值链的现状。价值链中任何一个环节受损,都可能产生"蝴蝶效应",破坏全球价值链的完整性和协作性,对地区的外贸发展造成负面影响。

(三)多国经济、政治存在不确定性,影响宁波企业稳健发展

宁波地区的外贸伙伴大多集中在欧美及亚洲的经济发达国家或地区。但近两年这些发达国家或地区在经济、政治上都发生了重大变化,影响着宁波的外贸发展。如英国"脱欧"尚未落幕,欧盟国家政治动荡,美国与欧洲、日本等国家的外贸政策瞬息万变。拉丁美洲等地区也有宁波外贸伙伴,这些地区出现经济问题,会让涉及相关业务的企业的货款无法追回。据统计,2019 年下半年以来局势发生变动的拉美国家中,玻利维亚、厄瓜多尔的 1—11 月出险率分别同比增加了 189.1%和 181.9%,尽管两国报损金额仅约 70 万美元,但同比增幅分别高达 136%和 116%。不难看出,宁波外贸企业发展面临较大风险,对风险把控的难度较高。贸易中的不稳定性和不确定性加剧,对宁波外贸的长期稳定发展是重大的威胁。

(四)人民币汇率全年波动,宁波外贸发展面临的压力不减

2019 年人民币汇率变动相比于 2018 年,形势更为可观。中国外汇交易中心(CFETS)人民币汇率指数先升后降,但总体平稳。上半年,CFETS 人民币汇率指数均值为 94.37,较 2018 年全年均值微贬 0.47%,仍处在合理区间。当前 CFETS 指数弹性增强,更有利于应对外部冲击。但在 8 月 5 日美元对人民币的汇率突破了 7 的整数关口,这无疑会给外贸发展带来更大的压力。

三、2020 年宁波外贸发展对策建议

(一)加快外贸结构调整,实现外贸转型升级

一是提升出口的质量和效益,加快运用现代技术改造传统产业,延长产业链,提升产品质量与附加值,推动传统产业向中高端迈进。二是鼓励战略性新兴产业开拓国际市场。强化双边高技术领域经贸合作机制,加快制造业与服务业的融合发展。三是促进加工贸易创新发展。顺应新一轮科技革命和产业变革趋势,加快传统劳动密集型产业的智能化、绿色化和精细化改造,降低成本、提高劳动生产率,促进"中国制造"逐步占领中高端市场以及低端市场的高附加值环节,增强我国出口商品的竞争力和外贸稳定性。

(二)坚持市场多元化策略,扎实推动外贸稳中提质

在中美贸易摩擦的寒流下,一边开发新兴市场,一边稳住美国市场。2019年前三季度,宁波前三大出口市场依次为欧盟、美国和东盟,分别占全市出口总额的 27.1%、21.5% 和 8.8%。市场多元化有利于应对贸易保护主义,真正推进经济全球化。

一要突出企业主体地位。培育一批具有国际竞争力的贸易经营主体深度参与全球竞争,结合市场与政府,有效发挥二者的结合作用。二要推动更高水平开放。要继续深耕与发达国家的进出口贸易,还要加大对发展中国家的双向开放。广大发展中国家是新兴市场,经济增长正逐渐向这里聚拢,这可以为宁波外贸企业发展提供更多元的发展空间。三要实现更高质量发展。在多元的市场布局中培育外贸竞争新优势。企业积极培育贸易新业态新模式,与技术相关的产业加快自主创新步伐。

(三)充分利用自贸协定,助力企业在国际贸易洪流中顺利前进

在贸易保护主义和单边主义盛行的当下,自贸协定可谓是助力企业在全球贸易中顺利前进的"金字招牌"。2019 年前三季度,宁波海关共为出口企业签发自贸协定项下的优惠金额共 54.45 亿美元。自贸协定区域间存在很强的产业互补性和合作潜力,要加快打通优惠政策到达企业的通道,提高企业自贸协定利用率。

(四)大力支持民营企业、跨境电商企业,促进宁波外贸企业稳健发展

宁波是中国民营经济大市,目前各类市场主体突破百万户,其中私营企业超过 36 万家。目前宁波外贸获权企业累计达 46187 家。其中,年出口额在 2000万元以下的外贸小微企业所占比例达九成。民营企业数量多、成长快,参与市场

的效率较高,已经成为推动外贸增长的重要力量。民营经济较灵活,对国际市场适应力较强,所以民营经济目前对外贸的支持力度很大。

跨境电商是推动外贸转型升级的重要途径,支持跨境电商发展是适应产业变革的重要举措。跨境电商有助于提高贸易效率,降低交易成本,推动外贸供给侧结构性改革,培育外贸竞争新优势。宁波跨境电商进口额居全国首位,出口潜力巨大,利用跨境电商发展对外贸易是大势所趋。

大力支持民营企业和跨境电商企业,让企业优势得到充分发挥,促进企业发展壮大,使其平稳应对外贸过程中面临的风险和不确定性。

(五)全力打造"一带一路"重要枢纽,积极融入"一带一路"建设

近年来,宁波市委、市政府坚持对外开放发展战略不松懈,宁波是"一带一路"海陆联运枢纽城市,2019年10月16日,第三届中国(宁波)国际航运物流交易会暨2019"一带一路"国际口岸合作大会在浙江宁波举行。宁波在全力打造"一带一路"重要枢纽城市过程中应当做到以下几点。

一要加强专业人才培养。"一带一路"沿线国家的小语种人才需求量大,需要更多的外贸人才在对外文化和贸易交流中发挥桥梁和纽带作用。二要围绕"一带一路"沿线国家的市场需求,进一步加强与中亚、西亚、东南亚、东欧等地区的贸易往来。积极建设境外经贸合作区、跨境经济合作区等,促进产业集群发展。三要推进"一带一路"互联互通,建设"义甬舟"开放大通道。

四、2019 年宁波对外贸易发展形势展望

(一)国际贸易形势及其对宁波外贸的影响

1. 国际贸易"三零"原则,给予宁波外贸发展机遇和挑战

在零关税方面,首先,宁波货物贸易进口的中间品部分在进口关税中占比大,若对进口中间品实行零关税,将降低企业成本。其次,零关税必然会扩大企业进口中间品的采购空间,提升企业对全球产业链、供应链和价值链的掌控能力和全球化运营能力。再次,关税下降趋零的过程,有利于倒逼企业提升自主品牌影响力、加速自主创新,主动参与国际市场竞争。总体来看,关税下降会促进制造业生产力结构的提升,加强企业的竞争能力,降低企业成本。零壁垒有利于营商环境国际化和市场开放,有利于数字贸易、服务贸易和服务业的开放。开放将有助于竞争发展。零补贴可以节约政府财政开支,推动结构调整,倒逼企业改革、发展和创新。

2. 新兴市场不断发展,为对外贸易多元化提供机遇和挑战

中国与印度两国制造业合作潜力巨大。制造业是印度经济的短板。宁波在制造业方面具有较强的实力和较高的技术水平。印度基础设施条件较差,但人口众多,有广阔的市场,具有较强的消费潜力。与印度合作,两国可以互补长短,给双方带来好处。但双方尚需增进互信、加强沟通,还要多做探索,耐心开展合作,实现互利共赢。目前,我国累计已与 25 个国家和地区达成 17 个自贸协定,多边经贸合作进一步深化。新兴市场的崛起,为宁波外贸发展提供了更广阔的天地。

3. 中美贸易摩擦阶段性缓和

2019 年 10 月中美举行的第 13 轮经贸高级别磋商,取得了实质性进展。同年 12 月中美双方在平等和相互尊重的基础上,就第一阶段经贸协议文本达成一致,美方履行部分取消对华产品已加征和拟加征关税的相关承诺,这有利于提振企业信心。但贸易摩擦的大势之所趋难以改变,两国整体经济均受到冲击。加征关税对中国经济、出口、就业和资本市场的负面影响明显。经济下行压力加大,考虑到对预期和产业链转移的影响,实际负面影响更大。出口方面,导致中国出口及对美出口增速大幅下降,2019 年上半年增速分别为 0.1% 和 -8.1%,较 2018 年全年分别下降 9.8 个百分点和 19.4 个百分点。其中,500 亿、2000 亿美元清单上的商品出口增速在征税后分别下滑 41.2% 和 24.1%。美国已退居为中国第二大出口目的地、第三大贸易伙伴。

(二)宁波外贸发展形势展望

1. 紧抓国际发展优惠机遇,推动“225”外贸双万亿行动方案实施

“225”外贸双万亿行动是宁波市为顺应经济全球化特别是“一带一路”建设深入推进的趋势,立足宁波外贸、港口、产业等条件,综合各方面的意见建议,特别制定的方案。第一个“2”,是总量目标,即到 2025 年,通过存量扩张和增量突破,实现进出口总额翻一番,达到 2 万亿元,其中进口额、出口额分别达到 1 万亿元。第二个“2”和后面的“5”,是结构性目标。“2”就是到 2025 年,机电及高新技术产品出口、能源及大宗商品进口分别达到 5000 亿元;“5”就是到 2025 年,跨境电商、数字贸易、服务贸易、优质商品进口、转口贸易分别达到 2000 亿元。

2. 目光投向新兴市场,加紧建设海外仓

外部形势日益复杂,海外仓的配合至关重要。面对中美贸易摩擦的挑战和新兴市场崛起的机遇,宁波外贸亟须抓住新兴市场,实现多元化发展。截至目前,宁波市已在 21 个国家建立海外仓近 100 个,覆盖 46 个大城市。这些海外仓

成为宁波跨境电商开拓国际市场的前沿阵地。把仓库设在海外便于电商平台完成销售后立即将商品送达消费者手中。在外贸企业出口电商营业额逆势而上的情况下,可继续开拓海外仓。外贸企业在"17+1"合作框架下可率先与中东欧国家企业对接跨境电商业务。面对不断涌现的新兴市场,外贸企业可放开眼光,利用新兴市场的优势建设海外仓,与此同时也要注意风险防控。

3. 推进宁波自贸试验区扩区建设工作及试点创新经验复制推广工作

在中美贸易摩擦暂时缓和的间隙,宁波应加快推进对外贸易工作的脚步。紧密关注国家和浙江省有关自贸区赋权扩区工作动态,全力推进自贸区扩区申报工作,及时复制全国自贸区创新政策,坚持边申报边复制边创新,加大自主创新和改革突破,创造类似自贸区、有同等吸引力的营商环境。

4. 树立宁波"一带一路"典范

近年来,宁波立足自身实际,积极服务承接国家战略,深度参与"一带一路"建设,特别是中国—中东欧国家合作。经过5年培育,中国—中东欧国家合作逐渐成为宁波对外开放的品牌平台。2017年9月,浙江省政府批复设立宁波"一带一路"建设综合试验区。2019年10月,"17+1"经贸合作示范区建设发展高层咨询会在宁波举行。"17+1"合作是"一带一路"的一个有机组成部分,这一机制是推进中国—中东欧国家合作的重大平台,是国家在新时代开放大局下,赋予宁波的重大使命。宁波要把中国—中东欧国家合作作为参与"一带一路"的重要载体来抓,进一步拓展中国与中东欧合作的广度和深度,打造中东欧对华贸易、投资、人文交流三个"首选之地"。

宁波联手中东欧,构建"一带一路"教育共同体。目前,宁波已与全球110个国家和地区的1200余所院校建立了合作关系,教育国际化水平走在前列。教育在"一带一路"建设中起到了基础性和先导性作用,宁波要致力于拓展合作领域,创新合作模式,丰富合作内容,构建更大范围、更高水准的"一带一路"教育共同体。

(作者单位:宁波大学)

2019 年宁波金融发展情况分析及 2020 年展望

黄　柯

一、2019 年宁波金融发展现状

（一）存款余额增速总体稳定，住户存款增长势头放缓

前三季度存款增速稳定，7 月、8 月、9 月增速分别为 9.7％、10.0％、8.5％，与一、二季度相比增速变化不大。截至 9 月末，宁波市本外币存款余额为 20370 亿元，同比增长 8.5％，增速提升 4.7 个百分点，余额较年初增加 1214 亿元，同比多增 586 亿元。从存款结构看，住户存款大幅增长是主要推动因素。截至 9 月末，住户存款 7503 亿元，较年初增加 834.2 亿元，增长 14.7％，住户存款高增长势头略有放缓。其中定期存款增长 17.2％，大幅高于 2018 年同期。非金融企业存款 7536 亿元，比年初增加 487.4 亿元，增长 8.4％，增速提升 5.4 个百分点；广义政府性存款 4246 亿元，增长 8％，同比回落 3.9 个百分点，主要是 2018 年增长基数较高；非银存款 997 亿元，同比下降 21.8％。个别机构对企业存款的贡献较大，但仍有不少机构的企业存款增长不理想，甚至负增长，尤其是全市非银行业金融机构存款比年初减少 458.7 亿元，非银存款跌势有所扩大。

（二）贷款余额保持高位增长，企业贷款增速有所加快

前三季度贷款余额增速平稳，7 月、8 月、9 月贷款增速分别为 12.5％、12.0％、11.7％，企业贷款加快增长，占新增贷款份额明显提升，其中企业短期贷款增速提高。从表 1 和图 1 可以看出，截至 9 月末，宁波市本外币贷款余额为 21725 亿元，同比增长 11.7％，增速略高于 2018 年同期。贷款余额较年初新增

1608 亿元,略少于 2018 年同期。从贷款结构看,住户贷款 7119 亿元,贷款增速高位回落,同比增长 19.4%,其中个人经营贷款加速增长、个人消费贷款增速下降。其中短期贷款增长 25.5%,增速同比提升 12.2 个百分点;中长期贷款增长 16.9%,增速同比回落 10.9 个百分点。非金融企业及机关团体贷款 14497 亿元,同比增长 9.1%,增速提高 3.2 个百分点。其中短期贷款增长 5.5%,中长期贷款增长 4.2%,票据融资增长 57.1%。

表 1　宁波市主要银行 2019 年三季度本外币贷款情况

金融机构	贷款余额/亿元	占比/%	排名	金融机构	余额新增（从年初）/亿元	占比/%	排名
开行	1646	7.6	5	开行	12	0.7	—
工行	2610	12.0	1	宁波银行	400	24.9	1
宁波银行	2149	9.9	2	建行	135	8.4	2
农行	1947	9.0	3	中信	115	7.2	3
建行	1719	7.9	4	农行	86	5.3	4
全部机构合计	21725	100.0	—	全部机构合计	1608	100.0	—

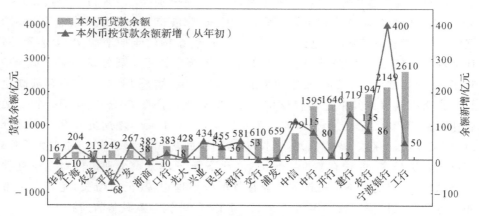

图 1　宁波市银行业金融机构本外币贷款余额及新增（截至 2019 年 9 月）

从表 2 和图 2 可以看出,2019 年前三季度宁波市外汇贷款余额整体波动下行,截至 9 月末,宁波市外汇贷款余额为 63.9 亿美元,同比减少 31.9%,较年初减少 22.8 亿美元。截至 9 月末,宁波市人民币非个人中长期贷款余额为 6298 亿元,同比增长 4.5%,较年初增加 220 亿元,同比少增 219 亿元。

表 2　宁波市主要银行 2019 年三季度外汇贷款情况

金融机构	贷款余额/亿美元	占比/%	排名	金融机构	余额新增（从年初）/亿美元	占比/%	排名
开行	13.9	21.7	1	开行	−2.3	—	—
中行	9.7	15.2	2	宁波银行	2.0	—	1
宁波银行	7.7	12.0	3	民生	1.7	—	2
工行	5.6	8.7	4	兴业	1.6	—	3
兴业	5.3	8.3	5	建行	1.5	—	4
全部机构合计	63.9	100.0	—	全部机构合计	−22.8	—	—

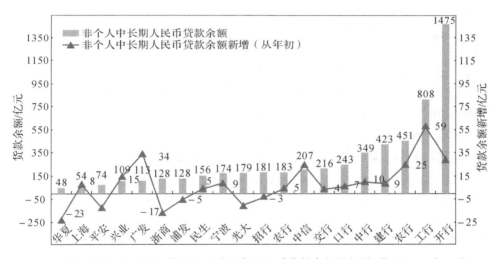

图 2　宁波市银行业金融机构非个人中长期人民币贷款余额及新增（截至 2019 年 9 月）

（三）社会融资规模稳增，支持实体经济成效较好

前三季度，受结构性去杠杆促使表外融资大幅下降影响，宁波市社会融资规模增量为 1848.8 亿元，同比少增 400.9 亿元。其中，非金融企业债券融资新增 162.6 亿元，通过银行间市场融资新增 60.3 亿元，宁波市地方政府专项债券新增 110 亿元，占同期社会融资规模的 5.9%。委托贷款、信托贷款和未贴现的银行承兑汇票同比显著减少。截至 2019 年三季度，宁波市共有 79 家 A 股上市公司，其中在上交所上市的有 48 家（其中科创板上市公司 1 家），在深交所上市的有 31 家（其中：主板上市公司 1 家，中小板上市公司 13 家，创业板上市公司 17

家)。79家 A 股上市公司总股本 689.90 亿股,总市值 6797.96 亿元;拟上市公司 52 家,其中辅导期 36 家,报会待审核 15 家,科创板已提交注册 1 家。宁波市共有股转系统挂牌公司 118 家,宁波股权交易中心共有挂牌公司 64 家、纯托管公司 121 家、展示公司 1856 家。

(四)降本政策贯彻落实到位,服务实体经济效果明显

截至 9 月末,宁波市民营企业贷款余额为 7995.2 亿元,比年初增加 262.5 亿元;宁波市制造业贷款余额为 3886.2 亿元,同比增长 5.9%,金融支持制造业高质量发展稳步推进,水利、交通、乡村振兴等重点领域资金得到有效保障。宁波市金融机构创新产品服务模式,大力推动银税合作,推出 20 余个银税专属信贷产品,探索把"纳税信用"转化为"融资信用",试点启动关税、商标等保险产品,推出小额贷款保证保险(即"金贝壳"),开发外贸贷、押余融、助优贷、银联商户贷等系列产品,探索发展"园区贷""供应链融资""平台贷"等融资模式,提供一站式优质金融服务。宁波市各金融机构降本政策贯彻积极到位,充分发挥贷款市场报价利率(LPR)定价的传导作用,降低实体经济融资成本效果明显。1—9 月,宁波市金融机构一般性贷款加权平均利率为 5.79%,同比下降 0.09 个百分点,企业贷款加权平均利率为 5.17%,同比下降 0.13 个百分点。整体来看,宁波市金融机构一般性贷款加权平均利率低于全省平均水平,而且政策性银行、国有商业银行的企业贷款加权平均利率较低。

(五)跨境收支顺差平稳增长,外贸出口形势严峻

2019 年前三季度,宁波市跨境收入 703.1 亿美元,跨境支出 395.5 亿美元,顺差 307.6 亿美元,同比增长 17.5%,其中主要是经常账户顺差 310.7 亿美元。从 1—9 月份数据来看,除个别月份受季节性因素等影响外,宁波市跨境收支顺差总体保持平稳增长。1—9 月宁波市结售汇顺差 272.9 亿美元,同比增长 7.0%,结售汇顺差保持增势。总体来看,在外贸进出口小幅增长、人民币汇率波动有序、外汇市场主体更趋成熟理性等背景下,宁波市跨境资金流动继续保持在合理区间,而且个人购汇保持理性,货物贸易结售汇顺差保持平稳,是结售汇顺差的主要来源。

(六)不良资产持续"双降",金融生态环境改善明显

截至 9 月末,宁波市不良贷款余额为 236.2 亿元,比年初减少 11.6 亿元,不良贷款率为 1.09%,比年初下降 0.15 个百分点,表明宁波市金融机构不良贷款持续"双降"态势没有改变。但也要看到,新发生不良贷款、关注类贷款余额快速增长,宁波市新发生不良贷款同比增长 5.7%,关注类贷款余额同比持续增长,不良贷款面临反弹压力。此外,企业风险市场化、法制化处置持续推进。宁波市

已累计将 65 家企业纳入破产重整监测名录,其中 21 家破产重整成功,4 家正有序推进。尤其是近年来在多部门共同努力下,宁波市互联网金融风险整治取得显著成效。随着 P2P 网络贷款专项整治工作深入开展,宁波市运行 P2P 机构数量已从最高峰时期大幅减少,促进了辖区互联网金融健康发展,宁波市金融生态环境持续优化。

二、当前宁波金融发展短板与问题

(一)投资拉动作用趋弱,经济增长面临下行压力

一是受招商引资难度大、重大项目推进实施持续乏力、政府类投资项目融资渠道单一、土地资金能源要素制约等多方影响,宁波市有效投资仍存在下行压力,前三季度全市固定资产投资同比增长 7.4%,其中民间投资增长 5.9%,部分项目实际投资进度滞后甚至被调整取消,经济持续增长的基础有待进一步夯实。二是工业投资低迷与信贷支持实体经济的矛盾。近年来,宁波市固定资产投资增速持续低于全省,尤其是工业投资长期低迷,与全省平均水平差距明显。由于工业投资后劲乏力,产业项目和民间投资回落明显,全市企业的中长期贷款增长放缓,增速低于各项贷款增速,这也是宁波市各项贷款增速低于全省的主要原因之一。三是宏观杠杆率不断提升与银行不良贷款持续双降的矛盾。从数据上看,随着个人、企业和政府融资平台等主体的债务不断积累,银行部门的不良贷款余额、不良贷款率却始终保持下降。银行为保持较低的不良贷款水平,贷款业务趋于谨慎,部分偏离了金融服务实体经济的根本要求。

(二)企业经营面临制约,金融服务质效有待提高

从统计数据看,前三季度宁波市规模以上工业企业营业收入同比增长 0.3%,利润总额同比下降 4.2%,利税总额下降 7%,全市 35 个行业大类中有 20 个行业呈现逐季回落态势,尤其是汽车制造、金属制品、专用设备制造等重点行业呈负增长,凸显企业经营面临较为严重的制约挑战。虽然在宁波市金融办、人行宁波中心支行等部门的指导监督下,宁波市金融机构加大对民营和小微企业、制造业的信贷支持,推动降低企业的综合融资成本取得一定成效。但在政策执行过程中,仍然遇到一些"梗阻"现象,比如部分金融机构在促进小微企业融资相关的制度改革上落实不到位,导致"不敢贷、不愿贷、不能贷"的个别情况依然存在,部分金融机构信贷业务创新步伐落后,制约了小微企业贷款扩面增量,诸多因素导致政策效果距离预期仍有差距,金融服务质效有待进一步提高。

（三）外部环境变化频繁，外向型经济面临持续挑战

未来的经贸环境难以有实质性改善，尤其是中美经贸摩擦对外贸的负面影响仍在深化，外部需求下降的可能性增加，宁波出口持续走低的压力增强。虽然中美贸易谈判已经初步达成第一阶段协议，但持续多时的中美经贸摩擦已经对全市外贸造成了实质性影响：加征关税清单覆盖面广，2500 亿美元和 3000 亿美元加征关税影响仍在深化，对我市服装加工、纺织品、玩具、体育用品、塑料制品和机电产品等出口影响较大。与此同时，产业链迁移也是制约出口的重要因素，导致全市出口增长放缓的可能性增加，宁波外向型经济面临严峻挑战。

（四）潜在风险依然存在，防范和化解风险任务艰巨

长期来看，在当前投资和消费较难快速改善且宁波外向型经济面临较大压力的严峻形势下，宁波市经济"稳增长"压力剧增，对金融服务实体经济、增加有效信贷投入提出了挑战。尽管前三季度宁波市信贷增量与上年同期基本持平，但在当前的经济形势下，既要防范和化解风险，又要完成或超越上年度贷款增量，则仍需要各级政府部门、企业主和金融机构付出较大努力。在政府举债新规落实、房地产调控、化解隐性债务的过程中，财政风险、在建工程停工风险、防范化解风险以及房地产领域风险亟待得到持续关注。尤其要关注的是，在财政约束加强、中央和省市要求化解隐性债务以及融资成本上升等影响下，部分财政困难区县（市）在建项目面临一定的流动性风险。银行资产负债调整、业务结构优化调整等面临诸多新挑战，需警惕个别杠杆运用较多的金融机构面临较大经营压力等情况。

三、2020 年金融发展展望

2020 年，宁波市金融系统要以习近平新时代中国特色社会主义思想为指导，认真贯彻落实稳健货币政策，加快金融供给侧结构性改革，准确把握金融与实体经济共生共荣的相互关系，切实增强社会责任感，有效整合多方资源，着力加大有效信贷投入，继续深化民营和小微企业的金融服务，坚决打好防范化解金融风险攻坚战，以服务"六争攻坚、三年攀高"行动，推动宁波市经济金融高质量发展。

（一）提升固定资产投资增速，保持社会融资规模合理增长

一是强化统筹，推进基础设施建设。各金融机构强化责任意识，持续精准发力，对上积极争取额度资源，对外加大项目储备和挖掘力度，对内优化流程、统筹

资源,把贷款总量增长这篇文章作好,保障宁波市重点重大项目建设资金需求。二是创新驱动,探索新型融资模式,加大资金保障力度。发挥开发性、政策性和商业性金融机构的各自作用,鼓励政府、银行、企业等多方共同探索投融资创新模式。鼓励银行业金融机构因地制宜、灵活多样创新信用模式和扩大贷款抵押担保物范围,大力创新抵质押担保方式,积极探索建立有效的信用风险分散转移机制。三是保持房地产信贷平稳审慎发展。政府联合监管机构加强对金融机构支持房地产企业的监督和指导,各金融机构严控房地产信贷管理,认真执行差异化的住房信贷政策,住房贷款利率"锚"从基准利率向 LPR 平稳过渡调整,保持房地产信贷的平稳增长。

(二)优化金融资源有效配置,加大支持实体经济发展力度

一是深化配套制度,突出制造业贷款投放重点。各金融机构加快与宁波市制造业"246"万千亿产业集群发展的对接,经常性"进厂""入园""驻点",提升服务的针对性和有效性,针对项目、企业实际情况制定差异化融资解决方案,高效率提供金融服务。分层次、有重点地支持智能制造、绿色制造、服务型制造等细分领域和"单项冠军""隐形冠军"培育发展,促进制造业领域新动能培育和传统制造业转型升级。二是创新金融产品,突出对民营和小微企业的信贷支持。坚持目标导向,重点聚焦单户授信 3000 万元及以下民营企业贷款和单户授信 1000 万元及以下小微企业贷款和个体工商户、小微企业主经营性贷款,充分用好开发性和政策性银行的民营企业流动性支持专项贷款,促进贷款投放和户数"双增长",并有效降低民营、小微融资成本。大力发展与小微产业园、外贸综合服务平台、供应链核心企业合作的"1+N"全流程融资模式,推广、复制更多应用场景。

(三)提升综合金融服务水平,切实增强重点领域资金保障

一是聚焦宁波"一带一路"综合试验区、宁波融入长江经济带和长三角一体化发展战略等国家战略任务,以及围绕宁波建设大湾区大花园大通道大都市区、军民融合产业集聚、特色小镇、美丽宁波等重点热点领域,通过政、银、企合作推动规划先行和共建项目库,采用投资、贷款、租赁、证券、保险等综合金融服务方式,支持宁波市一批重大重点项目建设。二是积极支持优质企业发行直接债务融资工具。各金融机构要积极把握形势变化,加大相关主体发债需求排摸,做好项目储备和跟踪服务,在防范风险的前提下,加大承销发行力度,尤其要将民营企业发债放在更加突出的位置,重点支持暂时遇到困难但有前景、有潜力的民营企业发债。三是推进普惠金融发展和东西部扶贫协作。鼓励金融机构扩大小微企业信贷投放力度,切实降低小微企业融资成本。尤其是在中美贸易摩擦背景下，涉外型小微企业以及金融机构要紧跟形势变化和市场需求波动，加强金融产品和服务模式的创新，满足企业的个性化需求。此外，做好宁波对口吉林省延边州和贵州省黔西南州扶贫协作是当前一项重要的政治任务，银行、保险等金融机构需要发挥主观能动性，通过创新金融产品和服务方式，为宁波对口扶贫协作提供资金保障。

（四）加强全局风险化解防范，将防风险与促发展有机结合

一是持续重视信用风险防控。各金融机构要继续多措并举，加快不良贷款处置。同时，严格执行贷款"三查"、严控高杠杆企业融资、加强重点领域风险排查，防止不良贷款新增，确保年底不良率控制在低位。二是做好大型企业风险防范化解。各金融机构要继续加强大型企业风险防范，落实企业联合授信管理制度要求，加强对多头授信、多头融资企业的监测预警，积极配合做好已出险大型企业风险处置工作，加大债转股、破产重整等工作力度。三是中小法人机构要加强稳健经营，持续加强流动性管理，优化资产负债结构，防范流动性风险。对于个别高风险机构要抓紧落实风险处置方案，争取尽早完成增资扩股。对于部分开展联合贷款创新业务的法人机构，要审慎开展业务，加大信用风险、合规风险管理，确保风险控股能力与业务发展相匹配。

四、2020 年金融业发展对策建议

（一）提高站位、防范风险，维护地区金融稳定

落实好防范化解重大风险攻坚战行动方案，在继续化解存量风险的同时，要加强对信贷资金流向的监测，实现"增投放"与"控风险"的有效平衡，加大债转股、破产重整等市场化手段的应用力度，力争在民营企业债转股方面实现突破，确保不良率保持在较低水平。继续落实好企业联合授信管理制度要求，加强对多头授信、多头融资企业的监测和风险预警，着力防范债务违约风险，加强对房地产金融风险的研判。坚决打好防控风险攻坚战，有力维护辖区金融稳定，特别是要继续加强防范大型企业等授信风险，密切关注债券市场风险，平稳有序推进资管新规实施，保持宁波市不良"双降"趋势，维护地区金融稳定。

（二）立足本源，相机而动，积极面对形势变化

面对的国内外经济环境依然复杂严峻，内外需求拉力减弱，经济持续向好的基础尚不稳固，经济下行压力仍然较大。尤其是面临中美贸易摩擦波动升级、工业经济下行等不利的外部因素，宁波市金融机构要提高政治站位水平，强化发展

共同体意识,相机而动,尽力满足不同类型企业的资金需求,保证宁波实体企业的融资环境相对宽松。对于暂时受中美贸易摩擦影响的企业,做到不盲目抽贷、压贷,尽可能帮助企业保住涉外市场,维持正常生产经营。充分利用专项债新政的时间窗口,围绕宁波市政府"246"万千亿级产业集群建设计划、基础设施投资计划等,加强金融资源整合利用和信贷资金配套支持,切实满足宁波实体经济及重点项目的资金需求。

(三)聚焦战略、创新驱动,支持实体经济发展

各金融机构要严格落实宁波市出台的民营和小微金融服务"二十条"要求,进一步加大信贷资源倾斜配置,确保有更多的资金支持实体经济健康发展。要抓紧落实尽职免责制度和容错纠错机制,加大试点、推广、监督和执行力度。要加大无还本续贷产品的推广力度,发挥开发性和政策性金融机构以及政策性担保机构的优势,合理降低准入门槛,扩大创新金融产品应用范围。积极应用宁波市普惠金融信用信息服务平台,充分发挥平台的信息查询、征信、融资对接等功能,有效扩大中小微企业金融服务广度和深度。

(四)深化改革、增强能力,助推宁波提质增效

宁波市各金融监管部门和金融机构要积极主动深化改革,切实增强发展动能,在提高综合金融服务能力的同时,探索走出值得在国内推广的金融服务"宁波模式"。要加快发展直接融资,推动宁波市优质企业在境内外上市,鼓励成长型企业在"新三板"、宁波股权交易中心挂牌,扩大各类债务融资规模,持续推进实施"凤凰行动"计划,因时顺势推进辖区内企业上市和并购重组工作。加快政府融资平台公司市场化改造升级,创新推广 PPP 模式,以创建国家保险创新综合试验区为契机,大力引入保险资金等,引导不同类型金融机构相互合作,通过投贷联动、租贷结合、银证企合作等,有效满足实体经济高质量发展需求,力争加快把宁波建成区域性金融中心。

(作者单位:浙江大学宁波理工学院)

2019 年宁波交通运输发展现状
及对策研究

林 杨 周 念

  2019 年是高水平全面建成小康社会的关键之年,也是我市"六争攻坚、三年攀高"行动的关键之年。全市交通系统牢牢把握稳中求进工作的总基调,以高质量发展为主导,积极应对复杂严峻的国内外形势,着力促进有效投资、全力保障运输生产,全年交通运输业呈现稳中有进态势。

一、2019 年宁波交通运输业发展现状

  2019 年 1—11 月,全市交通运输业承压前行,总体保持稳中有进态势。据市统计局口径,全市完成交通固定资产投资 310 亿元,同比增长 11.2%,超过 10% 的省政府高质量发展目标。宁波舟山港集装箱吞吐量完成 2559.7 万标箱,同比增长 4.6%,总量居全球第三位,全国第二位;宁波舟山港货物吞吐量完成 10.3 亿吨,同比增长 2.9%,连续十一年居全球港口货物吞吐量第一位。水路总周转量为 3174.7 亿吨公里,同比增长 11.7%,高于全省平均增速 4 个百分点;公路总周转量为 456.2 亿吨公里,同比增长 5.2%。邮政业务总量完成 203.3 亿元,同比增长 28.5%(见表 1)。

表 1　2019 年宁波交通运输业主要指标完成情况

指标名称	1—11 月 累计完成	同比增幅/%
固定资产投资(市统计局口径)/亿元	310	11.2
宁波舟山港集装箱吞吐量/万标箱	2559.7	4.6
宁波舟山港货物吞吐量/亿吨	10.3	2.9
公路总周转量/亿吨公里	456.2	5.2
水路总周转量/亿吨公里	3174.7	11.7
邮政业务总量/亿元	203.3	28.5

（一）交通投资稳步推进

1.交通投资增速呈"V"形走势,下半年大幅回升

从图 1 可以看出,1—11 月,据市统计局口径,全市完成交通固定资产投资 310.0 亿元,同比增长 11.2%,高于上半年增速 16.8 个百分点。下半年投资额大幅增长,主要是依托重大项目协调会机制和"百日攻坚"活动等载体,交通重大项目建设进度得到有效保障,交通投资潜能充分释放,象山湾疏港高速、甬金铁路等重大交通项目建设进度加快,电子不停车收费系统(ETC)、网约车、公交车、港口技改、公路提升工程等新增项目增多。分方式来看,公路、铁路及轨道投资加快增长,完成 141.8 亿元、11.1 亿元和 117.7 亿元,同比增长 6.9%、23.1% 和 12.7%。水运、航空投资保持两位数增长,完成 27 亿元和 17.7 亿元,同比增长 12% 和 27%。

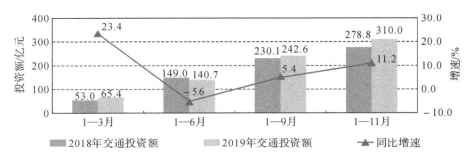

图 1　2018 年、2019 年宁波交通固定资产投资额及同比增速

2.重大建设项目有序推进,重点前期项目进展较好

重大项目方面,28 个重大建设项目中,甬金铁路宁波段工程、象山湾疏港高速顺利实现开工,杭甬高速复线宁波段一期工程、沈海高速石浦连接线、宁波舟

山港梅山保税港区 6♯—10♯集装箱码头工程等项目进展顺利;栎社国际机场三期扩建工程有序推进,飞行区场道工程不停航施工第一阶段竣工预验收通过,T2 航站楼即将投入运营。23 个重点前期项目中,铁路项目进展较好,沪嘉甬铁路正加快推进工可编制,甬舟铁路工可通过二次审查;高速公路项目基本达到计划进度,杭甬高速复线二期西段完成工可编制和智慧高速工可通过预审,杭州湾十一塘高速公路完成特许经营招标;港口项目进展良好,北仑台塑码头改造工程、宁波利万聚酯 5 万吨级液体化工码头和象山国际水产物流园区配套码头完成前期工作。

(二)港口生产保持平稳

1.集装箱吞吐量平稳增长,总量保持全球第三

2019 年 1—11 月,宁波舟山港集装箱吞吐量完成 2559.7 万标箱,同比增长 4.6%,总量保持全国第二位,全球第三位。从图 2 可以看出,宁波港域集装箱吞吐量完成 2429.7 万标箱,同比增长 4.4%。集装箱吞吐量在中美贸易摩擦的不利影响下保持稳定增长,主要得益于以下三方面:一是航线网络布局的不断优化部分抵消了中美箱量下降带来的不利影响,来自“一带一路”沿线的集装箱吞吐量占比超四成;二是宁波舟山港进一步发挥龙头作用,带动南北两翼支线业务增长;三是内陆腹地货源不断增加,2019 年以来开通了省内杭州北、湖州西、钱清、龙游东及省外湖南等地海铁联运业务。

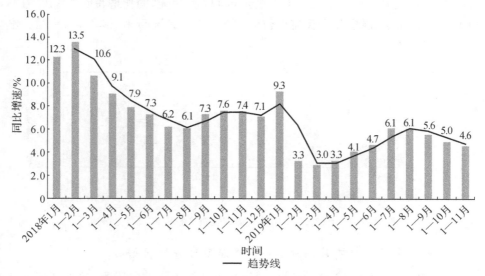

图 2　2018—2019 年宁波舟山港集装箱吞吐量累计同比增速

2. 货物吞吐量增速小幅回落,总量位列全球第一

从图 3 可以看出,2019 年 1—11 月,宁波舟山港货物吞吐量完成 10.3 亿吨,同比增长 2.9%,总量继续位居世界第一。2019 年宁波港域货物吞吐量完成 5.4 亿吨,同比微增 0.7%。货物吞吐量整体增速不及上年主要是由于以煤炭为主的大宗货物吞吐量增速下降。

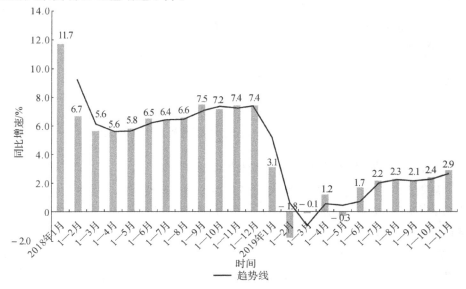

图 3　2018—2019 年宁波舟山港货物吞吐量累计同比增速

3. 港口多式联运保持快速增长

海铁联运保持两位数增速,1—9 月海铁联运业务量完成 65.3 万标箱,同比增长 34.8%,总量超越营口港,上升至全国主要港口第二位。江海河联运运行状况良好,1—8 月共完成江海河联运 4616.2 万吨,同比增长 6%。其中江海联运完成 4241.3 万吨,同比增长 6.1%;海河联运完成 374.9 万吨,同比增长 4.4%。

(三)全社会运输量平稳增长

1. 水路总周转量较快增长,增速呈回落态势

从图 4 可以看出,1—11 月,全市水路总周转量为 3174.7 亿吨公里,同比增长 11.7%,增速高于全省平均 4 个百分点。水路总周转量增速逐步回落,一是由于水路运力高位回落,上年交通部发布公告,提高了进口船船龄要求,二手船购置受限,11 月末水路运力规模同比缩小 1.5%;二是长距离的煤炭运输减少造成平均运距缩短;三是上年同期基数高且 2019 年国内水运市场行情整体不及上年。

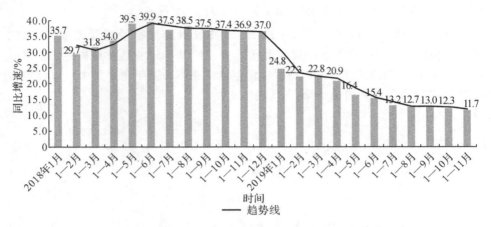

图 4　2018—2019 年宁波水路总周转量累计同比增速

2.公路总周转量稳中趋缓,增速低于省平均

从图 5 可以看出,1—11 月,全市公路总周转量为 456.2 亿吨公里,同比增长 5.2%,低于全省平均增速 0.4 个百分点,总量居全省第一,占比 23.7%。公路总周转量增速趋缓,主要原因有三方面:一是市场主要产品消费需求疲软,汽车、家用电器等零售总额增速明显回落,公路运输需求回暖缺乏支撑;二是公路集疏运需求下降,我市公转铁、公转水项目逐步实施,公路货运量占全市货运量比重下降;三是危化品运输新的限行政策出台,8 月 1 日起,每日凌晨 0 时至 6 时禁止危化品运输车辆通行浙江省内各高速公路的政策实施后,对企业运量的影响为 25%~30%。

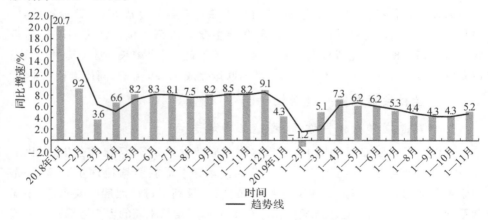

图 5　2018—2019 年宁波公路总周转量累计同比增速

3. 民航客货运量增速趋缓

客运方面,1—11 月实现民航旅客吞吐量 1143.5 万人次,同比增长 6.5%。货运方面,1—11 月完成货物吞吐量 15.5 万吨,同比增长 3%,增速较上半年下降 8.1 个百分点。货物吞吐量下降,一是由于机场三期扩建工程施工期间限制航空器运行,全货机执飞及国际全货机新航线市场开拓受阻;二是受中美贸易摩擦影响,美线腹舱出口货量减少。

4. 铁路客运较快增长,货运平稳增长

1—11 月,完成铁路客运量 5743.3 万人次,同比增长 8.4%,与上半年增速持平。完成铁路货运量 2571.7 万吨,同比增长 4.6%,高于上半年增速 1.4 个百分点。

5. 城市公共交通客运量总体止跌回升

1—11 月,全市公共交通客运量累计 82148.1 万人次,同比微增 0.7%,主要是由于轨道交通 3 号线开通运营及其他各方式客运量降幅收窄。轨道交通客运量快速增长,完成 15019.5 万人次,同比增长 33.3%。截至 11 月末,轨道交通共开通 4 条线路(含宁奉线),线路长度共 96.6 公里,运营车数 516 辆,运营里程 864.6 万列公里。公交客运量小幅下降,完成 52867.6 万人次,同比减少 2.9%,行驶里程 45196.7 万公里,与上年同期基本持平。截至 11 月末,全市公交运营车辆总数 8861 辆,同比减少 1.4%;运营线路 1171 条,同比减少 6.2%。公共自行车租用量降幅收窄,累计租车量 2565.2 万辆次,同比减少 5.1%。截至 11 月末,全市共有公共自行车网点 1641 个,投放公共自行车 41915 辆,同比分别增加 0.9% 和减少 3.1%。巡游出租车客运量持续下降,完成 11695.7 万人次,同比减少 11.1%。截至 11 月末,全市运营车辆总数 6287 辆,其中,双燃料出租汽车 6048 辆,占比 96.2%,纯电动车 164 辆,占比 2.6%。

6. 邮政业务量平稳增长

1—11 月,全市邮政业务总量完成 203.3 亿元,同比增长 28.5%;业务收入 107.7 亿元,同比增长 18.1%。快递业务量完成 8.6 亿件,同比增长 22.3%。其中异地快递 6.9 亿件,占快递业务量的 80.6%,同比增长 28.7%。

(四)运输市场经济指数走弱

1. 港航业景气指数震荡回升,信心指数持续走弱

港口指数总体趋稳,港口企业经营效益稳中有增。宁波港口指数(NPI)显示,1—9 月港口景气指数均值为 116.32 点,同比上涨 2.4%,与上半年均值基本持平;港口企业信心指数均值为 101.5 点,同比下跌 6.3%,略低于上半年均值,

9月港口企业信心指数为99.02点,跌至分界线以下,企业信心总体仍保持下降趋势。港口经济监测分析平台显示,1—9月81家港口经营企业主营业务收入、主营业务成本同比增长3.6%和4.3%,利润率为16.8%,同比提升0.2个百分点。

宁波航运经济指数(NSEI)均值微跌,航运企业成本收入比上升。宁波航运经济指数显示,1—9月航运业景气指数均值为104.55点,同比下跌2.2%,跌幅较上半年略有收窄;航运企业信心指数均值为95.59点,与上年同期基本持平,三季度企业信心指数略有回升,但9月中旬BDI指数高位回落,且沿海运输市场即将进入淡季,航运企业对市场短期走势持观望态度居多,9月航运企业信心指数结束上涨走势。航运经济监测分析平台显示,1—9月44家航运企业主营业务收入、主营业务成本同比增长0.3%和7.2%,成本收入比为85.8%,同比增加约5个百分点;利润总计同比减少27.8%,利润率为14.2%,同比下降5.5个百分点。受人员、燃油成本增长影响,企业经营效益下滑,亏损面较2018年底有所扩大。

2.公路物流运价指数平稳运行,道路运输企业效益不理想

宁波交通物流动态信息采集分析系统显示,1—9月,公路货物运输价格指数均值为981.62点,同比上涨0.6%,较上半年均值下降3.66点(见图6)。其中,普货市场随着"金九银十"传统销售旺季的到来,普货整车运价指数明显回暖;集运市场受中美贸易摩擦影响且运力过剩,集装箱运价指数微跌;危化品运

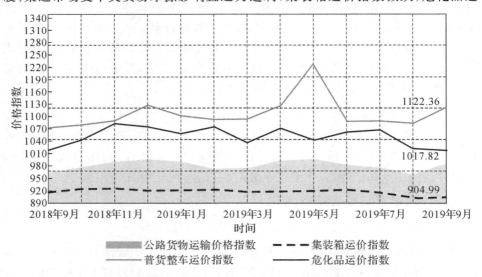

图6　2018年9月—2019年9月公路货运市场价格指数变化

价指数均值同比上涨,但三季度呈下跌态势。公路货物运输景气指数均值为 1004.06 点,同比下降 2.8%。国际贸易形势复杂多变,外贸进出口压力犹存,安全及环保检查力度不断加大,加之老旧营运车辆面临淘汰升级,公路货运市场景气指数难以提振。根据宁波交通物流重点联系企业监测平台数据,经初步统计,三季度 53 家重点监测的公路运输企业成本收入双升,营业收入、营业成本同比增长 21% 和 24.5%,成本收入比为 94%,同比上升 2.6 个百分点。道路运输企业市场竞争日益激烈,营业收入增速不及营业成本增速,行业整体盈利能力仍较弱。

二、2019 年宁波交通运输业存在的问题与挑战

(一)宏观环境复杂多变,交通经济下行压力较大

交通发展环境不断变化,交通经济下行压力不断加大。一是全球经济迈入下行周期。国内外消费需求减弱,企业生产趋缓,公路、水路、邮政快递等市场需求增长减速。二是中美贸易摩擦的影响持续显现。进出口贸易额增速回落,影响港航生产走弱,道路运输生产、市场景气度、企业效益等也受到间接影响。三是环保要求日益严苛。部分大宗商品运输需求受到抑制,国三车面临淘汰,限硫令实施在即,运输工具更新改造、清洁燃料使用等的成本增加。

(二)重大前期项目待突破,交通投资后劲有待提升

一是重大新开工项目谋划动力不足。由于地方财政能力不足及债务风险严控,各县市普遍资金短缺,新开工项目建设推进积极性不高,重大新开工项目减少。二是铁路项目开工建设困难。铁路项目年度计划完成率仅为 34.3%,庄桥至宁波段增建三四线项目施工图设计进入会签批复阶段,仍未实现开工;甬金铁路宁波段项目用地未如期获批。三是重大前期项目推进困难。全市 23 个重点推进类项目中,8 个未实现季度目标,尤其是公路项目整体进度不理想,杭甬高速复线慈溪(新浦)服务区及互通工程用地预审推进困难,需报请省厅支持;鄞县大道改建工程等部分项目受制于资金等要素保障,难以推进。

(三)行业发展活力下降,运输企业经营效益不理想

2019 年,重点监测的公路运输企业及航运企业成本收入比同比均上升,获利能力减弱。一是大型龙头企业雁阵引领作用不强。宁波 5A 级物流企业仅有 3 家,宁波百强企业中物流企业仅有 2 家,与物流业的产值规模并不相符。二是平台型企业的缺乏制约了行业集约化发展。我市运输企业多集中在附加值较低

的传统基础业务,无车承运人等创新型、平台型、功能型的市场主体还在发育阶段,物流信息整合、作业效率和组织管理水平的提升效果不明显。三是深化增值税改革后运输企业税负不降反升。深化增值税改革仍处过渡期,进项抵扣额减少及部分降税红利被上游企业以下调运价的方式独享,运输企业未能充分享受降税利好。四是土地、资金等资源要素制约企业发展。城镇化驱逐下运输企业搬迁压力大,部分工业区配套物流用地规划和设施配置能力不足;物流金融服务总量不足,金融产品单一,风险控制手段欠缺,融资规模远不能跟上运输企业和创新型企业发展的需要。

三、2020 年宁波交通运输业发展形势展望

(一)国内外经济增长预期下行,宁波交通发展面临挑战

2019 年以来国际经济形势依然不明朗,全球经济增长预期持续下行,联合国、世界银行等权威机构纷纷下调今明两年全球经济增长预期。11 月,中美双方就妥善解决各自核心关切,进行了认真、建设性的讨论,同意随着协议进展,分阶段取消加征关税。全球贸易紧张局势出现缓和迹象,但国内经济向好反应仍未显现。中国制造业 PMI 指数持续低于荣枯线,国内生产及内外消费需求下降。我市交通运输业仍面临巨大挑战。

(二)市场潜力不断被挖掘,宁波交通发展机遇显现

我市与中东欧国家的合作在扩大贸易往来、深化投资和产能合作等方面迎来更大机遇。长三角一体化上升为国家战略,深度互联的线网谋划布局进度加快,沪甬跨海交通通道、通苏嘉甬铁路等项目谋划有利于我市高质量推进有效投资,共建长三角全面开放新格局。进出口市场替代效应显现,东盟等多元市场开拓前景可期。外贸双万亿行动实施意见出台,"先进制造＋外贸"的宁波高质量发展新格局逐步构建。宁波栎社机场 T2 航站楼即将建成,宁波航空流量提升及临空经济发展有望迈上新台阶。

(三)主要指标预测

结合外部宏观形势和我市交通发展实际,2020 年我市交通运输业将保持总体平稳,但增速将有所回落。交通投资方面,鉴于新开工项目减少及资金、土地等的制约,投资规模扩展难度较大,将保持微幅增长。港口生产方面,港口生产增速将放缓,预计完成集装箱吞吐量 2820 万标箱,货物吞吐量 11.5 亿吨。全社会运输方面,鉴于 2019 年运力减少,2020 年水路总周转量保持高位增长压力较

大,水路总周转量增速约为 6%;公路运输行业面临运输结构调整逐步深入及老旧车辆淘汰更新的影响,公路总周转量增速预计在 4%～4.5%之间,增幅趋缓。

四、2020 年宁波交通运输业发展对策建议

(一)加快行业结构调整,激发交通经济潜能

一是优化综合交通立体网络布局。把握长三角一体化、"一带一路"倡议等契机,提升宁波运输通道的通达性,强化枢纽地位,充分发挥集聚功能。二是加快产业链做大做强。促进制造业、物流业双业联动发展,完善"246"万千亿级产业集群供应链服务体系,鼓励传统运输、仓储企业向供应链上下游延伸服务。三是加强企业要素保障。统筹物流用地的集约利用,鼓励金融机构加大对物流企业的资金支持;切实指导企业做好增值税抵扣工作,确保减税政策真正惠及基层企业。四是提升风险抵御能力。强化常态化风险监测分析机制,鼓励企业开拓中东欧、东南亚等多元市场。

(二)全力做好交通项目前期规划,力促交通投资持续增长

一是拓展融资渠道,增强项目谋划积极性。积极争取财政资金对交通投资的支持力度,利用地方政府专项债券更好地发挥资金筹集能力,充分调动民间投资积极性,规范有序推进政府和社会资本合作项目。二是推进"百日攻坚"活动,保障重大前期项目进度。严格按照时间进度,做好项目督查工作,保障杭甬高速复线二期工程、六横公路大桥、十一塘高速公路等项目前期工作进度。三是做好政策协调,解决阻碍项目进程的关键问题。针对杭甬高速复线慈溪(新浦)服务区及互通工程等滞后项目,重点协调用地预审等工作。四是做好战略规划,积极谋划储备交通重大项目。针对沪甬跨海通道等具有战略意义的大通道全力做好战略规划研究工作。

(三)支持新业态发展,推动交通运输业转型升级

一是优化市场主体结构。积极引入和培育有影响力的龙头企业,鼓励企业通过跨地区、跨行业、跨所有制的参股控股、兼并重组、协作联盟等方式做大做强。二是创新运输组织模式。引导小微货运企业联盟合作,鼓励大车队模式创新,鼓励"互联网＋"新业态发展。三是促进货运行业智慧化转型。引导货运企业平台化发展,建立货运信用信息共享交换联动机制,规范"互联网＋"货运平台经营活动,全面应用物联网、大数据等信息技术,提升物流资源共享水平。四是推进智慧交通产业发展。抓住全省智慧交通产业博览会契机,推进我市交通企

业走智慧化发展道路，大力培育以新材料新工艺为依托的交通新型产业。

（四）需求挖潜叠加供给提振，提振水路运输市场

一是需求挖潜，稳定中长距离货种运量。积极拓展东南亚外贸业务。结合"一带一路"倡议，顺应中美贸易摩擦导致部分出口产业向东南亚转移的贸易格局变化，带领企业积极对接东南亚市场，开拓近洋航线。力促煤炭运量稳增长。加大外贸煤炭货源跟踪力度，加强与省电的沟通，确保各电厂电煤中转稳定，保障煤炭运量增长。二是供给提振，加快水运企业新旧船舶更替。积极推进新造船舶下水。提前排摸及谋划明年购船计划，鼓励 LNG 船的推广和配套设施的投产；开展运力相关政策研究。制定船舶新建、技改和拆解引导政策，把握绿色环保、节能减排、船舶大型化等发展趋势。对违反国际节能减排政策及某些高于国际海事组织（IMO）碳排放的船舶进行有序拆解退市，缩短船舶更新周期，加快结构调整，构建标准化、大型化、专业化的绿色运输船舶体系，着力打造强港强航。三是制度创新，优化水运业营商环境。加快对国内外知名航运融资银行、融资租赁公司、保险企业等金融机构的引入培育，加大政府性担保公司对港航物流业的担保力度，打破航运企业在企业规模、金融市场条件等方面的融资限制；争取自贸区便利性政策。争取自贸区政策覆盖，简化外贸船舶营运资质审批流程，对企业汇回境内利润所得税进行适当减免，鼓励和引导航运企业"走出去"；健全航运企业信用评价体系，基于信用评价体系，对企业进行差异化管理，加大对民营优强航运企业的支持力度，主动淘汰落后失信违规企业，打造一流的航运品牌，全面提升市场竞争力。

（作者单位：宁波市现代物流规划研究院）

区 域 篇

海曙区都市经济发展对策研究

雷　军　郑　宇

　　都市经济是一种以资本、技术、信息、人才等高端要素为支撑,具有较强资源配置和集聚辐射功能的经济形态,是大城市中心城区发展的本质所在、核心所在。当前,海曙区正全力开启高质量建设国内一流强区新征程,发展都市经济是贯彻省第十四次党代会精神和宁波"名城名都"建设主题的具体实践,是实现高质量持续健康发展的必然选择,也是高质量建设国内一流强区的必由之路。

一、海曙发展都市经济的现实基础和比较分析

　　海曙区作为宁波中心城区,是都市经济发展的核心区域,一直以来代表着宁波都市经济发展的最高水平。但随着发展空间、经济基础、产业结构、城乡格局等方面发生重大变化,特别是 2016 年行政区划调整后,在迎来新空间、新机遇、新动力的同时,也存在不少问题和挑战。

(一)发展基础

1.经济规模相对较大

　　2018 年海曙区地区生产总值达到 1252.4 亿元,居全市第四位、全省第八位,为吸聚高端要素、培育高端功能、高质量发展都市经济提供了扎实基础。

2.发展空间大幅拓展

　　行政区划调整后,海曙区区域面积由 29.4 平方公里大幅提升到 595.4 平方公里。产业承载空间和新业态培育空间的有效扩展,可为海曙区都市经济健康可持续发展提供有力支撑。

3.产业门类更加多元

2018年海曙区三次产业结构调整为1.2∶36.3∶62.5,区域支柱行业在金融服务、现代商贸等现代服务业基础上,新增纺织服装业、电子设备制造业、橡胶和塑料制造业等多种制造业,为海曙区培育都市经济新产业、新业态、新模式提供更多选择。

4.资源要素更加丰富

海曙区历史文化底蕴深厚,拥有宁波最具代表性的历史文化古迹遗存,铁路宁波站、栎社国际机场等交通枢纽的集聚,海西片区制造业、生态农业和广阔的四明山生态保护区等生态资源的新增,为海曙区进一步丰富都市经济内涵、提升都市经济发展质量、巩固都市经济引领区地位创造了有利条件。

(二)比较分析

1.产业优势不突出

海曙区工业经济仍以传统制造业为主,高端产业体量小、竞争力不足。都市工业大多集中在加工制造环节,研发设计、品牌营销和终端市场等高附加值环节较为薄弱。由于服务业和制造业发展轨迹和空间分布相对分离,产业关联度不高、融合度不强,主导产业尚未形成规模优势。

2.集聚辐射能力不足

目前海曙区内国家级开发区只有临空经济示范区一家,省级开发区也仅有望春工业园一家,产业发展平台集聚能力不足,普遍存在体量小、级别低、空间少等问题,对优质项目有吸引力的大平台比较缺乏。

3.创新体系有待完善

创新驱动的成效不是非常明显,高新技术、智能制造等产业规模还不够大,海曙区高等院校和高端研究机构数量较少,科研人才和团队相对缺乏,科研投入较少,2018年海曙区全社会研发经费投入仅占GDP的1.6%。制造业企业普遍缺乏创新意识,创新成果质量不高。2018年规上工业新产品的产值率仅为21.2%,远低于全市32.5%的水平;高新技术产业实现增加值73.4亿元,仅占全区GDP的5.9%,仅占规上工业的32.4%。

4.要素制约亟须破解

新海曙面临发展新要求:经济社会发展规划、国土空间规划需要相应做出调整;海西片区大部分区域属于生态保护区和基本农田保护区,土地占补平衡困难重重;财政刚性支出增多,收支平衡压力巨大,政府性投资项目资金筹措困难;行政管理多元问题亟须解决,镇(乡)财政管理体制、企业服务工作机制等需要进一步明确。

二、海曙都市经济发展的路径选择

从都市经济发展的基本趋势出发,海曙发展都市经济应坚持以高端化、融合化、智能化为目标,以精明增长为导向,全面实施数字经济"一号工程",强化数据驱动。主攻智能经济,在加快推进传统优势产业智能化改造的同时,更加突出智能制造和信息经济等新兴领域,促进互联网、大数据、人工智能与实体经济深度融合,加快构建以智能经济为引领的现代都市产业发展新体系。

(一)在产业发展选择上,重点突出现代服务业和都市工业,着力打造都市经济"升级版"

1. 提升发展现代服务业

第一,新零售业。引进培育文商旅相结合的项目,建设文化要素、商业要素与旅游资源相互叠加的消费载体,发展目的地消费,扩大外来人群的消费增量。第二,新金融业。依托月湖金汇小镇和首个国家保险创新综合试验区优势,重点引进各类产业基金、私募基金、上市公司投融资总部,鼓励保险机构践行"全域保险"理念,形成保险全产业链发展态势。第三,商务服务业。大力发展品牌发布、营销洽谈、展览展示等专业服务业,引进培育会计审计、法律服务、税务服务、人力资源等机构,推动中介服务业做大做强。第四,科技服务业。大力发展软件和信息服务、互联网技术服务、科技成果推广和专业技术服务等,引进培育一批科技金融、物联网、大数据、云计算等类型的企业。第五,文化创意业。大力发展以工业设计、广告传媒、时尚创意等为重点的文创产业,注重加强知识产权保护,集聚一批带动能力强的文创企业,培育一批成长性好的文创项目。第六,航空服务业。引进飞机维修检测、航空培训、飞机设计和销售公司等,发展航空融资租赁、经营性租赁等专业服务业,形成区域性航空服务总部功能。第七,都市旅游业。依托核心区位优势,充分挖掘具有城市记忆、特色、文脉等特征的历史区块、工业遗存和生态资源,开发具有较强影响力的主题演艺产品,形成"观光旅游＋休闲购物"发展模式。

2. 加快发展都市工业

第一,发展智能制造产业。重点培育工业互联网、工业软件、智能硬件、电子信息制造等智能制造产业。探索和推进"研究院＋产业园＋企业"的产业培育模式,加快形成以研究院孵化为核心、以产业园转化为基础、以企业集聚为支撑的智能制造产业集群。第二,加快发展先进制造业。围绕新能源、新材料、高端装备、生物医药、节能环保和新一代信息技术六大战略新兴产业,集聚一批领军企业和关键配套企业。第三,提升发展优势制造业。围绕纺织服装、电气机械、文教文具、汽车配件和电子信息五大传统优势产业,深入实施"四换三名"工程,推动制造企业由单纯提供产品向实施全生命周期管理、提供系统解决方案和信息增值服务等转变。

3. 创新发展临空产业

第一,加快谋划宁波临空经济示范区建设,积极推动示范区规划编制,突出以产城融合为重点,构建国际化的营商环境,打造"一带一路"和"长江经济带"对外开放重要功能区。第二,明确临空经济产业布局,引进培育航空物流运输、航空贸易会展、航空研发设计、航空金融保险等功能性企业,打造空港运营区、商务门户区和综合保税区。第三,发展高端航空产业,集聚航空贸易物流、航空装备制造、航空金融保险等核心产业,壮大航空体验、航空培训等衍生产业,打造集研发、制造和销售于一体的临空产业链。

(二)在经济形态培育上,突出楼宇经济、总部经济、平台经济和体验经济

1. 推动楼宇经济做精做优

第一,树立楼宇社区理念,提升楼宇物业服务、配套服务和政务服务水平,打造"5A楼宇"。第二,坚持集聚集约方向,引导行业相近、类型相同的企业集中办公,打造"特色楼宇"。第三,突出质量效益导向,加大总部型、龙头型、税源型企业的引进培育力度,打造"高产楼宇"。

2. 推动总部经济扩量增效

第一,促进总部经济规模扩张,鼓励规模较大的企业向集团公司、控股公司等总部类型发展,密切关注国际国内知名企业,吸引其来我区设立区域性总部。第二,促进总部经济效益提升,推动企业上市、挂牌,引导总部企业创新商业模式,鼓励总部企业通过资本经营、战略合作、业务重组等方式拓展市场空间。第三,促进总部经济集聚集群,重点引进新金融、科技信息、电子商务等企业,鼓励企业建设总部大楼,构建更高能级的"总部生态圈"。

3. 推动平台经济创业创新

第一,以跨境电子商务综合试验区建设为契机,重点依托宁波(国际)电子商务产业园、空港物流园区等载体,进一步完善海曙电商园区基础设施配套,拓展园区功能,打造众创空间,加快国际邮件互换局二期及五江口区域开发建设。第二,依托中心城区完善的信息基础设施网络、强大的要素集聚功能和高端的专业

技术力量,鼓励企业借助第三方电商平台或自建电商平台,鼓励商贸企业应用电子商务技术,实现采购、销售、配送等信息化发展。第三,引进培育信息资讯、交易支付、网络营销等关联产业,积极发展应用服务、软件服务等专业机构,降低企业"网络化、平台化"经营的技术难度和支出费用。

4. 推动体验经济渗透融合

第一,"体验经济＋商业",推动为和义大道、南塘老街等商业设施注入体验元素,让消费者在体验过程中产生更多的即时性消费。第二,"体验经济＋文化",依托孝闻街、秀水街等街区,做好高桥运河文化、鄞江古镇文化、石碶名人文化、章水红色文化等资源的挖掘开发,实现文化优势与体验经济的结合。第三,"体验经济＋旅游",抓住天一阁·月湖景区新晋5A级旅游景区的契机,加强文化旅游互动和信息技术应用,以休闲旅游、观光旅游、文化旅游等为重点,提高海曙旅游业的知名度和美誉度。第四,"体验经济＋农业农村",围绕"美丽乡村""名镇名村",推动都市农业休闲化、旅游化进程,选择性发展民宿经济。

（三）在产业空间布局上,加快形成"东商西绿中高新"格局,促进东中西协同发展

1. 推动东部存量空间的有效利用,打造"现代服务业示范区"

一是以老字号、老品牌为重点,推动传统商贸业向体验性商贸业发展,加快世界知名品牌导入步伐,促进线上线下融合发展,打造新零售产业发展示范区。二是围绕月湖金汇小镇,以新金融产业为核心,促进新型金融和实体经济有机结合、良性互动,打造新金融产业发展示范区。三是围绕三江口核心商务区,对重点商务区块周边的居住功能进行置换,打造一批繁华时尚、品质精致的楼宇,吸引优质企业、优秀人才集聚,打造楼宇经济示范区。

2. 推进中部产业平台建设,打造"产业创新城"

一是加快谋划重大产业平台,以产城融合为导向,推进国家级临空经济示范区建设,打造园林式、科技型、国际化的空港新区,深入谋划海曙智能制造产业园,加强与新一轮城市总体规划编制衔接,争取早日启动园区建设。二是加快提升现有产业平台,推进望春工业园区二次开发,促进园区整体提档升级,引导电子商务产业园区利用区位优势向科技孵化园和数字总部园转变,加快品牌电商企业集聚。三是加快打造特色小微园区,加大"低散乱"整治力度,加快低效工业用地改造提升,探索通过政府统一收储、回租等方式,重新植入新产业,打造一批特色小微园区。

3. 推进西部生态环境建设,打造"都市农业示范区"

一是加快美丽乡村建设,充分利用四明山旅游资源,深入实施农村安居宜居美居专项行动,实施休闲农业和乡村旅游精品工程,创建一批示范乡镇、风景线、示范村。二是推进西片农业增效,加快鄞江、龙观、横街等现代农业观光园建设,加快打造特色优势农产品加工产业集群,积极培育农业龙头企业和名牌农产品品牌,争创特色农业强镇、多彩农业美丽田园示范基地和现代农业庄园。

(四)在资源要素保障上,加大改革和创新力度,加快破解制约经济发展的瓶颈问题

1. 强化人才招引

一是完善政策。在"百创汇海"引才政策基础上,梳理整合人才政策,研究制定纺织服装业、现代金融业、软件信息业等专项产业引才政策,探索研究海外人才柔性引进政策,形成人才新政"1＋X＋N"体系。二是搭建平台。充分发挥工业互联网研究院等四大研究院的人才集聚作用,推动中芬、中东欧和人才开发广场运营发展,建设人力资源产业园,扶持各类众创空间做强做大,吸引更多"创客"集聚。三是营造环境。强化人才创业环境的营造,重点优化行政审批服务、金融资本服务、技术信息服务等方面要素供给,提高居住出行、子女教育、医疗保健、文化休闲等方面的公共服务质量。

2. 强化主体培育

一是强化精准招商。聚焦"招大引强选优",统筹招商资源,加快引进一批技术含量高、经济效益好、产业链条长的大项目好项目。二是强化企业培育。深化"凤凰行动"计划,推进"科技领航"计划,扶持企业加速成长。三是强化政策统筹。全面落实中央、省市减税降费等政策措施,加大对产业政策的统筹力度,集中财力扶持重点产业发展。

3. 强化服务保障

一是深化"最多跑一次"改革,持续推进政务服务事项向行政服务中心全进驻,全面深化工程建设项目审批制度改革,精简办事程序,减少办事环节,缩短办理时限。二是推进政府数字化转型,加快构建一体联动、一网通办的线上线下政务服务体系。三是全面完善企业服务机制,落实"三服务"任务,发挥"政企直通车"平台优势,整合服务资源,满足企业运作全生命周期不同阶段的服务需求。

（作者单位:中共海曙区委政策研究室）

新时代文明实践的江北解法

刘　臻

一、新时代精神文明实践的江北元素

江北区新时代文明实践要以习近平新时代中国特色社会主义思想和党的十九大精神为指导,突出"本色江北"(红)、"礼乐江北"(黄)、"诗画江北"(绿)、"和美江北"(橙)、"时尚江北"(蓝),谱写五彩篇章,打造"五彩文明新江北",为"五化联动"和"五大建设"提供有力的精神支撑。

(一)彰显"本色江北",讲好文明好故事

1. 讲好初心故事

深度挖掘庄桥革命烈士陵园、慈湖革命烈士陵园等爱国主义教育基地和德育教育基地的红色基因,以"寻找和纪念"为主题,通过再现革命烈士微档案、寻访烈士亲属战友、重走革命之路、重温入党誓词等多种形式,运用多种载体,用三年的时间,讲好蒋子瑛、朱洪山、陈爱中等革命烈士的初心故事,厚积"本色江北"的印记和素材。

2. 讲好党的政策

从人民群众关注的热点、难点、焦点问题出发,重点宣传和阐释党的为民利民惠民政策,扩大政策的知晓面和熟悉度,增强政策认同。开展好"北岸人人说"宣讲活动,"说北岸""北岸说""群众说",讲好党的农业农村政策,重点是讲清楚党的乡村振兴战略,讲清楚党的土地承包政策,讲清楚惠农政策的目标、内容和路径,讲好我省未来社区建设的政策。

3.讲好身边的好人好事

擦亮"江北好人""最美江北人""宁波好人""道德模范""劳动模范""三八红旗手""优秀共产党员"等金字招牌,形式多样地宣传江北好人好事,建立新中国成立以来江北区英模数据库和公共服务平台并向社会开放,激发人民群众积极向善的正能量。

(二)唱响"礼乐江北",传播文明好声音

1.弘扬慈孝文化

慈孝是新时代江北文明实践的文化密码。继续维护好、建设好"慈孝之乡"的品牌,创新慈孝文化载体,办好"中华慈孝节",注入新时代元素和爱国主义精神,强化家国同构的社会结构。开展好"慈孝家庭"建设活动,着力构建尊老爱幼的代际伦理关系,促进家庭成员间双向的良性互动。放大慈孝文化的外延和功能,将慈孝文化与民生紧密结合起来,建设扶危济困、与邻为善、互助友爱、和睦相处的新型邻里关系,夯实慈孝伦理的社会基础,携手共谱一曲新时代的天伦华章。

2.涵育文明新风

开展弘扬时代新风行动,倡导科学民主,防止愚昧落后;倡导健康生活,摒弃不良习气;倡导公共文明,整治陈规陋习。开展"北岸赛马·文明攻坚"整治行动,以整治群众反映强烈、长期"存而未决"的老大难问题为突破口,以点带面攻坚克难,推动社区形象大改观、品质大提升,让管理更规范、群众更满意,全力推进全域化高水平文明城市创建。

3.乐和民声民心

充分发挥音乐的美育、娱乐、经济和教化功能,依托宁波音乐港的交响乐、合唱、舞台剧、流行乐四张特色名片,聚集音乐产业,发展原创音乐、乡村音乐等,办好音乐节,规划和策划好"音乐＋文明实践""音乐＋素质教育""音乐＋时尚生活""音乐＋乡村振兴"等主题活动,把人民群众喜闻乐见的戏剧、歌舞等音乐形态送上门,陶冶情操,净化心灵,激发新时代文明实践的热情。

4.推进礼乐传承

保护和传承好江北区非物质文化遗产,通过公布名录、视频记录、传承人认定、旅游开发等方式,用非物质文化遗产在新时代文明实践中烙上江北印记。鼓励古村落整理编纂村史,支持有条件的家族续编家谱,唤醒历史记忆,凝聚血缘亲情,传递文明基因。

（三）构筑"诗画江北"，共享文明好风景

1.美化乡村田园

开展农村人居环境整治行动，推进农村生活垃圾分类、"厕所革命"和生活污水截污纳管。推进农村安居宜居美居专项行动，促进建村、建房、建景"三建融合"和生产、生活、生态"三生融合"。深入开展美丽乡村示范村、美丽庭院、美丽乡村综合体、民俗文化村等创建活动。

2.赋能民俗风情

鼓励社会资本投资乡村文明建设，赋能乡村文明实践。通过"艺术进乡村、资本进乡村，青年回乡村、乡贤回乡村"，吸引优秀团队下乡创业兴业。支持和鼓励特色乡村做大做优民俗风情，开发风筝节、农俗风情嘉年华、乡村音乐节、丰收节、水韵乡愁、茶文化、民宿等主题项目，做到一村一品全覆盖。

3.保护文明古迹

加大对慈城古县城、保国寺、杭甬运河遗址、半浦古渡、童氏祠堂等历史遗存的保护，保持历史文化遗产、历史文化街巷、古村落的朴素原貌和自然原生态，维持地域历史风貌、山水格局及人文肌理。

（四）厚植"和美江北"，建设文明好家园

1.提升城市品质

做好江北区城中村改造和城市有机更新中长期规划，建好江北核心区，打造极富魅力与活力的中国城市最佳中央活动区（CAZ）的样板区，成为城市历史文化保护与更新的重要展示区和独具特色的滨水区。

2.打造社区共同体

创新社区治理，打造社区共同体，提升居民自治水平，有效推进社区文明。继续增加公共资源供给，建好邻里中心，改善社区环境。推动城市网格化综合管理向小区延伸，规范物业服务企业管理服务工作。重点推进小区的业主委员会建设，激发居民的合作参与意识，提高居民自我管理和自我服务的水平，将社区培养成一个守望相助、和谐友爱的生活共同体。

3.倡导社区公益服务

建立以党政机关、国有企业事业单位的志愿者为主体的新时代文明实践公益服务队伍。充分挖掘社区文艺、科技、体育健身、法律、教育、维修、创业等领域的人才资源，大力倡导和推动社区公益服务和志愿服务。支持和鼓励开展各类志愿服务，为社区居民提供家电维修、理发、法律咨询、小孩托管、学习辅导、医疗等服务。

（五）打造"时尚江北"，展示文明好品质

1．注重文创引领文明

全力推进宁波文创港建设，基于传承历史、展示文明的理念，以港口文化为特色，以提升江北都市品质为立足点，让甬江北岸重现昔日繁华，让宁波百姓乐享亲水生活，让文创港成为都市文明的地标。

2．打造都市时尚文明

依托宁波美术馆、宁波奥体中心等，支持和鼓励建设一批有特色的时尚店、画廊画室、书店、音乐馆、博物馆、运动馆等，支持和鼓励发展文明动漫，把新时代文明实践与时尚符号、城市 IP、生活秀、精神代言等有机结合起来，铸造和展示江北区新时代文明实践的时尚特征。

3．开展国际文明交流

把老外滩国际人才社区建设成国际文明交流的重要平台，建好中国（宁波）中东欧青年创业创新中心，通过完善营商环境、居住条件、教育医疗等，吸引更多的国际人才来江北区投资创业。实施好《宁波音乐港音乐产业中长期发展规划》，办好中国（宁波）海丝国际音乐节等活动，以音乐为纽带，加速融入"一带一路"倡议，让江北区成海上丝绸之路音乐母港、国家音乐产业集聚区和长三角音乐时尚消费中心。

二、新时代文明实践的路径设计

"五彩文明新江北"文明实践，要突出重点，做出亮点，注重真心走心自觉自愿，注重多元多维共建共享，注重提升乡村文明，注重结合民生关切，以奏响新时代江北文明实践的主旋律。重点是建好十大工程。

（一）"五彩文明"公共空间建设工程

建立"中心—所—站—点"四位一体的新时代文明实践公共空间网络。选址宁波文创港核心区，建立江北区新时代文明实践中心，统筹规划、指导、协调和服务文明实践，集中展示文明实践活动和成果，使之成为"文明会客厅"。建所强站扩点，在乡镇（街道）建立新时代文明实践所，在村（社区）建立新时代文明实践站，优化行政资源配置，增强文明实践能力。

（二）"五彩文明"走心工程

志愿者服务是最走心的文明实践。要建立机关、企业、社团和个体四支志愿

者队伍,建立志愿者管理平台。开展新时代文明实践年度主题、年度志愿者和最美志愿服务项目等评选。支持社区志愿者活动,建好北岸 6C 联盟、悦享老家、益邻湾志愿服务平台、5 号空间、绿光志愿服务队、志愿者服务广场、慈孝帮敬老服务队等,让"五彩文明"实践"飞入寻常百姓家"。

(三)"五彩文明"融媒体工程

建设"五彩文明"融媒体微信平台,链接起全区机关、国有企业、事业单位的微信公众号,建立"一号集采""一键齐发""一呼百应"的内容管理框架,传播习近平新时代中国特色社会主义思想、声音、视频,宣传"五彩文明新江北"文明实践,牢牢占领基层宣传思想文化工作的主阵地。设计专门的"五彩文明"LOGO,增强江北文明实践活动的辨识度,让"红黄绿橙蓝"五彩深入各行各业,增强精神力量,提升精神风貌。

(四)慈孝文明传承工程

汲取慈孝文化的思想精华和道德精髓,在内容上把现代法治理念注入慈孝文化,从制度上固化慈孝规则,约束非孝行为如遗弃、虐待等;在方法上建立慈孝文化的保障机制,健全养老保障,增强慈孝获得感;在手段上拓展慈孝空间,建立行之有效的慈孝评价体系,开展"慈孝家庭""慈孝之星"评选活动。

(五)乡村文明示范线工程

要牢固树立绿色发展理念,大力推进美丽乡村建设,以"四片两线两体"为核心,推进慈城镇云湖片区、庄桥街道北部片区、甬江街道甬江片区、洪塘街道保国寺片区乡村的景区化建设,建成"田园北郊"和"艺创鞍山"2 个城郊美丽乡村综合体。

(六)社区文明治理工程

坚持"以人为本、和谐共建"的理念,多维度推进城市社区的新时代文明实践。以未来社区建设为引领,对中马、白沙、孔浦、文教四个街道辖区内的老小区进行整体规划。通过文明实践引领社区自治,重点推进慈湖人家以"慈孝敬老"文化为内核打造社区服务;洪塘社区突出"老家"的魅力,建成现代居家养老的示范社区;湾头社区依托湾头历史博物馆等七个展馆,传承"湾头黄"精神,建设公益服务社区;大庆社区以党建为主体,以社会组织孵化和志愿服务为两翼,打造公益性交流平台;外滩社区建设国际文明交流社区;怡江社区与宁波慈孝帮敬老服务队等民间义工队伍合作,建设慈孝社区;以三和嘉园为支点,探索建立江北区业主委员会协会,定期开展小区治理交流和培训,凸显"五彩文明"实践的亮点。

（七）农贸市场文明提升工程

农贸市场是"五彩文明"实践的重要窗口，要结合文明城市创建，着力提升改造农贸市场，鼓励市场业态发展多元化，引导农贸市场创新服务模式，利用物联网、大数据、云计算、人工智能等技术打造智慧管理平台，带动市场周边区域环境和秩序改善。把我区农贸市场建成智慧便利的交易中心、温馨和谐的邻里中心和文明实践的服务中心，使之成为"五彩文明新江北"的一道风景线。

（八）文明融合国际化工程

依托宁波文创港，建立国际文明交流中心，开展国际文明论坛、主题研讨、社会实践等，营造开放包容的蓝色文明氛围；扩大外滩国际人才社区的范围，做大海上丝绸之路、中东欧青年创业创新中心，使之成为各种文明融合的重要平台。

（九）"五彩文明"实践人才培育工程

人才是"五彩文明"实践的决定性因素。着力提升村（社区）支部书记、主任、支委等干部的素质，重点开展乡村（社区）规划建设、资源保护和利用、基础美学、互联网应用等知识和技能的培训。积极发展乡村（社区）文明实践积极分子，通过讲课、外出参观、讨论、技能培训等形式，带动更多的人自觉参与到"五彩文明新江北"活动中来，夯实新时代文明实践的群众基础。

（十）"五彩文明"理论研究工程

依托市委党校、宁波大学和社会智库，建立"五彩文明"理论研究基地，紧紧围绕新时代文明实践，以问题为导向，以课题为牵引，不断推出和积累研究成果；加大研究成果的宣传，扩大"五彩文明新江北"文明实践活动的全国影响力。

三、工作保障

（一）强化组织保障

新时代文明实践活动是党委一把手工程，是一项政治性很强的综合性工作。区委成立"五彩文明新江北"文明实践活动领导小组，由区委书记任组长，区委副书记为第一副组长，宣传部长为常务副组长，区委办、区府办、组织部、宣传部等相关部门为成员单位，统筹谋划，协调指导，分工负责，务实推进。建立监督考核机制，将新时代文明实践活动开展情况，纳入意识形态责任考核，纳入各级党政班子和领导干部工作绩效考核，纳入群众性精神文明创建工作考核。

（二）强化要素保障

要把"五彩文明新江北"文明实践工作纳入财政保障，用于融媒体平台建设，志愿者队伍管理，文明创客大赛、新时代文明实践展示中心建设，文明先进评选，文明活动项目外包，等等。用最少的公共投入来撬动整个社会的文明实践，放大文明投入的乘数效应。

（三）强化运营保障

要打开思路，勇于探索，建立可持续发展的新时代文明实践运营模式，积极引入社会力量，通过向第三方机构购买服务，建立文明实践项目 PPP 管理模式。实行政府配置资源、社会运营项目、群众持久受益的模式，把"五彩文明新江北"打造成江北新名片。

（作者单位：中共江北区委宣传部）

镇海区产业高质量发展及下步建议

陈　莹　胡荣章　谭洪波

一、经济运行趋势向好的因素

（一）经济规模稳步扩大，工业经济支撑强劲

1. 工业经济增长明显

第二产业增加值由 2014 年的 467 亿元逐步增长到 2018 年的 729 亿元，其中工业经济增长贡献最大。近五年全社会工业总产值在 2196 亿～2630 亿元之间波动，工业增加值由 2014 年的 421 亿元增长到 2018 年的 684 亿元。其中规模以上工业（规上工业）增加值由 2014 年的 369.8 亿元增长到 2018 年的 648.7 亿元，规上工业增加值占工业增加值的比重增长到 95％。

2. 企业梯队不断壮大

从工业企业看，产值超 1 亿元的企业增加 3 家（2014 年为 185 家）、超 5 亿元企业增加 5 家（2013 年为 42 家）、超 10 亿元企业增加 8 家（2013 年为 19 家），企业培育成果较为显著。从服务业看，限额以上服务业企业由 2014 年的 468 家增加到 2018 年的 514 家，主营业务收入由 2014 年的 672 亿元增加到 2018 年的 777 亿元，增长 15.6％。

3. 建筑业总产值有所增加

建筑业总产值由 2014 年的 315.63 亿元，增长到 2018 年的 413 亿元，增长 30.85％。建筑业增加值基本持平，2018 年为 45 亿元（2014 年为 46 亿元）。全区有建筑业企业 83 家，较 2014 年增加 9 家。

（二）转型升级效果显现，效益质量有所提升

1.亩均效益较高

从全社会看，受镇海炼化及镇海炼化利安德等龙头企业拉动，我区规上工业企业发展质量效益走在全省前列，2018年度镇海规上工业亩均增加值达178万元，规上工业亩均税收达92万元，全员劳动生产率达每人60万元。

2.三产支撑逐步增强

第三产业增加值由2014年的163.32亿元，增长到2018年的253.7亿元，占GDP的比重保持在26%左右。增速由2014年的4.5%提高到2018年的8.6%，除2014年三产增速低于GDP增速外，其余年份三产增速均明显高于GDP增速（见图1）。

图1　近五年GDP与三产增加值增速走势

3.服务业利润明显提升

2014—2018年间生产性服务业从业人数基本稳定，企业数量和主营业务收入稳步增长（年均2%～3%），行业的利润总额则高速增长，年均增速达17.11%。

（三）动力转换初见成效，新兴产业崭露头角

1.产业平台初具规模

中官路双创大街龙头作用逐步显现，相继建成了中科院新材料初创产业园、西电宁波产业园、清华校友创业创新基地、镇中校友创业创新基地、镇海大学生创业园等五大科技创新平台。中科院宁波材料所新材料初创产业园成功获批国家级第二批双创示范基地，培育和孵化出柔碳电子、富理电池、中科毕普拉斯、虞

东科浩等一批高端新材料初创型企业。园内的浙江省石墨烯制造业创新中心被认定为省级制造业创新中心。镇海物流枢纽港、镇海 i 设计小镇、大学科技园等重点平台形成了港航物流、工业设计、科技服务等特色产业集聚区。

2. 新兴三产增速较快

从企业发展状况上看,2018 年,全区营业收入过亿元的生产性服务企业达到 147 家,其中营业收入超过 10 亿元的有 20 家,营业利润超过千万的企业有 26 家。全区 16 家新三板中服务业企业占到 10 席,近两年新增遨森电商、烟雨江南、绮耘软件、友联盛业等服务业企业。

二、经济运行的内生缺陷

(一)传统行业占据主导,产业结构失衡偏旧

1. 石化产业一家独大

从产值总量来看,石化产业(石油、煤炭及其他燃料加工业与化学原料和化学制品制造业)占规上工业总产值比重趋于稳定,保持在 75% 左右,是其他行业之和的 3 倍,其支柱地位十分稳固(见图 2)。一旦石化企业增加值增速偏低或者行业出现大规模检修,全区 GDP 增长增速堪忧。从头部企业看,2018 年全区产值排名前 10、前 20 的企业中分别有 9 家、14 家为石化相关企业,利润排名前 10、前 20 的企业中分别有 8 家、14 家为石化相关企业,其中产值、利润前 6 名均为石化企业,无论总量还是效益,石化产业都较其他行业遥遥领先。

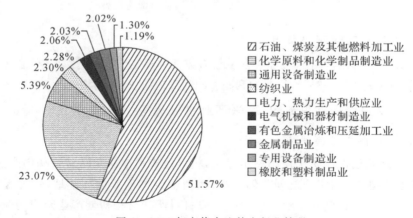

图 2　2018 年产值占比前十行业情况

2.三产结构过于传统

我区基本形成了以商品交易、港航物流为主导,以商务服务、科技服务、信息服务、文化创意、现代金融为支撑,以其他服务为补充的生产性服务业体系。据限上生产性服务业统计数据,2018年,商品交易和港航物流业实现主营业务收入892亿元,占限上企业的94.2%,但仅占利润总额的65.5%左右。

3.二、三产失衡明显

从占GDP比例来看,三产占2018年全社会GDP的比重为25.6%,明显低于宁波市的45.9%。造成这一现象的主要原因是一些重点企业尤其是省部属企业工业产值与服务贸易在统计口径上出现分离,即工业产值体现在区内、销售额等服务业务体现在区外。如部分省部属企业产值较高,但绝大多数销售额在总部入库,研发费用仅有少量在我区入库。

(二)利润效率处于低位,发展质量有待提升

1.区属工业效益偏低

尽管亩均税收和全员劳动生产率位于全省前列,但若扣除镇海炼化和镇海炼化利安德,区规上工业亩均税收锐减至31.8万元,仅为全口径均值的34.6%,全员劳动生产率锐减至每人25万元,仅为全口径均值的41.7%。从这些对比中不难看出,区属规上工业企业发展模式相对粗放,资源利用率总体不高,自动化程度有待提升,质量效益与高水平差距较大。详见表1。

表1   规上工业企业评价结果

评价分类结果	亩均销售/万元·亩⁻¹	亩均税收/万元·亩⁻¹	亩均增加值/万元·亩⁻¹	单位能耗增加值/万元·吨标准煤⁻¹	单位排污权增加值/万元·吨⁻¹	全员劳动生产率/万元·人⁻¹	研究与试验发展经费占主营业务收入比例/%
含镇海炼化和镇海炼化利安德等558家企业	750	92	178	0.58	1322	60	1.12
556家区属平均	582	31.8	99	0.6	1130	25	2

2.三产利润位于低档区间

我区生产性服务业还较为传统,以商品交易和港航物流为主导,限上生产性

服务业企业的平均利润率还处于较低水平区间,平均利润率仅为 1.7%。横向来看,各区块的企业核心竞争力总体并不强,利润率处于低位,最高的庄市也仅为 4.4%;从纵向来看,6 个镇街道中有 5 个利润率较 2013 年有所提升,但提升幅度有限。

(三)创新驱动有待加强,新兴动能支撑不足

1. 研发费用占比偏低

我区 2017 年 R&D 经费占 GDP 比重为 1.84%,低于市均水平的 2.35%,R&D 经费占全市比重为 7.2%,低于 GDP 占市均比重的 9.2%,部分省部属企业受制于体制和定位问题,研发经费支出较低,拉低全区增速。从 31 个具体行业来看,仅医药制造业、电气机械和器材制造业、汽车制造业、通用设备制造业、仪器仪表制造业、金属制品业、食品制造业等 7 个行业研究与试验经费占主营业务收入比重就超过 2%,6 个行业该比重为 0,占比前两位的石油、煤炭及其他燃料加工业与化学原料和化学制品制造业占比为 1.07%和 1.01%。

2. 三"新"产业占比不高

从战略性新兴产业看,2018 年我区战新增加值绝对值排名全市第三,低于余姚和北仑,而规上工业增加值排名全市第一;从全市占比看,我区战新增加值占全市比重为 7.9%,而规上工业增加值占全市比重为 17.4%,相差 9.5 个百分点;从战新增加值占规上工业增加值比重看,我区为 12.1%,而市均水平为 26.6%,相差 14.5 个百分点。从高新技术产业看,我区高新技术产业增加值占全市比重为 12.0%,而规上工业增加值占全市比重为 17.4%,前者低于后者 5.4 个百分点;从高新技术产业增加值占规上工业增加值比重看,我区为 34.7%,而市均水平为 50.2%,相差 15.5 个百分点。从新兴三产看,现有商品交易和港航物流占比近 95%,主要从事港口大宗物资的基础性仓储、交易和运输服务,产品和服务的附加值不高,围绕全球供应链的专业服务水平较低。与此同时,科技服务、新兴服务、文化创意等行业虽然较 2014 年的体量接近倍增,但占比不足 4%,针对制造业智能化、机器人、"互联网+"、云计算、大数据等高新技术领域的专业服务还较少。

三、下步对策

（一）打通产研转化链条，大力培育新兴动能

1.加快科研成果向专业优势转化

充分利用"三校一所"、五大科创平台、中乌新材料产业技术研究院、镇海科技市场等平台载体，加快科研成果的就地转化，补齐中试环节短板，提升产品的附加值。鼓励银球轴承、杜亚机电等企业做强研发中心，由省级研发中心向国家级迈进。鼓励装备制造企业与宁波大学联合，建立装备制造企业工程（技术）中心。

2.加快新材料行业发展

发挥国家级石化区的先行优势，鼓励企业发展高技术含量、高附加值、环境友好的石化新材料等下游产业及中间体、新兴专用化学品等高端石化产品，依托石化区的龙头企业研发优势，鼓励企业加大研发投入，建立精细化工用品研发平台，打造新材料产业基地。依托中科院宁波材料所、国科大宁波材料研究生院、石墨烯创新中心、新材料初创园等创新创业载体，重点发展石墨烯、高性能金属材料、稀土永磁材料和环保新材料四大新材料。

3.推进外贸千亿工程落地

对照市"225"外贸双万亿行动，完善出台区外贸千亿行动方案，依托六大重点领域实施外贸实力效益、临港油品全产业链建设、外贸新动能培育和外贸营商环境优化四大工程。完善以国贸云商"麒麟阁"为引领的电商配套服务体系，提升传统外贸企业的电商应用率。

（二）瞄准产业前进方向，改造提升传统行业

1.提升绿色石化优势产业高端细化水平

以石化区为核心，布局石化上游炼油和中游基础化工；依托瀣浦片和泥螺山围垦区，布局精细化工和化工新材料；以临俞工业区和产业预留区为载体，布局石化生产性服务业和石化装备。促成上游原料企业与下游深加工企业互利双赢的长期战略合作，推动上游产业扩容升级，延伸石化产业链，推动石化产业向高端化发展，着力打造世界级绿色石化产业基地。

2.推进装备制造提质增效

大力发展智能装备和产品，将镇海打造成国内具有重要影响力的智能装备

智造引领区。重点发展智能控制设备以及智能制造核心部件。依托中官路大街智能谷,围绕生产制造智能化发展、智能(成套)装备研制、工业云平台打造、智能工程与技术服务搭建等四个方向,推动传统机械制造业制造过程与模式创新,促进生产制造智能化和高端化升级,打造一批经济适用型、普及型智能制造生产线。

3. 促进建筑业做大做强

加强建筑行业产业规模集聚。引导企业以传统业务巩固和拓展为重点,持续拉长产业链条,积极向水利、电力、航道、石油及地铁等基础设施领域和高技术含量的工程施工领域渗入。践行建筑业企业"走出去"发展战略,目前省二建、中交上航等龙头企业已经在省外某些区域扎根发展,继续推动其他企业依靠已"走出去"的企业加快实现区外产业布局。推动建筑工业化企业加快生产布局,把建筑工业化作为改革传统建筑生产方式的重要途径。

(三)加快优质主体集聚,推进平台提质升级

1. 实施工业园区有机更新

深入应用工业企业综合评价结果,以三星工业园、庄市工业区 A 区等成熟地块为突破口,分类推进工业园区有机更新和产业协同集聚。对园区内不符合产业政策、税收贡献率低、超标占地、污染严重、能耗较大的老企业进行清理整顿,对环保、能耗、安全生产等不达标的企业以及"僵尸企业"予以关停。对存在闲置地、亩均税收低、高能耗、重污染等行为的需整治企业,提出整改意见,推行差别化电价和水价,停止享受政府各类政策扶持等政策举措,倒逼企业转型升级或关停淘汰。以收储、拆迁、停产等手段逐步引导产出低、效益差、污染重、能耗多的企业退出,破解土地要素制约,为优质企业"腾笼换鸟"。

2. 打造全产业链孵化转化平台

利用中官路创新创业大街等五大创新平台发展新兴产业,联合宁波材料所等研究机构,积极引进社会资本,聚焦精细化工、新材料等领域,打造"创业苗圃＋孵化器＋加速器"的全产业链培育平台。鼓励引导将数字技术、智能制造技术广泛应用于产品设计和生产制造过程。鼓励建立面向绿色石化、智能制造和新材料等新兴产业的高层次研究院、企业化研究中心等独立研发机构,加快孵化新材料、智能制造、高端基础零部件、检验检测认证等具备一定基础的优质初创企业。

3. 提升公共平台服务供给质量

一是加强科技创新服务平台建设。以中官路创业创新大街为主要依托,建

设科技研发共享服务平台、科技成果转化服务平台、海洋工程材料服务评估评价平台等检验检测公共技术服务平台。二是鼓励"互联网＋"公共信息平台建设。依托中科院材料所等科研机构，搭建一批科技信息服务平台，引导企业实施"设备换芯"、"生产换线"和"机器换人"。深化"互联网＋"行动计划，建设各类工业互联网信息平台，引入和建设一批高质量的工业云服务和工业大数据平台。三是升级电子商务和物流信息公共服务平台。依托物流枢纽港和各专业市场，布局建设一批具备综合性、专业性的物流公共信息平台和货物配载中心。积极推动电商拓市，普及大中型企业电子商务应用，促进大宗原材料网上交易、工业产品网上定制、上下游关联企业业务协同发展。

（作者单位：宁波市镇海区发改局）

北仑接轨上海发展思路研究

匡新泉　张晓华

我国经济发展进入高质量发展时期,长三角一体化上升为国家战略。在此背景下,北仑要主动接轨上海,承接长三角龙头上海辐射和功能外溢,为北仑推进"双城"战略和"三个北仑"建设,打造"246"万千亿级产业集群和"225"外贸双万亿行动两个示范区提供动力和支撑,推动北仑率先实现高质量发展,引领改革开放。

一、现阶段北仑区发展面临的新环境新形势

从国际层面、长三角区域层面和浙江省层面三个层面分析北仑现阶段面临的发展新环境新形势。

一是世界处在新的历史方位,机遇前所未有。一方面,虽然世界经济处于新一轮低速增长期,但是港口型和枢纽型城市,每逢全球经济步入增长谷底或危机萧条期,几乎都会迎来一个发展跃升的"黄金窗口"。北仑发挥港口等优势,主动承接上海辐射和功能外溢,寻求新一轮全面提升发展能级和突破跃升的新动力源。另一方面,大型跨国公司加快近岸布局、制造服务融合布局调整步伐,将为北仑联动上海共同推动实现投资贸易突破式发展带来广阔空间。

二是长三角一体化发展上升为国家战略,这为融入扩大开放新格局带来契机。一方面,长三角一体化发展国家战略实施,北仑接轨上海发展,助推整体提升北仑竞争力。另一方面,长三角率先探索高质量发展新路,从"垂直分工"转向"水平分工",北仑发挥港口优势,主动承接上海辐射与功能外溢,助推变"通道"为"枢纽",变"门户"为"节点"。

三是浙江大湾区战略加速推进,需要北仑依托接轨上海、服务宁波。一方面,浙江大湾区战略实施,北仑地处杭州湾区的开放前沿,要主动承接上海辐射与功能外溢,为浙江大湾区战略提供支撑。另一方面,浙江大湾区战略要求区域产业创新协同发展,以主动承接上海辐射与功能外溢,助推北仑产业升级,发展特色产业。

二、北仑接轨上海发展的六大基础优势

经过 35 年开发开放,北仑发展成就显著,经济实力强,产业基础扎实,开放型经济突出,已成为浙江省的对外开放门户和长三角重要的制造业基地,形成得天独厚的港口优势等五大基础优势。

一是得天独厚的港口优势。北仑港是四大国际深水良港之一,港口拥有长达 120 公里的深水岸线,已建成北仑港区、大榭港区、穿山港区和梅山港区 4 个功能各异的港区,满足产业发展和贸易发展的功能要求,已与 100 多个国家和地区的 600 多个港口有贸易往来。北仑已建成高速公路集疏运网络,以及水上运输网络,与长江航运相衔接。

二是特色明显的制造业优势。北仑以塑料成型装备为代表,已形成世界级塑料成型装备生产基地,海天塑机全国市场占有率达到 40% 以上。北仑被誉为中国"模具之乡",是全国压铸模生产基地之一,产量占全国 50% 以上。2018 年,北仑区石化、汽车、装备、新材料等制造业总产值为 4739 亿元,占宁波市 26.2%,居第一位。

三是引领先发的开放优势。北仑是浙江省开放时间最早、开放程度最高的区域,开放型经济特征明显。至 2017 年底,北仑区累计引进外资项目 2188 个,累计合同利用外资 245.5 亿美元、实际利用外资 140.7 亿美元。2018 年,北仑区本级实现外贸进出口总额 1492.68 亿元,总量稳居全市第一和全省前列。拥有宁波经济技术开发区、宁波保税区、宁波大榭开发区、宁波出口加工区、宁波梅山保税港区等 5 个国家级开发区开放平台。

四是发达活跃的民营经济优势。改革开放 40 多年来,北仑区已成为民营经济集聚区,民营经济对北仑经济贡献度大,具有巨大贡献和重要地位,具有浙江民营经济发达、板块经济突出等特征。2018 年,北仑区民营企业贡献了 68% 的工业总产值、65% 的工业利润总额,前 30 家民营企业(集团)占全区工业总产值的 55%、工业利润总额的 56%,有 4 家民营企业入选中国民营企业 500 强。

五是资源丰富的生态环境优势。北仑三面环海,与山相伴,拥有山、海、河等

丰富自然资源,成功创建了浙江省生态区、浙江省首家国家生态工业示范园区、国家生态区、浙江省首批国家生态文明建设示范区,拥有碧波荡漾的梅山湾和青山绿水的九峰山风景区等独特的生态资源。

三、现阶段北仑发展存在的三大短板问题

对标高质量发展和人民追求美好生活需要,北仑在产业能级、城市功能等方面存在短板。

一是产业能级有待进一步提升。第一,北仑产业结构有待优化。2018 年,北仑三次产业结构比为 0.5∶60.1∶39.4;2018 年,北仑区战略性新兴产业总产值为 1001.5 亿元,占工业产值比重只有 24.4%,低于宁波市 26.3% 的平均水平。第二,产业创新能力有待提升,创新载体平台不足,全社会研发投入比重还较低。2018 年,北仑区全社会研发投入占 GDP 比重为 2.85%,而昆山达到 3.3%。第三,产业用地效益有待提高,北仑本级亩均营收 473 万元、亩均工业增加值 82 万元、亩均税收 28 万元,而宁波市亩均工业增加值为 132.2 万元,亩均税收为 40.2 万元。

二是港口优势有待进一步放大。对标上海、新加坡等国内外发达先进地区,北仑港口优势未充分发挥,临港产业还处于低附加值状态,航运贸易功能还比较弱,高端港航服务业缺乏。

三是城市服务功能有待进一步增强。对标支撑高质量发展、满足人民追求美好生活需要,北仑的城市服务功能还有待进一步增强,主要表现在优质高端公共服务不足、文体休闲娱乐配套设施不足、城市服务发展不足等方面。

四、上海发展战略功能与优势资源

《长江三角洲区域一体化发展规划纲要》中指出,要发挥上海龙头带动作用。明确上海战略功能和优势资源是北仑接轨上海发展的逻辑起点。

一是上海四大核心战略功能。全球资源配置功能,链接全球资本、人才、技术等资源;科技创新策源功能,科技创新成果转化、科技创新资源、科技人才辐射;高端产业引领功能,高端产业辐射、高端产业配套分工;开放枢纽门户功能,上海国际航运中心、贸易中心,链接国际产业、技术和人才等资源要素。

二是上海制造业、科创、服务业等优势资源。先进制造业优势资源,从优势

领域、产业布局、重点企业等梳理分析上海先进制造业优势资源,上海已形成六大重点发展产业,主要包括电子信息、汽车、石油化工及精细化工、精品钢材、成套设备以及生物医药等。2018 年,六大产业工业产值达到 32870.77 亿元;同时,集中发展节能环保、新一代信息技术、生物、高端装备、新能源、新能源汽车、新材料等战略性新兴产业,2018 年,战略性新兴产业工业产值达到 10659.91 亿元,占全市规模以上工业总产值比重达 30.6%。现代服务业中的优势资源,详细梳理上海在金融、航运贸易服务、专业服务、信息与软件服务、科技服务等现代服务业优势资源,2018 年,上海市第三产业占 GDP 比重达到 69.9%,金融服务、信息与软件服务、商务服务和科技服务等现代服务具有优势。

五、北仑接轨上海发展的思路和目标

(一)基本思路

充分发挥北仑综合比较优势,抓住长三角一体化国家战略机遇,通过主动承接上海辐射与功能外溢,按照"通渠道,搭平台,接项目,建机制"的总体思路,以项目化推进为承接方式,拉长北仑发展长板,补齐北仑发展短板。在新时代和长三角一体化格局中,把北仑建设成为先进制造业承载区、港口经济核心区、幸福宜居先行区和改革开放新高地。

(二)主要内容和重点项目

按照主动承接上海辐射与功能外溢的总体思路,充分发挥北仑比较综合优势,坚持问题导向和目标导向,推进北仑第二次创新,率先推动北仑高质量发展,在新时代和改革开放再出发中再创业、再立新功、再创新奇迹。

一是主动承接上海产业创新资源与功能辐射外溢,助推北仑"246"产业集群示范区建设。第一,主动承接上海先进制造业资源辐射外溢,打造长三角先进制造业重要基地。以两地协同发展为合作点,以提质增效为着力点,以产业链延伸拓展和新动能培育为重点。承接主要内容:对接上海智能化、数字化服务资源,助推北仑智能制造发展;对接上海先进制造业研发设计资源,助推北仑特色优势产业的产品技术升级;对接上海人工智能产业,推动上海人工智能硬件制造落地北仑;对接上海集成电路产业,加强与上海集成电路产业配套协作;对接上海新材料优势资源业,做强做大北仑新材料产业。谋划重点项目:优势产业智能化改造升级,新兴产业制造项目,包括汽车零部件制造、集成电路新材料制造、智能制造装备项目。第二,主动承接上海科技创新资源辐射外溢,打造长三角产业智创中心。承接主要内容:对接上海科研机构资源,围绕石化、新材料、汽车等优势特色产业,对接上海研发机构,支持鼓励北仑企业与上海科研机构合作,通过委托研发、技术购买等方式,对接上海科技资源,对接上海国家重点实验室,鼓励支持北仑企业充分利用上海国家重点实验室开展技术联合研发;对接上海创新创业孵化资源,引进上海孵化器机构在北仑设立分支机构,推动上海孵化器孵化的企业到北仑落地,引进创新创业团队落户北仑;对接上海科技成果资源,对接上海科技人才资源,建立健全项目制、候鸟制、兼职制、组合式等人才柔性引进方式。第三,主动承接上海生产性服务业资源辐射外溢,推动制造业迈向高端化、服务化。承接主要内容:对接上海创意设计资源,发展创意设计产业;对接上海检测检验资源,发展检测检验产业;对接上海专业服务资源,服务实体经济。谋划重点项目:创意设计产业园、检测检验公共服务平台和专业服务业集聚区。

二是主动承接上海航运贸易资源与功能辐射外溢,助力北仑"225"外贸双万亿行动示范区建设。第一,主动承接上海航运贸易功能辐射,增强北仑航运贸易功能。承接主要内容:对接上海航运贸易功能性平台载体如中国船级社和波罗的海国际航运公会、上海大宗商品交易所等;对接上海航运贸易要素市场,对接上海航运贸易功能集聚区。谋划重点项目:大宗商品现货交易中心和航运贸易集聚区。第二,主动承接上海港航贸易服务资源外溢,提高北仑港航贸易服务能级,推动北仑港由"大进大出"的低附加值运输港向港航服务和贸易服务发达的高附加值贸易港转变。承接主要内容:对接上海港航服务业资源;对接上海大宗商品贸易服务商,吸引上海大宗商品贸易服务商在北仑设立分支机构。第三,主动承接中国(上海)进口博览会溢出效应,提升北仑贸易投资功能。承接主要内容:对接进口博览会贸易服务商资源,对接进口博览会进口商资源,对接进口博览会国际化交流平台。谋划重点项目:进口商品小镇和进口生鲜冷链平台。

三是主动承接上海金融资源与功能辐射外溢,提升服务北仑实体经济支撑能力。第一,主动承接上海金融服务业辐射外溢,助力北仑金融业发展。承接主要内容:对接上海金融机构,对接上海金融产业。谋划重点项目:金融服务集聚区项目,集聚金融机构、金融要素,形成金融业集群发展。第二,主动承接上海国际金融服务体系辐射,助推北仑实体经济"走出去"和"引进来"。承接主要内容:对接上海自贸区自由贸易账户,对接上海国际融资网络,对接上海国际金融服务体系。谋划重点项目:复制推广上海自由贸易账户和国际贸易金融服务平台。

四是主动承接上海公共服务资源与功能辐射外溢,增强北仑城市服务功能。第一,主动承接上海医疗优质资源辐射外溢,提升健康服务能力。承接主要内容:对接上海优质医疗机构,对接上海名医资源,对接上海医教资源。谋划重点项目:名医工作室、沪北医联体和滨江新城小港医院共建成为三甲医院。第二,主动承接上海教育资源辐射,打造教育强区。承接主要内容:对接上海高教资源,对接上海职业教育资源,对接上海优质基础教育资源。谋划重点项目:高校直通车项目、十二年制国际学校和基础教育教师培训项目。

五是主动承接上海旅游资源辐射外溢,建设长三角休闲旅游的重要目的地。第一,主动对接上海旅游客源,激发北仑旅游市场活力。承接主要内容:对接上海本地旅游客源,打造符合上海本地游客消费特点的旅游产品路线,对接上海国内游客资源,设计符合国内游客旅游消费习惯和需求的旅游线路,对接上海国际游客资源。谋划重点项目:旅游客运直通项目和海上直通旅游线路项目。第二,对接上海旅游开发运营品牌资源,激活北仑丰富旅游资源。承接主要内容:对接上海旅游资本资源,吸引上海旅游资本到北仑投资兴业,开发建设休闲旅游项目,对接上海旅游开发品牌机构,对接上海旅游运营管理品牌机构。谋划重点项目:打造梅山湾滨海休闲度假项目旅游品牌以及九峰山休闲度假项目旅游品牌。

六是对接复制上海改革创新先进经验做法,打造国际一流的营商环境。第一,加快复制上海自贸区制度创新经验,提升北仑政务服务效能。承接主要内容:围绕打造一流的营商环境,重点聚焦投资贸易和政府监管领域,对接复制上海自贸区投资、贸易便利化和事中事后监管举措。谋划重点项目:围绕投资贸易便利化,重点谋划"证照分离"改革和国际贸易单一窗口的改革创新。第二,对接上海科技创新领域改革创新举措,推动北仑创新创业。承接主要内容:对接上海大众创业万众创新和产业创新政策举措。谋划重点项目:结合北仑实际,研究出台北仑推动创新创业和产业创新发展的改革举措。第三,对接上海城市治理改革创新举措,提升北仑城市治理水平。承接主要内容:对接上海基层社会治理和城市治理方式创新。谋划重点项目:围绕城市治理能力提升,重点谋划城市运行一张网和基层社会治理提升工程等重点项目。

(作者单位:中共北仑区委政策研究室)

鄞州区民营经济高质量发展研究

孙　静　吴志远　邬晨平　胡佩涛

　　党的十九大报告指出,经济发展必须贯彻"新发展理念",从"求速度"向"要质量"转变,要支持民营企业发展,激发各类市场主体活力。鄞州民营企业作为挺起鄞州经济的"脊梁",能否实现高质量发展,不仅关乎企业自身经营,更直接关系到鄞州能否高质量发展。本文通过分析鄞州区民营经济发展现状与升级障碍,找出鄞州民企高质量发展的主攻方向,提出促进鄞州民企高质量发展的对策建议。

一、鄞州民营经济发展现状与升级障碍

(一)鄞州民营经济高质量发展的障碍

　　鄞州区域资源紧张的硬约束和软限制。鄞州区位优势独特,但在高质量发展要求下,资源要素紧张的硬约束愈发明显;而产业结构和居民生活需求升级,对区域经济发展也提出了更多的软限制。一是土地供需矛盾突出。鄞州空间结构为半城半乡,目前仅存零星土地可供开发,农用地、海垦地的开发和使用难度大成本高,大项目用地需求紧张。二是城市化进程不断挤压工业发展空间。新时代市民生活需求升级带来诸如轨道交通、民生实事等基础配套设施建设任务增多,多数新增用地指标被核心城区的公共民生项目占去,中心城区的工业企业不断外迁。三是要素成本高限制多。宁波市在省内土地成本方面不具优势,而鄞州在宁波市内不具优势。据 2017 年宁波市区新一轮基准地价测算,从五级至一级土地,工业用地的基准地价为 60 万元/亩～150 万元/亩,而实际成交价则远高于此。

鄞州区域公共服务及市场化不足的难题。与先进地区相比,鄞州的产业平台、服务于产业的公共服务机构和相关资源的市场化程度有待加强。一是缺乏重量级的产业平台。鄞州虽有多种类的功能区,但区内各平台功能和布局较为零散,没有形成整体的集聚效应。各类产业平台、孵化平台对接资本市场和上下游产业链能力不足,部分平台挂了牌子但未充分发挥作用。二是市场化的知识型服务业短缺。鄞州传统的块状经济产业网络中,企业间分工协作不紧密,商会和行业协会对产业发展的指导协调作用较弱;引进智库、研究院等知识型服务机构较少,面向中小企业的社会化服务体系不完善,生产性服务业配套也不足。三是匹配新时代经济的公共服务较弱。鄞州的公共资源配置方式与新时代经济发展的创新需求有差距,缺少一批像创新工场、联想之星这类具有全国品牌影响力和资源辐射力的高端平台,对接资本、技术、市场和品牌孵化等的软性服务能力欠缺。

(二)鄞州民营经济高质量发展的难点

鄞州民营经济升级发展模式的难题。鄞州已处于后工业时期,发展都市经济成为核心任务,但鄞州民营经济尚未完全适应向后工业化时期的升级。一是引领高质量发展的民营龙头企业不多。行政区划调整后,鄞州经济总量中工业占比降低近1/3,一批产业龙头从鄞州划出,削弱了产业力量。很多产业的市场竞争力未明显提升,缺乏有影响力的千亿级龙头企业,也缺乏引领行业发展的强势品牌。二是产业集群的供应链管理理念缺乏。鄞州大多数民企都散而小,区域分布散、业务结构重叠、市场挤压空间小,难以形成完整的产业集群效应和供应链管理整合效应。三是传统产业路径依赖惯性大、升级难。鄞州大多数优势产业均以低成本著称,且多主打产业中间品,缺乏直面市场终端用户的强势品牌,研发设计、品牌营销、资本运营等能力弱,同时部分企业缺乏自主创新能力,低端产品的比重较大,难以适应成本上涨和市场需求变化。

鄞州民营企业家群体素质提升及自身更替的难题。宁波民营企业家的市场意识与企业家精神曾引领时代,但在新时代,这一群体的素质提升与自然更替显得更为急迫。一是基础素养的起点普遍不高。根据宁波市社科院的报告,宁波民营企业家高中及以下学历占比26%,硕士及以上仅占11%,且大半以上的企业家开始创业时没有任何相关经验。二是相当比例存在脱实向虚的冲动。同样据宁波社科院报告,在近些年房地产乱象给部分涉房实业造成重大损失的惨痛教训下,仍有35%左右的企业家选择在保留实业的前提下,适当涉足房地产或减少实业比重以转投房地产。而高达81%的企业家,有意向在实业的基础上少量涉足金融业,在完成初步积累之后向金融业发展甚至以金融业为主。三是鄞州民营企业二代传承不足。鄞州民营企业家群体大多处于青黄不接的尴尬境地,这种传承不仅仅是资产上的,更多的是思想上的、理念上的,缺乏完善的家族传承模式,因人而治。

二、鄞州民营经济高质量发展的主攻方向

(一)发展数字经济引领民企质量变革

党的十九大报告提出,要"推动互联网、大数据、人工智能与实体经济深度融合,建设数字中国"。浙江省和宁波市都已把数字经济作为"一号工程",鄞州也已推出《鄞州区数字经济三年行动计划(2018—2020)》,致力于成为"全国重要的数字经济创新示范区",但对标先进地区差距较大。首先,鄞州作为宁波民营经济的核心区,要支持实体民企加快与数字经济的深度融合,不断强化理念宣传推广,发挥好电商优势助力民企拓市,促进新一代信息技术与实体经济深度接轨。其次,要鼓励有实力的民企加快进军鄞州特色的数字产业集群,通过主攻智能制造顶层规划、发展智能经济基础产业,形成有规模、有价值、有竞争力的产业集群。最后,要引导消费者与市民加快应用鄞州数字经济新成果,推动鄞州民企与国企合作,积极投入智慧城市建设,前瞻性把握 5G 产业机遇,引导鄞州民企以多种形式参与 5G 产业建设,加快形成 5G 产业链。

(二)打造平台经济引领民企效率变革

平台经济已连续两年写入中央政府工作报告,是我国经济高质量发展的新路径。首先,发展平台经济是促进生产、流通高度融合,促进商品流通业改善供给,降成本、提效率、补短板的有效途径,能切实推进发展质量的提高。鄞州区应鼓励民企向平台经济发展模式转型,通过培育区域品牌及拓展民企现有战略品牌的产业链等方式强化品牌输出。其次,重视创新服务民企高质量发展的功能平台建设,培育一批平台经济龙头,做好创新高质量发展的功能平台和抓好产业园区的集聚。

(三)发展都市经济引领民企动力变革

县域经济常意味着专业化的块状经济,主要特征是生产与生活的分离,产业自成体系且与城市不能融合;而都市经济的核心要义则是跨区域聚合,是生产与生活的融合,是上游与下游的融合、是产业与城市的融合。这种变化和升级将深刻改变企业发展的内外部环境,将促使民企加快动力变革来适应新时代。鄞州区要加大力度支持民企掘金美丽经济,充分引导民企加快"退二优二"进程,支持民企进军城市建设领域以及支持民企建设美丽乡村。同时,也要支持民企掘金

都市服务,加快发展总部经济,支持民企做强商圈经济、社区经济,以及做大优势服务业。

三、推动鄞州民企高质量发展的举措建议

在全面落实中央和省市有关政策精神的基础上,鄞州还可通过重点谋划和推进下列事项,推动民企高质量发展。

(一)创新人才供给,推动鄞州民企提高人才吸引力

1. 充分体现民企在人才工作中的主体地位

直面民企引人难的问题,在鄞州人才引进工作中推出专门的政策,充分尊重和响应民企高质量发展的人才需求,相关工作精力和奖励资金给予重点倾斜。一是对民企从海外和一线城市引进高层次人才予以精准支持。鄞州民企高质量发展最急需的高层次人才是技术研发人才、产品设计人才、复合型经营人才。鄞州应对民企引进的此类人才,在重点行业重点领域适当降低奖励申报门槛,从"但求所用"逐步升级到"也求所在",对民企高质量发展的关键岗位吸引人才提供专门的配套政策支持。二是对民企留才育才提供精准帮扶。针对民企人才工作中重使用轻培养的难题,要加大力度支持民营经济人才培养,树立一批典型企业家并予以政治和社会地位的肯定,挖掘一批扎根鄞州民企快速成长的精英人才并给予物质奖励,支持大型民企内训部门承接外包业务或创办人力资源企业。三是推动鄞州民间资本对接高层次创业人才。各地和部门、各类平台招引的高层次创业团队、创业人才,在其项目落地及跨越式发展进程中,要大力吸引鄞州实力民企以各种方式参与创业并分享成果。针对高层次创业团队的资金需求、场地需求、上下游协作需求以及服务外包需求,要建立精准数据库向相关鄞州民企推介,并考虑由政府设立相关基金来促进双方的合作。

2. 打造鄞州特色的人才供给和服务平台

要针对不同层次的人才来完善人力资源供给机制,建设高效的人才供给和人才服务功能平台。一是针对创业人才打造区级智创大平台。整合现有的各类人才创业创新平台和相关载体资源,按照标准国际化、布局均衡化、设施现代化、风貌特色化的导向,打造省内领先的人才科技创新中心。探索建立国际人才创业创新产业园,为外籍人才来鄞创业创新服务,实现鄞州产业和国际人才的无缝对接。二是针对民企紧缺人才做强特色产业园区。健全鄞州人力资源行业业态,丰富服务产品,加大全行业政策扶持力度。目前鄞州拥有全市首个省级人力

资源产业园,提供人才派遣、服务外包等服务,但产业园规模与本地需求不匹配、专业化服务和多元化功能不足,应加快人力资源产业集聚化、设施现代化、服务专业化,力争走在全国前列。

(二)创新金融供给,提升民企的资金获取与运用能力

1.建立民企信贷引导机制

针对部分银行"不敢贷、不愿贷"和民营中小企业"贷不到、贷不起"的问题,鄞州要创新民企信贷引导机制:一是主动承担高标准建设宁波普惠金融信用信息服务平台任务。推动民企纳税、用电、技术专利等反映实体经营情况的信息采集与共享,率先在鄞州实现对全部小微企业、农民和城镇低收入以及创业创新人群的信息服务全覆盖。二是完善服务民企的政策性融资担保体系。建立政府性融资担保机构,结合民企高质量发展需求,扩大"政银担"风险分担机制覆盖范围,着力降低企业融资成本,切实缓解民企融资贵的问题。三是支持保险等金融机构加快产品和服务创新。发挥保险等新型金融机构多的优势,支持发展以租代购的制造业融资租赁模式和重大技术装备首台(套)保险补偿机制等新服务。

2.建立民间资本引导机制

针对民营资本"不敢投、不愿投、投不到"的问题,鄞州要创新民企投融资引导机制。一是发挥政府引导基金的导向作用。支持带动性强、成长性好、技术含量高的企业和产业项目,加大项目在鄞州民间资本的宣介推广力度,重视对本地存量资本的招引,引导社会资本投向实体经济,助力产业转型升级。二是构建投融资保障体系。鼓励鄞州社会资本、金融资本加大对初创科技型企业的支持,深化与金融机构的合作,扩大可抵质押担保资产范围,盘活鄞州民企无形资产。鼓励和探索设立各类专项并购基金,引导鄞州民企开展并购和上下游整合。三是支持鄞州民企参与金融业混改。发挥国际金融中心、四明金融小镇等平台在鄞州的优势,支持鄞州民企以创立、参股等多种形式与各类金融机构深度合作,对互金、小贷、担保等新型金融服务继续审慎包容。

(三)打造公平公正的营商环境

1.打造全国一流的法治政府服务品牌

持续深入"最多跑一次"改革,加快政府职能转变,做好减法,通过政府服务品牌创建,厚植鄞州民营经济热土。一是建立全国领先的数字化鄞州政务。要进一步提高信息数据支撑力度,加快推进电子证照、电子公文、电子签章等在政务服务中的应用。探索利用手机APP、"8718"平台等新方式,拓宽政策兑现、政务办理的渠道,及时向企业推送政策,提高政策知晓度。二是进一步简政减负。

加快落实"减层级、减事项、减材料、减环节"要求,减少和优化部门内部的审核和流转环节,落实审批层级一体化,努力营造最优政务服务环境。加快完善市场准入负面清单管理制度,为企业提供从准入到退出的全流程、便利化服务。

2. 建设全国一流的市场竞争环境

在为民营经济健康发展保驾护航、为民企高质量发展提振信心上,要善于做好加法,主动作为,积极回应民企的呼声。一是要敢出手,大力净化市场环境。加强社会信用体系建设,加强信用信息整合和开放共享,健全信用联合奖惩机制,构建守信联合激励和失信联合惩戒协同机制。加强事中事后监管力度,对侵犯民企的经营权、财产权和知识产权行为依法严厉打击。二是要敢包容,大力鼓励民企创新。对市场中出现的新业态和新模式,尚无法律明文规定的事物要包容审慎,对涉及的纠纷和矛盾不扣帽子不打棒子,严格遵循罪刑法定、疑罪从无的原则处理。三是要敢保护,切实保障民企合法权益。严格执行刑事法律和司法解释,防止并阻止借刑事手段干预、插手经济纠纷。注重维护民企合法权益,也要注重保障企业家的人身安全与合法财产利益。

(四)树立优秀民企和企业家品牌

1. 全面提升民企和企业家素养

指导民企加快建立现代企业制度,完善财务制度,在支持一批创新发展能力强的民企做大做强的基础上,突出对民营企业家的素质提升工作。一是做好民营企业家群体成长规划。整合相关部门,制定中长期民营企业家培养计划,对领军人物、成长型企业家、青年企业家等不同群体,分层次、多渠道、多方式搞好培训,力争培养更多在全市乃至全国有影响力的民营企业家。二是突出青年企业家与创二代的培养。建议成立鄞州新时代企业家精神培养工作领导小组,明确主责部门和配合部门,健全部门间沟通协调、支持配合的机制,形成整体合力,引导创二代与青年企业家了解党情国情民情,发扬好鄞州企业家精神。

2. 大力宣扬鄞州民营企业家优秀典型

广泛宣传企业家精神,让社会崇尚实体、敬重创业。一是挖掘民营企业家先进典型。组织好优秀民营企业家评选表彰活动,坚持典型引路,发现、培养和树立一批民营企业家勇于创业、博爱奉献的先进典型,在政治待遇、社会荣誉等方面给予积极肯定。二是提升舆论环境,加强正面宣传。在各类媒体上大张旗鼓地宣传民营经济和民营企业家的贡献,形成尊重、支持、善待民营企业家的社会风尚。引导民营经济人士加强自我宣传,利用好网络新媒体,打造一批具有典型示范作用的企业家精神大V。

[作者单位:鄞州区社科院(联)]

乡村振兴战略背景下奉化推进民宿发展研究

裘曙洁　邬志坚　陈海存　李孜芳

　　民宿是利用农村住房为游客提供以住宿服务为主并综合民俗活动、农业体验、休闲娱乐、健身养老等内容的一种乡村休闲旅游新业态。民宿也是实施乡村振兴战略的强大力量。我国民宿是以农业资源、生态环境和农村生活文化为基础,利用其独特的优美环境,脱俗的乡土文化生活和温馨的风土人情,发挥其独特的魅力,为让游客从事旅游、休闲及教育等活动而规划设计的一种新兴的乡村旅游经营形态。近年来宁波市象山、慈溪、鄞州、奉化等地的民宿经济发展势头迅猛,乡村民宿深受游客喜爱。本文主要分析奉化发展民宿产业的优势与制约瓶颈,提出推进民宿发展的建议。

一、奉化发展民宿产业的优势

(一)得天独厚的区位优势

　　奉化是宁波中心城区西南门户,处于宁波城市第一休闲消费圈。2016 年 11 月,奉化撤市设区,融入宁波中心城区,交通等基础设施建设加快发展,区内交通便捷,宁波至奉化城际铁路即将通车,杭甬铁路、甬金高速、甬台温高速等路网密布。游客进入奉化更加便利,乡村民宿发展具备了更大优势。奉化西北部所属的四明山区域与南部所属的象山港区域,已成为乡村旅游发展的重点区域和宁波本土乡村文化的标志区,具备成为生态型民宿集聚区的潜力,能够营造城乡居民、外地游客相互交流的休闲氛围。

（二）类型多样的乡村基质

奉化的地貌特征为"六山一水三分田"，东部沿海，中部平原，西部山地。西部处天台山脉与四明山脉交接地带，多高山峻岭。中东部地势平坦，河网纵横，土地肥沃，属宁奉平原，是水稻和经济作物重要种植区。奉化丰富的地形地貌造就了多样的乡村基质，山地、滨海、滨湖、滨江等乡村众多，沿海片区拥有坐南朝北独特的岛海组合和开阔空间，为海滨休闲度假民宿的开发提供了巨大的发展潜力。近年来美丽乡村建设中打造的桃花盛开、四季花香、海韵渔歌等风景线为民宿发展打下基础。

（三）丰富多彩的农业资源

奉化以产稻米为主，传统特产有水蜜桃、芋艿头、羊尾笋、草莓、名茶、奉蚶等。其中水蜜桃被誉为"瑶池珍品"，被浙江省政府评为省农业名牌产品；芋艿头被誉为"罗汉圣果"，"罗汉牌"奉化芋艿头被评为宁波市名牌产品；"雪窦山"牌名茶"奉化曲毫茶"荣获第二届国际名茶评比金奖。奉化有竹类面积30万亩，水蜜桃近5万亩，茶叶、柑橘2万余亩，青梅、草莓3千余亩，果桑近2千亩，年生猪出栏8万余头，家禽300万羽。其中"红色草莓""黄色禽蛋""绿色鳗笋""紫色桑果""白色杏鲍菇"等彩色农业产品深受游客喜爱。

（四）丰厚多类的文化底蕴

奉化乡村的自然旅游资源和人文旅游资源均具有自身独特的魅力，其总体特色和主要内容可以概括为"山海经"和"民国风"两大系列。"山海经"中的"山"即"雪窦山"，"海"即"阳光海湾"，"经"即"佛教文化"；"民国风"是指"蒋氏文化"。这两大系列涵盖了"弥勒圣地、蒋氏故里、名山胜景、阳光海湾"四大主题。把弥勒文化、民国风情与名山历史文脉有机融合，有助于奉化民宿打造成寻梦祈福、憧憬未来、展示智慧、弘扬民族文化的精神家园。另外，奉化大堰、松岙、裘村等地有丰富的红色文化，融合山海文化、古村文化、民俗文化、渔耕文化，可创造"红＋绿蓝古"组合式民宿旅游产品。

二、奉化发展民宿产业的制约瓶颈

（一）乡村民宿整体实力薄弱

奉化区内人多山多地少，土地资源相对紧张，大规模有影响力的主题民宿和生态型民宿聚集区较少，大多数的乡村旅游服务功能仍然比较薄弱，餐饮、住宿、休闲体验以及特色休闲等相关业态尚未形成，乡村民宿的市场品牌影响力和市场效益尚不明显。

（二）乡村民宿整合发展有欠缺

奉化乡村民宿开发布局较为零散,山区开发相对较快,但是对江河沿线资源开发利用不足,乡村民宿与主要景区之间缺少便捷的旅游交通专线,不利于民宿与乡村旅游资源和景区的有效整合。民宿产品开发与相关产业融合不足,产品尚未形成体系化,低层次同质化的民宿较多,且各自为政,无法发挥 $1+1>2$ 的功效。

（三）基础设施及服务配套项目不够完备

目前奉化的乡村民宿配套服务设施尚不健全,许多偏远地区的基础设施建设严重不足,众多乡村的基础设施和旅游服务体系建设尚不能适应民宿发展的要求,在饮用水、排污、通信、电力供应、安全保障方面存在短板,在游客集散换乘、信息咨询、预订等旅游接待服务方面也不尽如人意,乡村导游导览的标识标牌及停车场严重不足。

（四）民宿管理尚不完善,旅游服务水平有待提升

许多乡村的民宿消防、安全管理仍存在许多薄弱环节,管理职能尚不到位。此外,民宿从业人员服务素质偏低。由于乡村人口向城镇转移趋势以及老龄化加剧,人才匮乏一直是乡村民宿建设发展的主要瓶颈之一。目前奉化乡村急需一大批懂经营会管理的民宿经营人才和职业化服务型人才。

三、乡村振兴中推进奉化民宿发展的路径思考

（一）加强乡村民宿规范化管理

1. 提升乡村整体风貌

首先,加大"景村一体"规划建设力度,按照改造更新与保护修复并重的要求,全面改善乡村人居环境。其次,注重统筹推进乡村功能复合和产业融合,进一步加大接待区、休闲区、生活区、商业区等功能区规划建设。同时,严格按照村景风貌改造规划设计方案,对乡村现有建筑实行三段式(屋顶、墙面、门头)改造,提升乡村文化品位;做到立足本地实际,彰显本地特色,突出多元风貌,注重与生态环境保护、文化旅游产业发展等相衔接,充分挖掘和提炼乡村自然景观和历史文脉,以乡村巷道、广场、公园、雕塑和特色建筑为重点,塑造富有地域特色和文化底蕴的品牌乡村民宿。

2. 改善乡村民宿基础设施

结合乡村振兴战略的实施，推动社会医疗卫生、金融服务、供水供电、邮政通信等方面的公共服务设施向乡村延伸。既要优先解决交通干道、重点旅游景区到乡村特色景观旅游村的道路交通建设问题，让城市公交服务网络逐步延伸到乡村旅游点，又要合理安排新村建设、农田保护、产业集聚、村落分布、生态涵养等空间布局，统筹推进旅游民宿示范村建设、空壳村整治、贫困村搬迁和农村住房建设，统筹农民集中居住点与路网、林网、供水网、电网、通信管网、垃圾处理网等一体化建设；着力改善乡村旅游重点村旅游标志标识系统、宽带、停车场、厕所、垃圾污水处理和自驾车服务体系等民宿基础服务设施建设；更要扩大公共财政覆盖农村范围，提高基础设施和公共服务保障水平，并撬动社会资金的导入。

3. 探索乡村民宿产权制度改革

加快建立农村产权交易平台，逐步形成乡村民宿经营权资源的交易平台。抓好生态移民搬迁和异地扶贫搬迁项目建设，大力实施不具备生产生活条件的村庄搬迁安置、高山移民搬迁安居工程，推进乡村民宿空间扩展。落实农村土地承包经营权确权登记颁证工作，全面完成确权颁证任务。有序推进养殖暖棚、塑料大棚、小型农田水利等农牧业设施确权颁证，开展宅基地和农宅一体化确权颁证工作，开展农村集体产权股份合作制改革试点，探索产权归属明晰、各项权能完善、有利农民增收、保障农民权益、管理规范有序的乡村民宿运营机制和乡村民宿资产、资本、资源管理机制。

（二）加大乡村民宿多样化培育

1. 实施民宿产品分类培育指导

根据乡村旅游市场和资源的情况，结合全域旅游发展的需要，对边远山海惠民便民型、美丽乡村建设发展型、乡村生态文明建设型、乡村产业文化升级优化型、乡村休闲目的地升级型等民宿进行开发建设，探索各类民宿的独特模式；对高端度假精品民宿、养生养老特色民宿、佛文化创意特色民宿、乡村农庄田园民宿营地、乡村客栈家庭旅馆等民宿加强分类指导，因地制宜，开发建设。

2. 加强乡村民宿集聚区培育

在溪口民宿集聚区，要着力培育雪窦山寺院群落民宿区、雪窦山生态旅游示范区、民国风情民宿与创意民宿区、亭下湖民宿区和剡溪山水休闲带。在滨海民宿集聚区，要着力培育阳光海湾旅游度假区、海上千岛旅游区、浙江船厂周边民宿区、中国第一渔村——桐照渔村。在大堰尚田民宿集聚区，要着力培育大堰生态旅游区、户外运动教育基地、富硒谷养生度假区、南岙生态颐养院、中国布龙文化中心。在城区民宿集聚区,要着力培育西岭山区块(天湖景区)、滕头生态旅游区、"十里桃园"绿道系统。

3.培育"民宿＋"新业态

在"民宿＋产业"新产品体系中,实现本土文化的挖掘与现代休闲文化的植入,对接奉化"弥勒圣地、蒋氏故里、名山胜景、阳光海湾"旅游形象,彰显奉化民国文化、佛教文化、生态文化、山水文化的文化特色,使奉化市乡村民宿的旅游发展在原有的文化本底上,增加新的内涵。通过大力培育乡村博物馆、艺术村、乡村健身休闲基地、乡村养生养老基地、乡村研学旅行基地、乡村自驾休闲基地,培育"民宿＋"新业态,发挥民宿新功效。

(三)推进乡村民宿多元化措施

1.注重人性化与细节化

围绕为游客营造舒适优美的旅游环境,对照标准,重点推进民宿管家培训上岗。努力做到民宿消防、防盗、救护等设备齐全完好,环境整洁,卫生符合国家规定,公共厕所、垃圾箱布局合理,造型美观;旅游购物场所集中,管理有序,旅游产品本地特色突出。确保民宿周边空气质量达到一级标准,噪声控制达到一类标准,污水排放达到规定标准。按时为每位房客更换新的必需品,提供符合卫生标准要求的洗发水、厕纸、肥皂、垃圾袋以及茶、咖啡等。

2.注重保护资源与环境

资源与环境保护在乡村民宿高等级创建中占有重要的比例,可持续发展是民宿发展的最基本的原则之一。应当正确处理好乡村民宿发展与水源、耕地、山林等资源环境保护的矛盾。当地乡镇和旅游管理部门应当协助乡村民宿完善民宿环境保护制度,落实对资源和环境的保护措施,达到相应的标准;同时,加强环境保护知识的宣传与教育,增强旅游者的生态意识,提高游客保护环境的自觉性;此外,加强民宿旅游环境容量研究,控制旅游人数、调整旅游规模,保证一定经济效益的同时使旅游环境得到保护。还要以建筑垃圾、生活垃圾、普通工业垃圾、农业生产垃圾清理清运为重点,开展农村环境卫生大整治与安居宜居美居行动,实现"路面无垃圾、河面无漂浮物、田面无废弃物",推动农村卫生面貌整体提升。加快形成宜居适度的生活空间、山清水秀的生态空间,创建生态优良、环境优美、自然和谐的乡村社会。

3.注重综合管理与良好形象

综合管理代表着民宿的管理水平,也最能影响游客对民宿的满意程度。加强管理,要求管理机构健全并职责分明,规章制度健全且贯彻得力,尤其是游客投诉制度健全,有详细的投诉纪录。要建立独特的民宿产品形象、良好的服务质量形象、鲜明的视觉效果形象,特殊人群服务项目健全。要有明确的质量目标、鲜明的质量方针或口号,并为全体员工所熟知;对每一个民宿员工建立培训档案,员工着岗位服饰,佩带工牌,举止文明,热情大方。民宿宣传方式要多种多样,在带动当地经济社会发展中发挥一定的作用。

(四)增强乡村民宿产业化支撑

1.以工业化发展推进乡村民宿发展

围绕发展壮大"一村一品",以制造业创新发展促进产旅融合发展,带动民宿集聚乡村的农副产品向旅游商品化延伸。大力发展民宿集聚区的生态循环经济,立足已经形成的乡村工业特色基础,不断延伸产业链条,壮大绿色生态民宿建筑产业。大力发展民宿集聚区新能源产业,积极推动利用风电和光伏发电,实施太阳能光热、小水电、垃圾焚烧发电、生物质能利用等乡村新能源项目实验。

2.以农业现代化支撑乡村民宿发展

坚持农村农业走品种特色化、基地规模化、生产标准化、经营产业化"四化共进"的现代农业转型升级道路。按照休闲化大方向和乡村民宿等级标准,进一步优化民宿集聚区的农业种植结构,着力提高现代农业装备水平,提升市场影响力。大力发展民宿集聚区的品牌农业、精品农业、生态休闲观光农业,重点扶持发展无公害蔬菜、现代化制种、食用菌、中药材、优质花卉等特色农产品基地规模,培育民俗集聚区的特色农业吸引力。推进家庭经营、集体经营、合作经营、企业经营等多元化新型农业经营主体共同发展,促进形成民宿集聚区的特色竞争力。

3.以现代服务业促进乡村民宿发展

加快发展民宿集聚区的现代服务业,推进民宿集聚区的宽带入户工程。着力促进大数据、物联网、互联网等与现代制造业、特色农业相结合,推动民宿集聚区电子商务、网络信息、现代物流业和互联网等产业融合发展,着力开拓民宿集聚区的中介服务、文化教育、网络购物、乡村旅居、康体养生服务等新领域,积极开发香草花卉观赏体验、中草药养生保健等新服务业态,使休闲消费在乡村民宿区建设发展中更好地发挥基础作用。

(作者单位:中共宁波市奉化区委党校)

余姚基层治理体系整合提升的对策与路径研究

陈苗青　　陈建辉

中共十九届四中全会明确提出,要坚持和完善共建共治共享的社会治理制度,建设社会治理共同体。步入新时代,面对新形势、新任务、新要求,余姚市坚持以习近平新时代中国特色社会主义思想统揽基层社会治理工作,在全力打造基层社会治理"一起来"的基础上,针对当前存在的主要问题,进一步推动基层治理体系的整合提升,提升治理成效实效。

一、余姚完善基层治理体系建设的做法成效

(一)突出党建引领,使有形覆盖向有效覆盖转变

一是建强基层前哨。将村(社区)下属的党支部建在村民小组、片区网格上,全市共有"前哨支部"1245 个,依托"锋领前哨"百姓微信群等特色载体,形成"村社干部—前哨支部—党员—普通群众"联系服务网络。

二是壮大领头雁阵。深入实施"领雁工程",进一步拓宽选人视野,每年组织开展集中轮训。落实村社党组织书记市委备案管理,建立村社干部资格条件常态化审查机制。抓好基层党组织书记示范群体建设,持续开展"三十佳"评选。

三是激活红色细胞。严格党员发展流程,加强党员先锋指数考评管理,推行"联六包六"联系服务群众工作机制,深化党员联户制度。注重发挥离退休干部等群体的优势,深化提升"银辉"党建工作。

(二)突出上下联动,使各自为战向协同发力转变

一是着力凝聚市直部门的治理合力。在全省率先设立部门职责分工裁决委

员会,定期召开专题会议,对住宅小区破墙开门车库住人、餐饮行业油烟污染等社会治理事项管理部门进行裁决,厘清了管理职责,解决了监管盲区。

二是着力强化乡镇街道的治理职能。狠抓基层治理"四个平台",明确乡镇对部门派驻人员有指挥协调权、考核奖惩权和人事建议权,派驻人员享受乡镇考核奖,大幅提升了乡镇街道对派驻机构的管理权限。

三是着力提升村社组织的治理水平。坚持"自治、法治、德治"一起抓,形成"小板凳"群众工作法、阳光村务八步法、"1＋2＋3"工作法等创新举措,全面落实"村民说事"制度,全面推进村规民约、社区公约上墙入户。

(三)突出多元共治,使政府包揽向政社互动转变

一是充分发挥群团组织的桥梁作用。支持群团组织围绕创新社会治理,形成一批特色做法和品牌,如市总工会的"金秋助学"活动,共青团的青少年三"心"工程,妇联的"美丽庭院"创建提档升级活动,科协的"三长"建设等。

二是充分发挥社会组织的协同作用。完善三级联动社会组织培育体系,切实加强社会组织党建服务中心、社会组织服务中心建设,打造了全省领先的余姚公益场,创新"社会组织公益日""余姚公益之旅"等活动模式。

三是充分发挥人民群众的主体作用。聚焦"两代表一委员"、教师、离退休人员、流动人口中的骨干力量等重点群体和热心群众,联动发挥"12345"、"96345"、e政厅等的作用,汇聚众智、善借众力。

(四)突出创新方法,使粗放管理向精细治理转变

一是完善网格化管理,推进全科网格建设,把原有的城管、安监、民政等十余张网,统一纳入"一张网"中。成立了宁波首个社会治理综合指挥中心,整合智慧城管、社会治理"一张网"和"12345"政务服务热线职能,探索警网融合。

二是强化智能化支撑。深化"互联网＋"治理思维,依托人工智能、大数据等技术手段,不断提高社会治理智能化水平。投入2亿多元打造了"全息感知线上防控体系",城市大数据平台已完成1285项重要数据的归集。

三是巩固法治化保障。运用法治思维和法治方式谋划思路、推进基层社会治理,切实加大全民普法力度,形成了办事依法、遇事找法、解决问题用法、化解矛盾靠法的良好法治环境。

二、当前余姚基层治理体系存在的主要问题

（一）发现问题的能力还不够强

一是网格发现感知能力不足。由村（社区）和网格主动发现上报各类矛盾纠纷事件还不到全市基层矛盾纠纷总数的 1/3，一般性事务和简单问题较多，而发现的深层次问题较少，只占全部发现问题的 20％。

二是平台互联互通不足。乡镇（街道）平台之间还没有互联互通，还无法联合联动进行数据分析和事件处置。"一中心四平台"与"12345"市长热线、便民服务中心、110 等平台的联通互通还很少，相互间信息沟通联络不畅。

三是平台发现力量配备不足。对网格长、网格员的培训培养针对性、有效性不够，对其激励和管理举措有待加强。超过 1/6 的网格只有一名网格员，近 2/3 的网格员是社工（村干部）兼任，17％的网格员在 50 周岁以上。

（二）分析问题的功能还不够强

一是乡镇（街道）对数据的应用还不够。大多数乡镇（街道）仅限于基于上报的数据信息开展对应事件处置，没有对大数据进行挖掘分析，基层反映也缺乏这方面的力量和技术。

二是对数据信息的归集还不够。市里尚没有将区域内各乡镇（街道）平台数据信息进行统一归集，没有进行区域性分析研判，大量的数据还仅仅停留、沉淀在乡镇（街道）平台层面。

三是数据信息的共享还不够。乡镇（街道）平台之间还没有互联互通，每个乡镇（街道）平台还基本是"数据孤岛"，还无法联合联动进行数据分析和事件处置。

（三）解决问题的功能还不够强

一是平台的统筹协调还需加强。对各类矛盾问题，缺乏一个有力的部门进行全面的统筹、汇总、梳理、交办。大部分乡镇指挥室都只有 1～2 人，协调的层级和能力比较有限。

二是事件解决的统筹协调还需加强。乡镇（街道）的处置能力有限，除公安派出所和综合执法中队覆盖率较高外，职能部门职责下沉和力量下沉不到位。在市级层面，跨区域、跨层级相关事务的处理协调机制还不够完善。

三是监管考核还有待加强。对基层治理中问题发现、事务处置的考核指标设置存在重量轻质现象。相关监管主体的监管作用没有得到充分发挥，乡镇对派驻部门的考核结果运用不足，未与奖惩紧密挂钩。

三、强化余姚基层治理体系整合提升的对策举措

（一）提升基层发现能力，力求全息感知

一要拓宽渠道，强化主动发现能力。不断拓展感知发现渠道，广泛发动"两代表一委员"、专业部门力量、社会贤达和各类基层社会组织，将问题发现触角延伸到社会的方方面面。探索通过信访投诉、各类圈群、网络平台、走访巡查、群众反映和保洁员、快递员、外卖员报告等渠道发现问题、及时报送。

二要建强指挥中枢，整合各类信息。由综合指挥中心、综合指挥室统一整合体制内外、线上线下的信息源，并开展大数据分析研判，及时发现深层次问题隐患。全市涉及社会管理、便民服务的热线，统一归并整合至12345政务热线，实现全城非警务非紧急事务"一号受理"。推进12345政务热线中警务信息与公安110中非警务信息的实时交互，形成双线并行的社会治理模式。

三是增强网格力量，提升网格发现能力。以"全科网格"为基础，按"一网格一支部""多网格一支部"建立前哨支部。将"红锋行动"三年计划延伸覆盖到所有基层网格。推广"联六包六"等党员联系群众机制，推行锋领前哨百姓微信群工作。开展机关事业单位与网格结对共建活动，分类组建党建联盟或党建综合体。将全市网格分为城市社区、城中村城郊接合部、一般村、山区村四大类进行优化调整，制定明确清晰的事务清单和差异化的工作要求。把各类自治组织、社会组织、志愿者、党员干部等资源力量整合到网格。建立健全全科网格团队工作机制，建立日常巡查和联合巡查、重点走访和联合走访、例会和信息互通、联合会商和联合执法、"捆绑式考核"等制度。

（二）加强数据归集共享，强化分析应用

一是完善"一仓数据"。以城市大数据平台为基础，加强城市大数据云平台建设，推进全市政务、民生、产业数据向城市大数据平台归集，加强人口信息库、法人信息库、电子证照库、信用信息库、空间地理信息库等基础数据库建设，强化专题信息库建设，打造全市统一的"数据仓库"。

二是加强数据管理。开展数据信息标准工作，开展数据信息标准化工作，对数据信息的分类、名称、格式、代码等进行统一规范，便于计算机进行分析应用。建设全市统一的数据共享交换体系，各单位根据工作需求，经一定规则获得授权，调取使用相关数据。实施信息共享交换"负面清单"管理机制。

三是强化分析结果应用。构建市、乡镇（街道）社会治理数据信息分析队伍，

市里要统一开展培训。有关部门要根据职责建立食品安全、安全生产、生态环保等专业化的形势分析研究队伍。市、乡镇（街道）要定期对平台汇集的信息进行深度挖掘，从事件类别、时间变化、区域分布、人群特征等方面进行分析，编制本区域社会治理形势分析报告。把社会治理形势分析报告作为做好区域平安建设、社会治理等工作的重要依据。

（三）优化处置化解机制，快速有效解决基层问题

一是强化乡镇统筹指挥职权。学习象山大徐经验，指导各乡镇（街道）将经济发展与社会治理并重，主要领导牵头抓，明确以乡镇（街道）综合指挥室作为基层治理的指挥部门，发挥其整体统筹作用，落实统一指挥、协调联动、有效处置、考核反馈等职责。配优配强指挥室力量，切实发挥网格指导、信息汇总、流转督办、指挥协调、综合研判、绩效评估的作用，使基层治理中的问题早预防早发现早处置。全面推行"警网融合"和"网信互通"。根据机构改革和各地工作实际，理顺乡镇街道内设机构和派驻机构的职责分工，确保综合指挥室 100% 实体化独立运行。建立完善乡镇指挥体系事件流转分派和监督督办机制，实现事务高效流转、有效处置。

二是实现力量"双下沉"。全面落实中央《关于推进基层整合审批服务执法力量的实施意见》，在试点成熟后，稳步推广，将基层急需的人财物等行政资源和管理责任下沉到位。赋予乡镇（街道）更全面的执法权，加强乡镇执法人员配备。赋予乡镇街道指挥权、考核权和人事权，指导乡镇（街道）建立和完善对派驻机构的考核制度。镇、村两级要加强网格指导员队伍建设，将部门专业力量、乡镇（街道）联村干部包片下沉到网格，每个网格至少要有 5 名以上网格指导力量。

三是实现基层大联动。在力量双下沉的同时，加快运行机制建设，细化落实信息联判、事务联处、执法联动等机制，提升快速反应、高效处置能力。在基层治理四平台建设中，市委政法委和市经信局要强化技术支撑，完善基层治理矛盾纠纷和问题隐患处置流程，整体对接省掌上执法和"互联网＋"监管平台，完善基层治理四平台协同处置、进程反馈、效果评估等功能，实现问题事件自动分类流转，提高响应速度。

（四）加强监管考核，着力推动问题解决

一是扩大监督考核主体。以党委政府监督为龙头，发动各类监督主体重督查、抓落实，实现"两代表一委员"对乡镇事务流转处置的全程监督，人大、政协、纪检、社会组织等进村入户，与群众一起督查问题解决实效。实行问题解决和督查工作双公开，督导乡镇街道、村（社区）通过多种方式公布问题解决进程，接受群众监督，对当事人和信息报送人，要在 5 个工作日内反馈问题解决情况。

　　二是完善监督考核方法手段。建立健全余姚市综合指挥中心对职能部门和乡镇（街道）四平台的考核机制，探索在目标管理考核体系中增设"四平台"专项或者增加考核权重，指导基层建立和完善对基层派驻机构的考核制度，实现对考核结果的有效应用。指导乡镇（街道）强化考核的问题导向、实效导向和群众满意导向，把深层次矛盾问题的发现率、处置率，群众对基层治理的知晓率、参与率、满意率，公共事务有效处置率、办理时效，以及群众对事件处置的满意度等，作为重要的考核指标，群众满意度权重占乡镇（街道）考核权重的 30％以上。

　　三是要强化对"焦点"问题的专项督查。针对噪音扰民、群租房等重要民生问题，精装房、P2P 等重大矛盾纠纷，涉军、邻避等重点不稳定问题，由市委政法委牵头分解落实责任，环保、公安、住建、综合执法等部门要 100％通过挂牌督办、包案督办等方式，切实解决上述问题。

（作者单位：宁波财经学院）

以前湾新区建设为契机推动慈溪高质量发展研究

陈国平　陈　迪　孙欢欢　叶建青

2017 年 6 月 12 日,浙江省第十四次党代会做出推进大湾区建设的重大战略决策。2019 年 7 月 9 日,省政府正式批复同意设立前湾新区。这是宁波、浙江参与长三角一体化发展的重大战略平台,对推动慈溪高质量发展也有着极其重要的意义。

一、前湾新区建设对推动慈溪高质量发展的重大战略意义

(一)这是融入长三角发展湾区提升慈溪城市能级的重要机遇

在 2016 年国务院通过的《长江三角洲城市群发展规划》中,慈溪与嘉兴、金华等地级市一起被列为长三角 9 座中等城市,极大地提升了慈溪的城市地位。2018 年 11 月 5 日,在首届中国国际进口博览会开幕式上,习近平总书记宣布,支持长江三角洲区域一体化发展并将其上升为国家战略,确立了长三角区域在新时代改革开放进程中的战略引领和枢纽龙头地位。这必将给地处长三角节点区位的慈溪带来极佳的发展机遇。通过前湾新区核心区的建设,推进城市基础设施和产业平台建设,打造宜居宜业的新区环境,将为提升慈溪城市能级奠定好框架基础。

(二)这是践行"八八战略"促进慈溪高质量发展的重要平台

经过新中国成立以来 70 年的发展,慈溪已经形成了区域特色鲜明、主导产业明晰的产业体系,在汽车及零部件、家用电器、特种装备等方面形成了独特的优势。"八八战略"指出:"进一步发挥浙江的区位优势,主动接轨上海、积极参与

长江三角洲地区交流与合作,不断提高对内对外开放水平。"前湾新区核心区的打造,是"八八战略"在慈溪的又一次生动实践。将有利于慈溪优先抢抓上海全球城市和浙江世界级大湾区建设机遇,融入全球开放发展大格局,在产业高质量发展上走在全市、全省前列。

(三)这是拥抱高铁时代放大慈溪交通区位优势的重要契机

慈溪地处沪、杭、甬三大环杭州湾城市的共同腹地,也是这三大"都市经济圈"的交会地带。沪嘉甬高铁设站慈溪,以慈溪高铁站点作为引流,将形成向北接轨上海、向西统筹余慈、向南融入宁波中心城区的全新区位坐标,强化了慈溪的区位优势,为慈溪发展提供了硬件保障,直接影响着慈溪在长三角城市群中所处的区域格局,极大地提升了慈溪的区位优势。

(四)这是实现互利共赢不断强化区域统筹的重要途径

慈溪是环杭州湾大湾区的地理中心,有条件、有基础、更有潜力成为宁波前湾新区的核心区。通过前湾新区核心区打造,慈溪片区与杭州湾新区在空间上无缝对接,余慈地区凝聚建设合力以发展共同体姿态融入前湾新区建设,实现互利共赢。

二、前湾新区建设中慈溪高质量发展面临的优势与挑战

(一)独特优势

1.比较完备的城市功能

与周边地区相比较,人均 GDP 15 万元左右的慈溪已经接近Ⅱ型大城市标准,在宁波前湾新区建设中的独特优势在于"城",能高效利用各类资源,科学布局空间结构,推进中心城区的集聚和辐射功能。

2.扎实的产业平台支撑

慈溪制造业优势明显,是长三角区域重要的制造业基地。在产业类别多样性、民营经济特色代表性以及与上海产业合作互补性上,慈溪都更具优势。

3.得天独厚的区位条件

慈溪地处"沪、杭、甬"经济金三角核心,沪嘉甬铁路的建设,将打开宁波向北的铁路大通道,慈溪的集聚辐射功能得以强化,区位优势更加凸显。

4.深厚的传统文化底蕴

慈孝、青瓷、移民和围垦四大文化蜚声海内外。一批在外地,特别是在上海

发展的金融巨子和工商实业界的慈溪籍人士,有着拳拳报乡之心,殷殷爱乡之情。这是慈溪得天独厚的宝贵资源。

5. 日趋良好的生态环境

从生态功能看,慈溪生态环境的宜居性相对较强。与杭州湾新区比较,目前慈溪中心城区基本形成了就业在新区,而生活居住在慈溪中心城区的格局。

(二)面临挑战

慈溪要打造前湾新区核心区,也面临着诸多挑战。

一是城区能级还不够高。尽管慈溪的城市化水平已经达到了80%,但中心城区边缘规划、建设和管理总体上滞后于城市化的发展,中心城区的公共服务和生态绿地等空间也严重不足。

二是要素资源制约较大。土地要素资源制约十分严重,这次被纳入宁波前湾新区慈溪片区部分,可开发土地和建设用地指标紧张,开发余量明显不足。此外,还有环境要素的制约。

三是上位规划支撑不足。根据《宁波前湾新区空间规划》所确定的空间开发时序,在604平方公里的规划管理区范围内,确定了42.5平方公里的启动区,作为慈溪市本级的仅为6平方公里。

三、以前湾新区建设为契机推动慈溪高质量发展的愿景

(一)先进制造之城

构建现代产业体系,高标准谋划打造产业大平台,新兴产业培育和传统产业转型实现双重突破,数字经济与实体经济深度融合,基本建成以智能经济、生命健康、新材料等产业为主导的现代化产业体系,使高质量发展产业基础更为夯实,最终建成先进制造之城。

(二)创新活力之城

高水平建设一批高能级开放式创新平台,大力度引进一批多元化创新资源要素,推进创新链与产业链深度融合,推进创新能力和成果产出水平大幅度提高,基本形成创新型经济发展体系,创新驱动能力显著提高,最终建成创新活力之城。

(三)宜居幸福之城

坚持以人为本,积极推进全域城市化,满足人民美好生活需要,营造高品质

的生态环境,提供高质量的公共服务,城区综合承载力和数字化水平显著提升,基本建成基础设施完善、公共服务高效、人与自然和谐共生的宜居幸福之城。

(四)交通枢纽之城

以沪嘉甬高铁场站建设为契机,形成无缝对接的多式联运体系;向北至上海,向南至宁波,向西至杭州、余姚的高效便捷外围交通体系基本形成。高铁场站与宁波市域内各主要交通站点实现无缝对接,建成地区交通枢纽之城。

四、抓住前湾新区建设契机推动慈溪高质量发展

(一)大力提升中心城区品质

1.增强中心城区承载能力

根据慈溪和前湾新区规划建设的实际,应尽快启动慈溪中心城区周边区域行政体制设置工作。提升中心城区综合承载能力、经济辐射带动能力、社会管理服务能力,促进中心城区品质提升。

2.切实提升公共服务质量

以生活功能区为重点,提供现代化、综合性、国际化的城市服务。结合生态旅游需求,积极引进上海等地高质量的教育、医疗资源,提高优质休闲、娱乐和旅游服务设施配置比例,体现多元化和包容性。

3.有序推进"未来社区"建设

要将智慧基因植入城市开发建设各领域,提升整个城市的智能化水平,全力打造智慧城市先锋样板。"未来社区"的构建要充分考虑市级财政的承受能力,同时确定合理的建设模式,做到积极稳妥、有序推进。

(二)加快打造内外畅通的现代交通体系

1.确保沿湾交通顺畅

往上海方向,加快推动沪嘉甬铁路建设,启动沪甬城际铁路等交通谋划。往杭州方向,加快推进杭绍甬智慧高速公路建设,启动杭甬城际铁路项目前期,力争形成快速畅通、便捷高效的区域性交通枢纽优势。

2.有效连接周边地区

往余慈方向推进建设杭州湾跨海大桥杭甬高速连接线项目、杭州湾跨海大桥余慈中心连接线等,往镇海方向推动建设杭甬高速复线二期宁波段项目,往宁

波中心城区方向推动余慈城际轨道交通建设,着力形成到中心城区半小时交通圈。

3.面向新区相向发展

规划形成以杭甬高速复线、杭州湾跨海大桥余慈中心连接线高速公路为依托,以北环线、周庵公路、胜陆公路(东三环)快速线为骨架,以多条纵向、横向主干路为支架的区域主干网络,支撑城区空间结构拓展和重要功能板块形成。

(三)构筑以智能经济为引领的产业体系

1.明确产业发展方向

立足慈溪发展的现实基础,把握数字化、网络化、智能化融合发展的契机,聚焦数字经济、智能经济、信息经济等新经济形态,促进新技术推广应用、新业态衍生发展和新模式融合创新,大力推动新经济加快发展。以产业培育带动新城创新功能、生态功能、文化功能、旅游功能、现代社区功能等多功能的培育开发,打造集约高效、产城融合、绿色智慧的高质量发展大平台。

2.促进产业集群发展

紧盯全球未来产业发展趋势,立足慈溪先进制造业基础和比较优势,坚持传统产业转型和新兴产业培育双轮驱动,打造以智能终端、智能装备和关键基础件等为核心的智能制造产业集群,大力发展各类工业机器人、服务机器人,成为新城工业经济发展的标志性产业。引导推动优势主导产业向高端发展,传统企业向研发、销售两端延伸,不断提高产业层次和企业核心竞争力。

3.培育发展战略新兴产业

一要加快发展高端医疗器械产业,重点发展骨科器械、消毒设备、病房护理设备、高精度医疗器械及配件、可穿戴、远程诊疗等医疗器械产品。二要加快关键技术研发突破,推进石墨烯、高性能磁性材料、高性能功能性纤维等领域发展。三要加快发展新能源汽车,发展整车设计与制造,加快动力电池与电池管理系统、电动汽车智能化技术和电机驱动与电力电子总成等技术研发和产业化。

(四)产业优化成为沪甬合作典范

建设沪浙合作发展试验区(沪甬特别合作区)是宁波前湾新区规划的核心定位,也是建设长三角高质量一体化发展的标志性战略。

1.促进产业转型对接

围绕智能制造、汽车制造、生物医药、新材料等慈溪产业发展的重点领域和关键环节,积极配套上海全球科创中心建设和重点产业发展部署,创新合作机制和模式,对应布局一批重点引进和培育项目,整体嵌入并提升区域价值链、产业链分工体系,为慈溪产业转型升级注入新动力、实现新突破。

2.开展系列引智行动

聚焦创新型科技团队、领军企业家、海外工程师、高层次创业人才和技术人才,采取智力引进、合作研究、业余兼职、人才租赁等柔性方式,服务于本地企业发展。设立上海引才工作站,拓宽引才通道。积极开展面向高校的人才招引,吸引上海高校毕业生来慈创业就业。

3.引进一批科研院所

瞄准上海的高端要素资源和各类创新园区和平台,争取上海来慈溪设立总部基地和分支机构。采取"技术端在上海、转化端进驻慈溪"等合作模式,进一步吸引上海重大科研机构和平台在慈溪进行科技成果转移转化,引进建立上海科研院所、大学研究院等分支机构,将其打造成慈溪集中承接上海科创资源溢出的主平台。

4.打造创新孵化平台

积极推进与上海科创孵化器、加速器的合作对接。聚焦漕河泾、徐汇、杨浦、浦东、虹口、紫竹等上海全球科创中心承载区或功能区,梳理与慈溪产业特点等具有较强耦合性的各类孵化器、加速器以及各类众创空间,创新科研转化分享机制,努力把慈溪建设成上海创新创业资源外溢的最佳承载区和科技孵化成果转化的加速区。

5.共享优质公共服务

打通与上海相关区域交通、教育、医疗数据障碍,实现数据信息共享,"互联网＋"公共服务能力显著提升。积极引进上海教育资源,通过合作共建、设立分校、教师互访等形式,实现两地教师与学生交流互动,使慈溪教育理念、管理水平与上海接轨。推进医疗资源全面共享,争取两地医保卡互联互通,深化两地医疗机构紧密合作,让慈溪人民更便捷地享受顶级医疗服务。

(五)刀刃向内推进体制机制创新

1.创新管理体制

按照前湾新区的建设时序,适时启动慈溪高铁新城指挥部向前湾新区慈溪片区管理委员会的过渡,建议在环创中心、高新区行政架构的基础上,整合现有空间范围内各产业平台,建立前湾新区慈溪片区开发建设管理委员会,管委会下设办公室、规划政策部、开发建设部、招商引智部、经济发展部等五个部室,实行相对独立运作,按照人尽其才的原则进行优化组合。

2.创新运行机制

创新开发建设机制。根据前湾新区的统一规划,高水平编制慈溪片区总体规划、详细规划和重点项目设计方案,充分论证评估。科学把握土地开发建设节奏,提高土地资源的使用效率。完善政务服务机制,推进"最多跑一次"改革,改革行政管理体制,根治落户企业办事难、办事慢、效率低的"顽症"。推进投融资体制改革,形成融资、投资、建设、管理、偿债一体化的良性循环投融资机制。

3.完善招商机制

抽调精兵强将设立招商局,将招商任务完成情况作为年度工作业绩考核的重要依据。发掘项目信息,建立项目信息库,确定专人密切跟踪力求突破。拓展一线城市招商网络,建立招商代办处。加强与入驻产业新城重点企业业主的感情联络,经常性组织开展各种形式的联谊活动,协调解决其事业上、工作上、生活上所遇到的各种难题,增强向心力和归属感。

4.强化保障机制

加大规划与资源要素省级争取力度、市级统筹力度,积极向省里争取建设土地指标倾斜,对重点产业重点企业优先保证建设用地供应。加大财政资金支持力度,合理制定区域产业财政政策,对符合条件的重点产业新增规模与科技研发投入,现行财政扶持政策给予适度倾斜。

(作者单位:慈溪市社科联)

宁海县以艺术破题
探索新时代新农村建设新路径的实践与思考

章伟银　金伟跃　娄姣敏

　　宁海县在新农村建设中采取艺术破题形式，系统化实施艺术振兴乡村三年行动计划，大力开展"艺术家驻村""艺术提升品位""设计改变生活"三大行动，以艺术创造力提升乡村发展力，打造美丽乡村升级版，形成了新时代新农村建设的"宁海模式"。

一、宁海县艺术振兴乡村的探索和实践

（一）实施"艺术家驻村"行动，解决"谁来做"的问题

　　一是招引艺术高校团队。发出艺术家驻村全球招募令，重点加强与高等艺术院校的深度合作，目前已与中国人民大学、浙江农林大学、宁波大学等高校签订框架协议，全面参与宁海艺术振兴乡村工作。如大佳何镇葛家村，引入中国人民大学丛志强教授团队 5 人，通过艺术家和村民共同设计施工、就地取材，用 12 天时间使得村庄面貌焕然一新。

　　二是招引外来艺术家。依托优良的生态人文资源，吸引外来文化名人入驻。如知名影视人鲁岐入驻岔路镇湖头村，成为该村荣誉村民和"葛洪"养生小镇形象大使，创作电影《神医大道》，引入上海银燕悬灸，开发葛洪养生糕，打造葛洪养生文化名片。引进宁波市"泛 3315"创业团队带头人、电影《黑猫警长》导演于胜军，打造"熊小米大未来"项目，建设儿童美育创意园区。

　　三是引育宁海籍艺术家。出台《宁海县文化名家名匠工程建设实施意见》，评选出首批文化名家名匠和文化优才 34 名，与农村结对共建，服务社会。搭建

平台招引在外宁海名家报效桑梓。如西泠印社副社长童衍方在 4A 级景区——前童古镇设立童衍方艺术馆,常态化开展高端金石展,提升文化旅游品位;中国古琴协会会长赵家珍回乡设立古琴传承基地,举办古琴音乐会,为群众呈上艺术大餐。

(二)实施"艺术提升品位"行动,解决"做什么"的问题

一是打造艺术项目。积极营造可看可感可触的城乡艺术氛围,从群众的艺术需求出发,不断完善艺术基础设施建设,加快推进宁海文化综合体、潘天寿艺术中心、童衍方艺术馆扩建等重点文化项目,丰富群众艺术生活。积极探索民生项目艺术化新形式,组织艺术家顾问团,在项目前、中、后,全程参与艺术设计,围绕历史底蕴、城市精神、文化特质,注入城市美学。2019 年重点开展艺术助推乡村振兴项目 31 个、艺术家驻村项目 63 个。

二是打造艺术特色村。把艺术设计融入美丽乡村、传统村落、美丽庭院等创建全过程。重点打造一批书法、诗词、摄影、美术等特色村。如在前童古镇、桑洲南山村、茶院许家山村、胡陈东山村建立写生基地、摄影基地;在书法基础较好的西店团堧村,邀请县文联副主席王苍龙驻村结对,帮助打造书法村。

三是打造艺术特色风景线。邀请驻村艺术家参与胡陈乡"桃花源里"、桑洲镇"南山花语"、大佳何镇"正学故里"、桥头胡街道"汶溪翠谷"等文明示范线整体设计,提升文明示范线建设档次。在水利建设、交通路线、旅游景点、休闲公园等重要节点,立足生产生活功能和艺术功能相结合,开展艺术化设计,以点带面,提升风貌。目前已有 3 条景观交通走廊、2 条水文化带开展艺术设计。其中,县水利局建设 21.5 公里的白溪流域景观提升工程,总投资近 1 亿元,融合霞客文化、卵石文化、竹艺根雕文化等文化元素,打造艺术风景线。

(三)实施"设计改变生活"行动,解决"怎么做"的问题

一是提升农村产业发展。依托"驻村艺术家"的资源优势,积极引进文化旅游、影视传媒、体育休闲、观光农业等项目,如桥头胡街道引进北京土人设计团队,谋划集国际研学、非遗文化传承、艺术教育、文化旅游等于一体的"望山生活—龙潭石寨"项目。又如前童古镇利用"五匠"之乡资源,引进多位工艺美术大师入驻景点,开发出根雕、竹编等文创产品,被评为省级文化创意街区。提升艺术产业发展,深甽镇引入本地知名书画家王琛,建成宁海温泉艺术村,目前已有 17 位书画艺术家入驻,被评为宁波市文创产业培育园区。

二是提升环境建设品位。立足传统文化和现代文化的对话,把艺术设计融入美丽乡村建设全过程。积极探索高校艺术生实践基地模式,提供社会实践和艺术创作的广阔舞台,开展艺术设计志愿服务。艺术振兴乡村校地协同融合设

计行动期间,30所艺术高校近200名艺术师生深入农村大地,通过吃住在村,和村民一道,对美丽庭院、文化礼堂、乡间道路等环境进行融合设计和改造提升,推动农村由洁化、美化向艺术化转变。

三是提升群众文化生活。以"人与自然共生,乡土与艺术共融"为主题,策划公共艺术活动,开展乡村书画交流、农民趣味运动会、乡村摄影展、文创产品展及"中国童诗节"等系列活动,改变群众生活理念,提升群众艺术修养。立足艺术惠民,组建百名文艺志愿者下基层指导"百姓大舞台"建设,丰富群众文化生活。如驻东南溪村的唐洁妃为一级演员,她发挥自己的艺术特点,在村里培养了4个文艺团队,活跃了群众文化。2019年以来全县已举办250余场次乡村"百姓舞台",受惠群众达12万余人次。

四是提升乡风文明水平。促进文明和艺术相结合,用群众喜闻乐见的艺术形式,融入乡风文明示范线、文明示范村、三美乡村等建设,推进道德文明春风化雨、入脑入心。借力"驻村艺术家",策划开展既接天线又接地气的精神文明建设活动,推进移风易俗,为乡村建设注入文明新风。如驻下桥村的葛圣明,自编自导自演一些倡导垃圾分类、移风易俗等的节目进行文艺宣传,促进了乡风文明。

二、持续推进艺术振兴乡村面临的问题

虽然,宁海县在艺术振兴乡村工作方面取得了明显成效,但跟群众对美好生活的期盼相比,还存在一定距离。持续推进艺术振兴乡村工作也面临着以下三方面的主要问题和挑战。

一是经济增长压力较大,财政投入不足。近年来,宁海县受国际国内形势等大环境因素制约,稳增长压力仍然较大。受财政"过紧日子"形势影响,对艺术振兴乡村投入不足,这在一定程度上制约了艺术振兴乡村工作进程。截至目前,宁海县已初步形成了30个艺术特色村,但面上铺开艺术振兴乡村工作面临着"巧妇难为无米之炊"的尴尬。

二是农村空心化现象严重,乡村活力有待突破。随着城市化发展,农村的大量青壮年劳动力外流导致农村空心化、老龄化问题严重。宁海全县户籍人口共63万人,据不完全统计,其中农村外出人口占到近20%。农村大量青壮年外流,成为推进艺术振兴乡村的一大难题。不少村庄山清水秀,环境整洁,艺术提升改造基础较好,但因空心化严重,缺乏本地村民支持,艺术振兴乡村工作推进不甚理想。

三是定向艺术思维有待突破,差异化开发任重道远。系统化开展艺术振兴

乡村计划,宁海尚属先行先试,无样本参照。宁海最先涌现出来的"葛家村模式",是通过艺术高校与村民共同就地取材,对全村环境节点进行创意化设计改造,打造出了网红村。但因成本低、难度低、可操作性强等特点,成为其他村争相模仿学习的对象,一定程度上造成了同质化现象,不利于艺术振兴乡村的纵深推进。

三、持续推荐艺术振兴乡村的对策和建议

(一)绘好一张蓝图,全面推进艺术振兴乡村工作

1.绘好实施步骤图

加强科学规划,实施艺术振兴乡村三年行动计划,采取"艺术+""+艺术"方式,推进艺术和产业融合、和环境融合、和文明融合、和生活融合。按照"以点带面、循序渐进"原则,每年有计划地确定和推进一批重点项目、重点村、重点线。深刻挖掘农村文化基因,突出地域特色和"乡愁记忆",明确每个建设村的总体思路和规划,有序推进艺术振兴乡村工作。

2.绘好协同作战图

加强对艺术振兴乡村建设项目和建设村的倾斜力度和政策支持。树立全县一盘棋思想,根据成员单位职责,组建传统村落、美丽庭院、文化旅游、美丽宜居示范村建设、美丽交通、水利文化等专项小组,通盘推进线上艺术提升改造工作。把艺术振兴乡村工作纳入对各乡镇(街道)的目标管理考核,明确主体责任。加强对重点建设村的指点和项目督查,形成县、镇、村齐步推进艺术振兴的工作网。

3.绘好机制支撑图

制定艺术振兴乡村奖励意见,建立完善艺术家驻村创业创新激励机制,开展优秀驻村艺术家及团队评比,对"驻村艺术家"招商引才、文艺精品创作、调研成果转化等,根据社会效益和经济效益进行奖励和扶持,进一步激发艺术家工作积极性。开展艺术振兴乡村成果展,对成效明显的建设村予以补助,突出导向效应,形成比创新、比特色、比成果的浓郁氛围,激励基层充分发挥主观能动性,建设美好家园。

(二)构建投入体系,创造艺术振兴乡村良好环境

1.加大财政投入,提高资金效用

进一步加强全县涉农资金整合,组建艺术振兴乡村资金池,为推进艺术家驻

村行动、艺术项目建设、艺术活动开展、艺术村建设提供必要的资金保障。实行一个口子出，由相关部门统筹安排艺术振兴乡村资金，强化资金使用效率，充分发挥"四两拨千斤"的效用，为艺术振兴乡村提供有力支撑。

2.鼓励社会力量投入，拓展资金渠道

鼓励县内外各类企业、艺术协会、团体组织等社会力量发挥各自优势，共同探索合作共赢的载体和路径，助力艺术振兴乡村工作。积极争取社会公益基金、艺术基金等社会基金会支持，拓宽融资途径。加强金融服务，鼓励本地银行发挥作用，帮助解决艺术项目推进所需的资金难题。发动创意设计企业立足当地实际，结合劳动力现状，开发文化资源，发展文化创意产业，增加群众收入。

3.加强资源投入，形成共建合力

抓牢项目资源，把艺术振兴乡村和推动当前工作相结合，巧抓项目建设、项目创建等契机，纳入项目建设资金，统筹使用资金。抓牢智力资源。争取艺术高校、国家艺术基金等智库力量，为宁海艺术振兴乡村出谋划策。抓牢人才资源。注重发挥乡贤能人等群体的优势，借助他们的视野、点子、资金，反哺家乡发展。

（三）加快融合发展，激发农村内生动力

1.三产联动，破空心村难题

艺术振兴乡村既要讲艺术情怀，又要讲市场，要用乡村产业的兴旺来激活乡村生命力。大力支持五匠技艺、创意设计、工艺美术、数字出版、动漫影视等新兴艺术业态，探索"艺术产业联盟"模式，以举办潘天寿艺术设计大赛等活动为纽带，由原先的制造业产品设计，扩展到家具用品、农产品设计、环境设计等领域，以艺术提升为手段，打通一二三产联动发展的经络。做大体验互动经济，组织当地农民共同形成各种农业合作社、手工艺合作社、民宿合作社、餐饮合作社等运营联合体，提升各大产业的文化附加值，以乡村复兴，吸引游客重新走入乡村，品味乡村，为乡村艺术化发展注入新动能。

2."三生合一"，破差异化难题

注重生活、生产、生态的"三生合一"，整合自然资源和民俗文化资源，找回乡村原本的个性与生活。立足艺术振兴乡村形态的丰富性，走差异化的开发道路，改变千村一面的建设情况。梳理各村各具特色的山水风光、地形地貌、风俗人情、土特产品、古居旧舍、人文历史等资源，用艺术挖掘特色、放大优势，真正提升村庄品味。挖掘每个村庄的特质，立足不同的"乡愁记忆"，就地取材，利用旧建筑、废弃旧物品、公共设施、文化综合设施、户外山林田园、生活场所等现有资源，结合当地生态环境，突出本地的"根文化"主题，进行符合本地特色的艺术化改

造,如千年古村西岙村整村打造渔樵耕读主题文化,王干山村建设沧海桑田摄影村,前童古镇发展明清影视基地,形成多点开花的辐射效应。

3.三才并重,破可持续难题

扭住组织振兴这个牛鼻子,把艺术振兴乡村纳入农村党组织考核评比的重点内容,建立艺术振兴乡村学院,采取"请进来""走出去"等形式,加强村干部艺术振兴乡村专题培训,提升村干部艺术修养。开展艺术振兴乡村先进事迹报告会、微型党课等活动,激发农村党组织工作积极性。壮大"驻村艺术家"队伍。通过"驻村艺术家"引"驻村艺术家"模式,借助他们的力量吸引更多的人流物流信息流,加强与外来投资者、创新者、旅游者的交流互动,拓宽招商引资、招才引智的渠道,汇聚更大力量发展宁海。常态化开展驻村艺术家成果交流会,推动艺术家真正融入基层一线。以"三贴近"为创作原则,开展艺术扶贫,打造艺术教育基地,孵化艺术产业和公共艺术平台,让群众实实在在地体会到艺术振兴乡村工作带来的获得感。培育"农民艺术家"队伍。重点在激发群众艺术天赋上下功夫,推广村民设计小组模式,大力实施一村一品、一村一技、一人一艺计划,最大限度地把群众培育动员起来。举办农民艺术节,围绕好吃、好看、好玩,鼓励群众用绘画、书法、手工编织、美食制作等形式展示艺术设计成效,激发群众艺术创作信心和积极性。变自上而下的经营模式为上下齐力的协同模式,让群众成为艺术振兴乡村的主体力量,通过文化艺术,提升村民对乡村的归属感,更主动、更有序地参与乡村治理,实现文化小康共建共享。

(作者单位:中共宁海县委宣传部)

关于象山建设宁波海洋经济发展
示范区主体区的研究

朱约余　朱曹宇　林　炟

近年来,我国海洋经济总体上进入了高速发展阶段,对我国国民经济的稳定发展和就业保障发挥着巨大作用。自 2012 年起,国家和省市持续推进海洋经济发展区域示范工作。2018 年 11 月 26 日,以象山县为主体的宁波海洋经济发展示范区获国家发改委、自然资源部批复。抓好象山建设宁波海洋经济发展示范区这一有利机遇,对于促进象山海洋经济高质量发展,实现象山由"海洋大县"向"海洋强县"的跨越具有重大而深远的影响。

一、建设宁波海洋经济发展示范区主体区的重大战略意义

(一)加快宁波海洋经济发展示范区主体区建设,是贯彻习近平总书记重要指示精神、落实"八八战略"再深化的重大举措

习近平总书记一直对发展海洋经济高度重视,早在 2002 年担任浙江省委书记期间,就做出了实施"八八战略"重大决策部署,其中非常重要的一条就是要大力发展海洋经济。2003 年 5 月,习近平总书记(时任浙江省委书记)亲临象山调研海洋经济,并做出重要指示:象山发展海洋经济已经具有良好的开端,又有较好的自然条件和资源优势,希望象山把发展海洋经济作为一项重要的工作来抓,进一步发挥优势,寻找差距,全力推进海洋经济快速发展。习近平总书记的重要指示,为象山大力发展海洋经济提供了遵循、指明了方向。

（二）加快宁波海洋经济发展示范区主体区建设，是主动融入国家重大战略、提升区域发展能级的战略路径

党的十九大报告明确提出要加快建设海洋强国。同时，由习近平总书记亲自谋划、亲自部署、亲自推动的长三角区域一体化发展加快推进，浙沪苏皖深度合作，其核心要义是引领长三角各地扬优势、补短板，在更高层面实现高质量一体化发展。建设宁波海洋经济发展示范区主体区，就是将其作为深度融入国家战略的"突破口""接入口"，全方位接轨上海，在推动一体化中做强平台产业、提升发展能级，为象山改革发展注入强劲动力。

（三）加快宁波海洋经济发展示范区主体区建设，是发挥海洋资源优势、实现后发赶超的现实选择

近年来，象山工业经济稳步向好，全域旅游提档升级，大院大所合作取得突破，改革品牌全面打响，经济社会各项事业发展取得明显进展。纵向比有成绩，横向比有压力。如何在区域竞争中脱颖而出，象山最大的潜力和优势在海洋，即发挥海洋资源禀赋优势，抓住宁波海洋经济发展示范区主体区建设这个"制胜法宝"，加快释放"国字号"平台潜力，努力走出一条超常规发展道路，最终实现后发赶超。

（四）加快宁波海洋经济发展示范区主体区建设，是推进海陆统筹、彰显城市独特魅力的有效载体

独特的"城市名片"是城市核心竞争力的重要来源和强大支撑。象山自然资源丰富、海洋文化特色鲜明、海洋旅游蓬勃发展。尤其是随着 2022 年杭州亚运会帆船帆板、沙滩排球等赛事花落象山，象山将向全世界展示城市形象、滨海特色。推动宁波海洋经济发展示范区主体区建设，就是巧妙地将海洋文化融入城市空间和城市建筑，打造形成城市特有的地域环境、文化特色、建筑风格，加快建设长三角更具竞争力、更具吸引力、更具滨海魅力的现代化滨海新城。

二、建设宁波海洋经济发展示范区主体区的发展基础

（一）综合发展态势良好

象山县位列中国综合实力百强县第 55 位，2018 年全县 GDP 达到 532 亿元，同比增长 7%。三产结构逐步优化，三次产业比重由 2015 年的 15：45：40 调整为 2018 年的 14：42：44。固定资产投资连续三年增速超过 10%，投资额三产占比为 1：27：72。工业发展增能提效，产业体系趋于完备，大力实施"6＋

1"产业振兴计划,形成了高端装备、汽模配、针织服装三大百亿级产业集群。其中涉海产业类别不断增加,战略性新兴产业、高新技术产业、高端装备产业转型升级加速,增速均高于全县规上工业增加值增速。

(二)涉海要素禀赋优越

海洋区位优势明显,象山地处宁波、舟山和台州交会处,三面环海、两港相拥,是连接长三角经济区和海西经济区、杭州湾产业带和温台产业带的重要纽带。北部象山港为深水不冻良港,南部石浦港为全国六大一级中心渔港之一、国家二类开放口岸,也是长三角地区距台湾最近的口岸、对台深度开放的重要门户。海洋资源得天独厚,拥有海域面积 6618 平方公里(占全市的 80%),岸线总长 925 公里(占全省的 14%),海岛 508 个(占全市的 80%),大小岛礁 656 个(占全省的 21.4%),沿海蕴藏有丰富的风力、潮汐等可再生能源。海洋文化底蕴深厚,素有"东方不老岛、海山仙子国"美誉,拥有绵延六千余年的渔文化、丹文化等八大海洋特色文化资源,国家级非物质文化遗产 6 项、省级 10 项,中国开渔节列入全国十大民俗节庆。

(三)海洋经济特色鲜明

海洋产业已初具体系,象山已逐步形成以渔港经济、滨海旅游、临海工业、海洋新兴产业为主的四大海洋产业体系。2018 年海洋一二三产业结构比为 35∶33∶32,尤其是水产品产量一直居全省首位。象山县海洋生态文明建设走在全国前列,拥有韭山列岛国家级自然保护区、渔山列岛国家级海洋生态特别保护区,获批全省首个海洋综合开发与保护试验区、国家级海洋渔文化生态保护实验区、全国首批国家级海洋生态文明建设示范区、全国首批国家生态文明建设示范县。

(四)城区建设日益完善

象山县陆域生态环境宜居宜业,森林覆盖率高达 59.1%,列宁波首位,全年空气质量优良率达 93.2%,达到国家旅游度假区一级标准。交通基础设施建设稳步推进,象山港大桥建成通车,甬台温高速公路复线及石浦支线全线贯通,实现"宁波半小时、杭州两小时、上海三小时"交通圈;宁波—象山城际、甬台温高铁复线等重大交通基础设施规划建设稳步推进,建成后将从根本上改变象山交通末梢地位。滨海城区品质日益完善,"迎接亚运、城市双修"行动计划扎实开展,城市精细化管理三年行动计划持续推进,餐饮业"四名"工程全面实施,生活性服务业不断发展。

三、建设宁波海洋经济发展示范区主体区的目标要求

主体区建设,更多体现的是资源要素的集聚效应、体制机制的开放创新、经济增长的潜力预期,是一个城市加快发展的趋势和区域竞争中的"气场"。因此,结合象山实际,我们提出主体区建设的指导思想和总体目标:以习近平新时代中国特色社会主义思想为指导,深入贯彻海洋强国、长三角区域一体化等决策部署,按照省政府批复精神,加快形成"136X"建设体系,全力把主体区建设成国际一流、国内领先的海洋绿色协调发展样板区。"1"就是坚持以海洋经济高质量发展为主线;"3"就是重点在海洋资源要素市场化配置、海洋科技研发与产业化、海洋产业绿色发展模式三方面示范引领、取得突破;"6"就是要高水平推进海洋产业、科技创新、陆海统筹、平台能级、生态文明、公共服务等六方面重点任务;"X"就是跟进落实若干项工作举措,确保海洋经济发展走深走实、走在前列。

围绕总体目标,我们确定了"三步走"的战略安排:到 2020 年,主体区建设取得初步成效,通过国家部委验收。生态高效的海洋产业体系基本形成,陆海统筹、联通共享的基础设施网络基本完善,水清岸绿的海洋环境保护取得成效,高效便捷的海洋管理创新取得突破。到 2022 年,主体区建设取得明显成效,一批重大项目建成投产,科技创新重大平台作用显现,功能区平台能级进一步提升,生态文明继续保持领先,海洋综合管理各方面制度更加成熟,海洋产业绿色发展模式基本成形,海洋经济高质量指标保持全市领先。到 2025 年,主体区建设取得显著成效,海洋经济发展活力更加强劲,千亿级海洋产业集群全面形成;海洋科研创新更加高效,涉海企业自主创新能力大幅度提升;海洋生态环境保护和综合管理水平继续走在全国前列。

四、建设宁波海洋经济发展示范区主体区的重点举措

以全面实施《浙江宁波海洋经济发展示范区建设总体方案》为抓手,举全县之力、集全民之智建设好这个"国字号"平台,真正把"国字号帽子"打造成"国字号品牌",走出一条具有象山特点的海洋经济发展之路。

(一)集聚优势,建强大平台

打造产业集聚平台。以打造专业化园区为重点,不断优化园区产业特色定位、完善港口设施功能,针对性引进培育一批"强链""补链"项目,形成"一区一特

色""一区一产业",增强园区竞争力、支撑力。打造科技创新平台。各园区建立健全科技创新服务体系,深化与国内外高校、科研机构的合作,引进设立服务企业创新的科研机构;建好孵化平台,突出抓好众创空间、孵化器、加速器等创新平台建设;建好产业化基地,推动科技成果在园区转化和产业化,打通成果转化"最后一公里"。打造产城融合平台。深化园区与周边城镇在规划、产业、交通、机制和政策等方面的联动,推进要素资源便利化流动,实现资源共享、产业共联、功能共生。按照缺什么补什么的要求,加强园区公共服务配套,提前布局一批仓储物流、船舶检测、技术中介等生产性海洋服务业,实现生产生活与产业功能的互补。创新园区管理体制机制,明确职能、理顺关系,进一步提升行政效率效能,不断增强产城融合的内生动力。

(二)集群发展,做深大产业

建设海洋经济示范区,核心是构建现代海洋产业体系,重点是"做强两大产业、培育两大产业、提升一大产业",加快打造千亿级海洋产业集群。做强两大产业,即做强海洋装备和海洋旅游两大产业。这两个产业是我县的优势产业,目前已形成一定的产业基础,下步要重点予以突破。海洋装备业要充分利用港口、码头和资源岸线优势,以风电产业为重点,围绕资源开发、研发设计、装备制造、运维服务等环节,进一步延伸产业链、提升价值链、完善供应链。在此基础上,依托新乐船舶、波威重工等现有重点企业,再重点培育1~2个细分产业。海洋旅游业要通过加快推进亚帆中心、浙江广电象山影视基地三期、中国渔村二期、渔港古城目的地等一批重大旅游项目建设,加快松兰山国家级旅游度假区、象山影视城5A级景区、半边山省级旅游度假区创建,打造全域旅游升级版,使象山成为具有较大影响力的长三角海洋度假目的地。培育两大产业,即培育海洋新材料和航空航天产业。随着中化膜生产基地落户、商业航天发射场的合作共建,两大产业发展基础已经形成,辐射效应开始显现。下步,抓紧编制产业专项发展规划,加大产业链招商力度,加快培育一批龙头骨干企业,让"新苗"茁壮成长,打造县域经济发展的新增长极。提升一大产业,即提升海洋渔业。该产业是象山的特色传统产业,但目前生产方式仍较为粗放,亟待转型提升。要以创建国家级渔港经济区为契机,创新渔业经营体制,提升渔船生产组织化水平,加快中国水产城改制重组,大力发展远洋渔业,通过产业大转型推动管理大升级,从根本上破解涉海涉渔领域安全生产问题。

(三)集中力量,招引大项目

坚持谋划为先。根据产业政策和上级要求,提前对接、深化论证、谋划储备。围绕海洋强国、长三角区域一体化、乡村振兴、大湾区建设等国家战略,紧盯重大资金补助、重大产业和重大基础设施,持续谋划一批重大项目,积极争取列入国家和省、市重大项目规划。坚持招引为要。用足用好主体区这个"国字号"平台,充分发挥长三角上海交流合作中心作用,加大对上海项目、资金、人才的招引力度,全力引进一批投资大、效益好、带动性强的大项目好项目。坚持落地为实。加强对已签约项目的跟踪服务,成立专门工作班子,跟踪掌握企业投资动态,督促协调项目落地难题,确保早开工、早建成、早投产。深化"三服务"工作,开展园区"最多跑一次"改革,细化实施"10＋N"便利化行动,推进营商环境全面提升。

(四)集成改革,推动大创新

打造海洋资源市场化配置样板。在 2018 年获批的 14 个海洋经济发展示范区中,象山是国家唯一明确将海洋资源市场化改革作为示范方向之一的海洋经济发展示范区。需以此为契机,在资源盘活、流动和保护上持续创新,形成一套可复制、能推广的制度成果,畅通资源、资产、资本转化通道,最大限度提升资源价值、撬动经济发展,争取使其成为全国改革的示范样板。打造"智慧海洋"建设样板。信息化、智能化、便利化代表了海洋经济发展的方向。按照"渔港管理可视化、船人实时动态化、渔获物数据信息化"要求,进一步拓展延伸、提质扩面、打响品牌。同时,复制推广先进地区经验,充分运用互联网、物联网、智能控制等手段,在港口建设、海洋产业、防灾减灾等领域,提高智能化服务水平。在此基础上,深化涉海领域"最多跑一次"改革,通过流程再造和信息共享,实现涉海领域"一件事"一站式联办、一体化服务,争取成为海洋智慧管理的样板。打造"两山"理论转化的海洋样板。全力争取成为"两山"理论转化的海洋样板,大胆创新海洋产业绿色发展模式。以生态海岸带修复为重点,加大对海岸、海湾、海洋湿地和海岛的整治修复力度,联动百里黄金海岸带建设,有机结合海洋旅游、文化、体育等新兴产业,打通"两山"理论转化的通道,不断将生态优势转化为发展优势。

(五)集合要素,强化大支撑

突破建设资金制约。建立与示范区建设要求相适应的投融资体制机制,切实增强资金保障能力。对海上风电、清洁能源、海洋生物等优质产业项目,可考虑由县国有企业参股,提高国有资本收益。注重重大项目融资包装,加强与国开行、农发行等政策性金融机构对接,支持企业采取股权置换、发行债券和上市等方式拓宽融资渠道。加大上级资金争取力度,积极争取国家和省、市各类专项资金。县产业引导基金要向海洋新兴产业倾斜,优化资金配置结构,提高资金使用绩效。突破用地用海制约。开展海洋国土资源整改试点,梳理闲置土地、低效用地、"填而不用"建设用海等资源,研究制定整改方案,采取非常手段,最大限度盘活存量。结合国土利用总体规划修编,优化用地用海方案设计,有序开展围填海工程,扩大用地用海增量。推动"亩均论英雄"改革向海洋延伸,建立健全低效用地(用海)退出机制,以高效管理促进集约用地用海。突破基础设施制约。按照"整合沿海、延伸海岛、加强互通"的总体思路,统筹推进交通、电力、水利、信息等基础设施建设。加大投资力度,在建工程抓进度、已立项项目抓开工、规划拟建项目抓论证申报,尤其是要加快谋划象山港二通道、城际铁路、沿海高铁过境设站等重大项目,加速形成连接海陆、沟通区块的快速通道体系。更加注重口岸设施建设,加大港口、码头、航道等改造力度,全面推进石浦港开发开放。

（作者单位:中共象山县委全面深化改革委员会办公室）

2020 宁波发展蓝皮书
BLUE BOOK OF NINGBO DEVELOPMENT

专 题 篇

宁波市发展体育服务综合体建设的路径及对策

谢萍萍

　　体育服务综合体作为新时代的产物,学术界对其的研究还处于探索阶段,因此,明确体育服务综合体的发展阶段、发展类型、发展现状、发展经验以及发展方向,进一步探讨其发展策略,将有利于逐步打造出符合国家战略要求、美好体育需求及市场经济规律的体育服务综合体,增强体育场馆建设的前瞻性和科学性,为体育服务综合体的可持续发展提供理论依据和决策参考。随着国家重竞技思想的逐渐优化以及人民群众的健身热情和收入水平的持续提升,我国的群众体育、竞技体育、体育产业步入了发展的快车道。然而发展中的不平衡、不充分问题长期得不到解决,这使整个体育的发展"摇摇晃晃";体育服务综合体的出现,则为三者的深度融合和协同发展提供了合适的空间。

一、体育服务综合体发展现状

(一)政策导向和时代指引

　　自国务院发布的 46 号文首次提出体育服务综合体的概念起,建设、发展体育服务综合体便在《"健康中国 2030"规划纲要》、《关于加快发展健身休闲产业的指导意见》、《体育场馆运营管理办法》以及《体育发展"十三五"规划》等指导性文件中多次被提到。另外,伴随着人民群众收入的不断增加、健身需求的持续发酵、国家经济进入新常态、供给侧改革以及"健康中国 2030"的稳步实施,发展体育服务综合体顺应了时代的要求。

（二）国内体育服务综合体总体发展势头强劲

从 20 世纪 80 年代起,国内就开始相继出现城市综合体的身影。北京、上海、广东、江苏、福建、湖北、海南以及陕西等地,相继加大发展体育服务综合体的力度,部分省份更是出台相关政策来加快体育服务综合体的发展步伐,使体育服务综合体在全国多个区域呈现出强劲的发展势头。江苏省到 2025 年,规划建成 100 个以上体育服务综合体,实现省、市、县三级全覆盖。陕西省将按照市场需要,在全省规划建设一批体、旅融合发展的体育服务综合体。杭州市政府很早就提出要建设 100 个涵盖旅游、枢纽、高教、金融、商贸、商务、奥体、博览等功能的城市综合体,以此来助推杭州"生活品质之城"建设和"城市国际化"战略。

（三）同类城市体育服务综合体发展态势良好

我国其他 4 个计划单列城市,在国务院 46 号文件出台后,就开始规划落实体育服务综合体建设。大连体育中心是大连市"西拓北进"城市发展战略的重点项目,围绕体育中心,大连市政府将开发建设总面积约 74 万平方公里的大连体育新城;青岛市体育局与四大商家共同签订"体育进商场——打造新型城市综合体"战略合作协议,此外正在打造"奥园体育小镇";厦门的大唐中心场馆群区正力争打造成全国体育综合体的样板;深圳坪山弘金地体育休闲综合体为广东省体育产业示范项目。相比之下,我市的体育服务综合体无论是建设规模还是建设力度,都显得相对落后些。

（四）我市体育服务综合体建设迫在眉睫

2018 年,我市体育产业总产值占 GDP 1.1％以上,年增速达 15％以上。事实上,真正能够体现我市体育产业竞争力的体育竞赛表演活动、体育健身休闲活动、体育场馆服务以及体育培训与教育等体育服务业(除体育用品和相关产品制造、体育场地设施建设外的 9 大类)占比却不容乐观,其中作为体育产业载体的体育场馆服务业占比更是惨淡,因此,我市体育产业的内部结构亟待改善。我市奥体中心的投入使用恰恰可以有效改善我市体育产业内部结构不平衡的现状,其包容性、互利性以及服务性特点,为体育服务业在体育综合体的广泛空间里进行充分融合、共同发展提供了优质的条件,有助于打造流量共享、信息互通、资金循环的长效机制,促进体育服务业的合理化、规模化发展,优化体育产业内部结构,扩大体育产业总规模。

二、我市推进体育服务综合体建设存在的问题

（一）局限于发展体育产业，全面服务体育发展能力不够

在 2018 年召开的宁波市体育产业联合会第二次会员代表大会上，我市提出将"围绕城市国际化和'一带一路'试验区建设，每年举办大赛 40 多项，着力打造'一区县（市）一品'的赛事体系"。市体育局局长张霓表示，宁波市体育产业规模到 2020 年达到 500 亿元以上，到 2025 年达到 800 亿元以上。赛事的打造、产业的发展，都需要体育场馆的支撑。建议从规划引领、均衡布局、模式设计和建设推进等方面入手，发展事业型体育综合体，发挥体育综合体的集聚集约优势，促进体育事业和体育产业的创新、均衡发展。

（二）局限于体育场馆设施，载体空间的拓展不够

基于"体育场馆是发展体育产业、完善公共体育服务的主阵地"的认识，目前，体育综合体的发展载体仍主要聚焦于大型体育场馆。为践行"健康中国2030"战略，我市体育需求持续增长，并向较高层次和时尚领域发展，以冰雪运动、山地户外运动、水上运动等户外运动项目为重点的时尚运动项目将进入人们的生活。现有的以体育场馆为载体的体育综合体发展模式已很难适应新的发展需求，必须努力突破现有模式，拓展体育综合体载体的发展空间，优化体育综合体的发展思路。

（三）局限于零散赛事和演唱会的开展，多元化运营内容缺乏

大型体育场馆的运营主要由成熟的职业体育赛事体系和发达的体育产业来支撑，但目前，我市无论是职业体育赛事体系还是体育产业都十分稚嫩。近十年来，除了缺乏有影响力的体育赛事，一二线歌星来宁波办演唱会的也寥寥无几。即使是翻修一新的雅戈尔体育馆，也没能挽留住八一男篮。大型文体活动并未成为场馆赢利的主体，场馆运营内容产业缺乏，运营内容建设急需加强。

（四）局限于政府政策推动，社会资本参与开发的积极性不够

社会资本是发展体育产业、促进体育消费的主体力量。当前，发展体育综合体主要基于大型体育场馆存量资源展开，主要做法是在现有基础上引入多元市场主体，拓展体育及相关服务内容，形成体育综合服务供应链。由于我市体育场馆仍主要采用事业单位管理模式，故存在体制不顺、机制不活等问题，不利于社会资本的参与合作。建议推进政府与社会资本合作新建体育服务综合体的 BOT模式、TOT 模式，以及存量资源改造发展体育综合体的 ROT 模式，切实发挥社会资本的积极作用，完善体育服务综合体的运行机制，提升综合发展效益。

三、宁波市发展体育服务综合体的建设路径及对策

（一）充分发挥政府的主导作用

政府在宏观层面上推进体育综合体建设和发展应该从三个方面入手。第一，多管齐下，协同作用于体育综合体。第二，从战略、功能以及位置上对体育综合体的建设进行科学合理规划。建议围绕供给侧结构性改革，根据各地的资源条件、经济发展水平、体育发展水平、城市人口规模等因素，在本地区城市发展规划与体育事业发展规划中，对体育综合体的发展模式、类型、规模、数量进行科学论证、合理规划。第三，政府要在体育综合体建设的用地、市场规范等方面给予一定的政策扶持。建议把体育综合体的建设用地、市场规范纳入法制化轨道；规范税收优惠政策，对土地、工商、水电等给予税收优惠；适当地对体育综合体进行资助补贴；并制定投融资政策，解决中小企业种子资金来源问题等。

（二）建立制度管理体系和科学决策机制

体育综合体内除了为数不多上规模的企业外，大多企业处于"小散弱"状态，其内部管理机制不够健全，人员流动率大，产品和服务标准化程度欠缺，创新能力不足，缺乏可持续发展的动力基础。因此，强化管理是体育综合体内的企业发展的必由之路：一要重视人才培养和激励；二要制定服务规范，完善服务标准；三要强化内部管理，建立制度管理体系和科学决策机制；四要提升创新能力，打造自主知识产权（IP），挖掘商业价值，增强企业活力。

（三）构建以政府为主导，社会与市场为主体共同参与的创新运营模式

在选择体育综合体运营模式时，既要适应当地区域特点、体育发展规律，也要适应地方经济发展水平。体育综合体在设计建设之初可以选择性借鉴万达商业综合体"订单产业"模式中联合协议、共同参与的思路。在设计建设时，对其选址、规模、发展定位、空间的设计、业态分布等与民间合作方进行联合协议，并让运营方共同参与综合体的设计，充分考虑体育场馆的后期使用率、消费者多元化的消费需求、闲置功能房及看台下空间的改造等问题。此外，在民间资本与政府合作时，应尽可能细化双方的权利、责任、义务、利益分配，明确运营要求、商业模式选择、财政扶持政策、绩效考核机制等条件，从而最大限度地避免后期运营可能面临的问题。

（四）以城市发展为前提，整体布局，将宁波奥体中心打造成"体育赛事＋大型商演＋地标娱乐"的体育服务综合体

宁波奥体中心建设用地面积约为 54.78 公顷，建设内容为"一场三馆一中心"，即体育场、体育馆、游泳馆、综合训练馆（全民健身中心）、国际体育交流中心。为使奥体中心在打造体育服务综合体的过程中能够具有自身特色，符合发展实际，可将奥体中心打造为融体育赛事、体育会展以及地标娱乐于一体的体育服务综合体。一方面，充分发挥其举办大型体育赛事、商务演艺活动的功能，在此基础上免费提供服务于全民健身的活动场地；另一方面，为满足群众的多样化需求，周边应配有多家购物中心和服务中心。另外，奥体中心规模宏大，设计奇特，可同时打造成地标旅游型体育综合体，其需要举办世界级、洲际级或国家级的重要赛事，逐渐被人们所熟知。如此，持续不断引来的旅游、观赛人流，为商业配套的开发和发展，带来丰富的"养料"。

宁波奥体中心二期的设计与规划建议以规范的城市体育综合体标准打造。在场馆的设计中要注重综合化，合理综合多种功能，形成多样的空间组织模式，关注附属空间的设计等。

（五）原有场馆多元化开发，将宁波市体育中心打造成"全民健身类体育综合体"

《"健康中国 2030"规划纲要》指出"推动全民健身生活化"。近年来，随着政府的支持、民众健身意识的觉醒、经济收入的增加以及市场环境的成熟，全民健身运动正得到越来越多百姓的支持与参与。全民健身类体育综合体的目标即"保障全民健身活动的顺利开展，为群众提供便捷、多样、高效的健身场地"，在此基础上，搭配以购物、餐饮等商业配套。我市体育中心目前有两馆一场，雅戈尔体育馆以承接比赛为主，富邦体育场以承接演唱会为主，新馆则以租赁的形式，将场地用于羽毛球、乒乓球、篮球的培训与训练。建议增加场馆的使用率，搭配以周边群众喜闻乐见的运动项目，合理规划好体育场一楼的商铺，提供餐饮、休闲、娱乐、购物等简单的服务业态，来满足健身群众体育之外的基本需求。

（作者单位：宁波市社会科学院）

乡村振兴战略下宁波农村创业创新路径研究

杨佐飞　吴丽娟　陈春萍　徐祺娟　王　艳

农村创业创新是大众创业、万众创新的重要组成部分,对于推进乡村振兴战略的实施、加快培育农业农村发展新动能具有重要意义。近年来,宁波认真贯彻中央关于乡村振兴的战略部署,切实落实创新创业政策,农村创业创新人数越来越多,成效越来越明显,为宁波乡村产业振兴注入了新活力,也为城乡融合发展开辟了新通道。

一、乡村振兴战略下宁波农村创业创新现状

(一)双创氛围日益浓厚,发展态势稳中有进

宁波市委、市政府一直致力于提升农村从业者整体素质,积极引导海归人才、大学生、科技人员、工商业主、"农创客"、"乡贤"等各类人才到农业领域创业创新。加强农村实用人才和领军人才培养,完善落实大学生在农业领域就业创业扶持政策,广泛开展新型职业农民创业宣传,树立一批职业农民创业创新典型。这些创业创新人才的涌现,成为乡村振兴的"活力源",为全市大学生现代农业创业创新营造了良好氛围。

(二)双创载体丰富多元,创新能力持续提高

宁波市现有国家级创业创新园区(基地)3家,国家级现代农业产业园1个,省级现代农业园区8个;市级以上农业龙头企业283家,资产总额403亿元,实现产值630亿元,为20.6万户农户提供了就业机会;农民专业合作社2610家,实现总收入44.1亿元;家庭农场4728家,年销售收入32亿元,宁波家庭农场发

展模式被列为全国五大范本之一;培育新型职业农民 6000 余名,宁海、象山、慈溪、余姚成为全国新型职业农民培育试点县;农业社会化服务组织 1000 余个,农村实用人才 18.6 万余人,新型农业经营主体已逐步成为现代农业建设的主力军,创新能力不断提高。

(三)双创平台初具规模,发展活力不断增强

截至目前,宁波已初步搭建农村双创平台,开展孵化基地建设。宁波市现拥有国家级创业创新园区(基地)3 家,全市"青创农场"创业阵地 72 个,乡镇(街道)电商产业园 10 多个,电子商务专业村 71 个,市级农家客栈(民宿)集聚村 6 个。全市"青创农场"创业阵地吸引青年返乡创业 1537 人,带动就业 2187 人,各级"青创农场"年销售额达到 4 亿元。已认定市级创业孵化示范基地 20 家,其中省级创业孵化示范基地 7 家、国家级创业孵化示范基地 2 家。创建以慈溪坎墩都市农业生态园为核心的大学生农业众创园,打造农创客集聚区。打造"农民学院(校)+产业部门+产业基地+农业企业"等多种组合的多元化培训平台,建立可看、可学、可操作的新型职业农民实训基地 21 个。积极利用展会平台,开展多场推介会,宣传宁波本地农业品牌,取得了良好的成效。截至 2019 年,浙江 2017 年评定的全国农村创业创新园区(基地)见图 1。

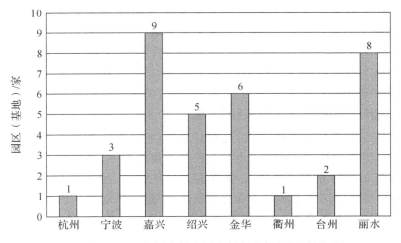

图 1　浙江 2017 年评定的全国农村创业创新园区(基地)

资料来源:全国农业农村部资料经整理而成。

二、宁波农村创业创新中遇到的问题

虽然宁波农村创业创新经营主体发展速度不断加快,规模不断壮大,但总体发展水平还不够高,与建设宁波绿色都市农业强市仍有一定的差距。

(一)政策鼓励引导机制不够完善

农村创业创新最核心的是资金要素,乡村振兴缺乏有效的投融资平台,融资问题是农村创业创新路上最大的"拦路虎"。现阶段,宁波融资供需对接还不够顺畅,"贷款难、贷款贵、贷款慢"的问题依然比较突出,针对性、引领性的财政投入有所下降,市财政从 2015 年起相继取消了农业龙头企业、农民专业合作社、家庭农场专项扶持资金,主体反响比较强烈,扶持保障体系与主体需求有较大落差。

(二)农村资源要素优势不够突出

宁波人多地少,地块分散,成本优势、土地优势、人才优势都不突出,分散式、传统式经营毫无竞争力可言。用地、资金、人才、劳动力等要素对融合发展的制约愈发明显,产业发展与耕地、环境保护之间的矛盾凸显,土地流转难度上升,设施农用地政策难落实,农业基础设施水平还不高,"靠天吃饭的局面"没有得到根本性扭转,发展基础与现代农业的产业和生产体系还不相适应。农业保险补助标准低、品种覆盖面窄,无法满足农村创业创新经营主体实际需求,农业公共服务能力还不够强。

(三)创业创新主体实力有待增强

据统计,全市农业龙头企业近九成从事初加工,深加工能力不足,科技含量不高,核心竞争力不强。农民专业合作社组织规模偏小,带动作用偏弱,全市社员数在 100 人以上的合作社仅 30 家左右。家庭农场年销售额 50 万元以下的占73%,很多家庭农场与市场对接紧密度不高,多是初级农产品的种植养殖,多业态还比较少,销售渠道单一,存在较大市场风险。农创客发展总体还处于起步阶段,队伍规模还不大,缺技术、缺经验、缺支持等问题还比较突出,与乡村人才振兴的要求相比,还存在不小的差距。

(四)双创人才综合素质有待提升

宁波以创业创新为导向,培育了一批"农创客""青创客"等"新农人",增强农村发展活力。大力推进农旅文融合发展及农村电商、青创农场等创业创新人才培训,2018 年完成培训 3478 人,新增"新农人"2200 余人,累计培育"新农人"近

1万人。但青年"农创客"毕竟还只是极少数。市农业农村局数据显示,到2018年底,全市入库农村实用人才18.64万人,其中初中及以下学历11.3万人,约占60%,年龄50周岁以上的8.4万人,约占45%。农业经营主体综合素质不强,农业专业化人才十分缺乏,尤其是懂技术、善经营、会管理的高端复合型人才缺乏,创业创新人才综合素质有待提升。

三、优化环境,促进宁波农村创业创新的路径对策

宁波要以建立全国农村创业创新园区(基地)为抓手,按照"政府搭建平台、平台聚集资源、资源服务创业"的总体思路和"创设一套政策、搭建一批平台、培育一批带头人、总结一批模式、构建一个服务体系"的"五个一"工作布局,积极推动农村创业创新园区(基地)建设,为宁波农业供给侧结构性改革、加快培育农村发展新动能提供强有力的支撑。

(一)完善创业政策支持

1.优化创业创新环境

一是简化审批程序。进一步放宽、简化创业创新主体经营场所登记条件,简化具体登记程序,充分利用各类场地资源,降低创业门槛和成本,激发创业创新活力。二是创新行政管理。积极推行将注册资本实缴登记制度改为认缴登记制度的新方案,取消企业法人注册资金最低限额、经营场所限制等规定;推行电子营业执照和全程电子化登记管理,构建企业信用信息公示系统,引导企业提升自我规范、自我管理水平。三是全程跟踪服务。结合创业需求,借助创业平台、孵化基地、培育基地,成立宁波市农村创业创新指导服务中心,完善"市级首席专家＋科技推广团队＋县级农技推广中心＋基层农业公共服务中心＋新型农业经营主体"的农技推广体系。坚持信息化发展,持续推进智慧农业云平台建设,深入推进农业领域"机器换人",打造现代农业发展新动力。

2.创新金融保险服务

推动金融支持力度,积极扩大有效抵(质)押物范围,发展无抵押信用贷款业务。引导保险机构加大对农村发展项目的融资保证保险和风险保障支持力度,通过保费补贴、风险代偿等形式提供担保支持,化解农创客因无资产抵押而面临的贷款难问题。推动完善农业保险支持政策,不断满足农创客对农业保险的多样化需求;为新型农业经营主体设计集信贷、结算、信息咨询、现金管理、财务顾问等服务于一体的金融套餐,满足新型农业经营主体发展的需求;为农产品加工

企业提供包括债券承销、上市顾问、企业年金托管、资产证券化、金融租赁在内的高端金融服务；为双创主体开办农村房屋保险、农村工商企业保险、小额财产保险、森林火灾保险、种养业保险等保险业务；建立新型农业经营主体和农户信贷服务授权授信专项制度，下放贷款审批权，优化信贷业务流程，简化办贷程序，最大限度优惠贷款利率。

3.加大财税政策支持

鼓励创业创新经营主体承担综合性、融合性项目，采用直接补助、项目扶持、贷款贴息、担保补贴、以奖代补等方式，推动财政支农项目服务重点落实到符合条件的创业创新主体上，"十三五"期间安排全市农村品质提升资金 4 亿元。落实《关于进一步引导和鼓励高校毕业生到基层工作的实施意见》中明确的补助政策，符合条件的在校和毕业大学生初次到农业领域创业，并担任法定代表人或主要负责人的，给予连续 3 年的创业补贴，补贴标准为第一年 5 万元、第二年 3 万元、第三年 2 万元。大力扶持集体经济发展，制定出台村级集体经济发展扶持办法，市财政每年安排专项资金 5000 万元，主要用于村集体经济造血功能项目，培育稳定收入来源。着力保障基本运转经费，实行财政托底，确保人口规模 1500人以上村每年村级组织运转经费不少于 30 万元，其他村每年不少于 20 万元。采用定额补助、综合补助等方式对经济相对薄弱的乡镇提供每年 300 万～500万元基本财力补助。

4.落实用地用电保障政策

建立健全农业农村发展用地保障机制，在年度新增建设用地计划指标中划出一定比例向农村文化礼堂、仓储物流、农产品电商、农业农村新业态用地等建设项目倾斜。在征得农村集体经济组织同意和不改变土地性质的前提下，创业创新农业经营主体可依法使用农村工矿、学校废弃用地、闲置宅基地等农村集体建设用地和四荒地，开办农村创业创新产业项目。对经市政府批准的重大项目涉及的农村失地人员，按照自愿原则，将退出农村土地承包经营权的农户纳入社会保障。对于农村产业融合发展示范区以及具有引领作用的重大项目的建设用地用电，建立报批绿色通道，实行优先供地供电和审批政策。

（二）培育创业创新主体

引导龙头企业科技创新。鼓励引导和支持农业龙头企业加大培育发展新兴产业，改造提升传统优势产业，加快培育"育繁推一体化"的现代种业企业，集中打造甬优系列杂交水稻、微萌系列瓜菜、宁波獭兔、岱衢族大黄鱼、红美人柑橘等宁波特色优势种业产业。发挥科技创新和技术改造的引领示范作用，加快实施"机器换人"。完善"公司＋基地＋合作社＋农户"的经营模式，鼓励农民合作组织兴办或入股龙头企业,支持农民以土地承包经营权等生产要素入股,与龙头企业结成利益共享、风险共担的紧密型共同体。建立知识产权保护机制,完善知识产权维权机制和权利人维权机制,通过技术创新、技术产权保护来支持创业。鼓励各类人员创业创新。引导各类人才在农业领域创业创新。引导组建跨产业、跨地区合作联社,探索开展农民专业合作、股份合作、家庭农场叠加经营,推进家庭经营采用先进科技和生产手段,提高集约化经营水平。加大高科技人才引进力度。鼓励企业家和各类人才到农村创业和从事产业融合项目开发,向农民提供技术咨询服务和技能培训服务,提高研发团队和科研人员在成果转化收益中的比例。打造一支有创业创新精神、有核心竞争力、能引领带动农业产业转型升级的现代农业领军人才队伍。

(三)拓展创业创新领域

加快培育发展新产业、新业态、新模式,推动农业全环节升级、全链条增值。跨界配置农业和现代产业要素,促进产业深度交叉融合,形成"农业+"多业态发展态势。推进规模种植与林牧渔融合,发展稻鱼共生、林下种养等。加强农业与文化、旅游、教育、康养等产业融合,发展创意农业、功能农业,积极培育"农业+旅游""农业+体验""农业+养生""农业+教育"等新业态,推进农业与加工流通业融合,发展中央厨房、直供直销、会员农业等。实施"互联网+农业"建设行动,加快发展农产品电子商务,增进农业与信息产业融合,发展数字农业、智慧农业,推进一二三产业融合发展。构建利益联结机制。引导农业企业与小农户建立契约型、分红型、股权型等合作方式,把利益分配重点向产业链上游倾斜,促进农民持续增收。完善农业股份合作制企业利润分配机制,推广"订单收购+分红""农民入股+保底收益+按股分红"等模式。

(四)培训创业创新人才

宁波应以创业创新为导向,加大"农创客""青创客"等"新农人"培育。市县两级大力推进农旅文融合发展、农村电商、青创农场、现代农业综合体等创业创新人才培训,助推农业农村转型升级发展。开展分类分层培训服务,农村创业创新带头人培训学习商业计划书编写、投融资、团队管理等方面的知识,提升创业创新能力;农村创业创新园区(基地)负责人培训学习双创园区(基地)服务与管理、创业思维与卓越领导力、创业孵化平台功能发挥和条件建设等方面的知识,提升双创园区(基地)管理能力。高校要改革创新高校教育体制,根据学校创新型人才培养目标,构建农村创业人才培养体系和课程体系,推进高校的创业教育,引导大学生到农村创业,发挥其智力优势和专业水平。创新人才培训方式,推广"农民学院(校)+产业部门+产业基地+农业企业"等多种组合培训模式,提升培训实效。开展科技转化应用、市场开发等形式多样的推介服务活动,加强新型农业经营主体和职业农民标兵宣传报道,以典型引路,发展壮大农村人才队伍。

(作者单位:浙江万里学院)

宁波服装产业转型升级中紧缺型
人才现状及对策研究

孙海梅　王　苹　刘建长　陈　文　宋静容

服装产业在宁波有深厚的工业基础,历史悠久,属于传统优势产业和重要的民生产业。服装业在宁波的工业生产和出口贸易中具有举足轻重的地位。改革开放后的 40 年间,宁波作为服装生产和出口大市,经历了从快速发展到稳定发展的转变。至 2018 年底,宁波有各类服装企业 2193 家,以不足全国 5% 的企业数量创销售总量占全国 12% 的成绩,服装年出口超过 20 亿美元。拥有服装类中国驰名商标 3 个,省级名牌 13 个,市级名牌 19 个。涌现出雅戈尔、杉杉、维科、罗蒙、博洋等一大批国内外知名品牌,在提供人民生活所需、增加政府财政收入、吸纳就业人员、扩大出口创汇、促进区域经济发展等方面具有积极的作用。

一、研究背景

近年来全球经济的不景气、人民币升值、世界需求变动以及原材料、劳动力成本上涨等因素,使宁波的服装行业的优势地位受到了严重的挑战。在中国服装协会发布的"2018 年服装行业百强企业"名单中,宁波共有 9 家服装企业上榜。从百强榜榜单看,近年来宁波上榜企业虽然名次上有所升降,但上榜企业数量总体变化不大。自 2010 年以来,连续多年宁波都没有新品牌上榜,宁波服装业存在着产业结构和增长方式不合理、产品技术含量和附加值较低、品牌建设薄弱、自主创新能力不足、外国直接投资(FDI)利用水平不高等问题,从而只能"锁定"在全球价值链的低端,抗风险能力也相对较弱,这也反映出宁波服装企业发展后继乏力的隐忧。宁波的服装企业急需改变传统的粗放式的发展道路,通过转型升级,超越已有的发展模式,提高产品附加值和实施内涵化发展,实现服装产业的可持续发展。

2019 年 5 月 10 日,在全市建设"246"万千亿级产业集群动员大会上,市委书记郑栅洁发出动员令,打造宁波"246"产业集群,为制造强国建设贡献宁波力量。"6"个千亿级产业集群区块中,纺织服装产业赫然在列。建设宁波纺织服装千亿产业集群,人才因素是产业价值链上的高附加值环节,是宁波纺织服装产业转型升级成功与否的关键。充分的人才配备资源,是宁波纺织服装产业转型升级研发创新的人才保障。在传统行业产业转型升级进程中,在区域产业中实现人力资源的优化,稳增长促改革,完成集时尚、互联网、智能制造以及"一带一路"国际化为一体的千亿级产业集群目标,促进产业发展,已成为当前的重要工作。

二、产业转型升级紧缺型人才现状

(一)产业升级中人才结构与引培机制不对称

在传统服装产业升级过程中,专业技术人才结构提升最为重要。但是当前产业集群中人才的专业化程度有限,高尖端的技术型、管理型、综合型人才占比很小,具备企业软硬知识的高级人才严重缺乏。从学历、类别、职称三个层面对当前服装产业人才情况进行分析发现,产业人才学历增长比较明显,大学本科以上人才占比从 2016 年的 7.97% 增长到 2018 年的 9.56%,人才素质总体提升较快。从人员从事岗位看,中级专业技术人员占比一直在 18% 徘徊,而经营管理人员总体呈现下降趋势。我们发现在产业转型中人才引进培育更侧重于生产、营销一线,并着力减少中间管理层级,而且由于大量新技术、新设备的应用,对于设计、制造专业人才和营销人才的需求量很大。而且企业普遍感觉高层次人才招收难度越来越大。企业引进和培养人才机制是产业升级的造血系统,是产业拥有持续竞争力的关键。目前,人才引进机制实施的结果不尽如人意,服装产业人才结构有所改进,高层次人才需求较高,引进人才的持续跟进与人才量化考核等方面存在问题。

(二)产业升级与人才短缺之间的矛盾

传统服装产业集群与行业日益更新的市场资讯、产业运营模式的快速提升及需求前沿很不对称。重点缺乏的是设计型、管理型、品牌建设型人才。一般把具有大专以上学历和中级以上专业技术职称的人员纳入人才统计范围。从对规

（限）上企业的统计情况看，从 2016 年到 2018 年，宁波服装产业人才从 22.88 万人减少到 19 万人，减少 16.96%，服装产业人才总体呈现负增长，大大落后于全市人才总量提升幅度。具体如表 1 所示。

表 1   2016—2018 年宁波市规上服装企业基本情况

指 标	2018 年	2017 年	2016 年
企业单位数/家	819	870	906
纺织服装、服饰业/家	501	549	566
全部从业人员平均数/人	190041	203484	228832
纺织服装、服饰业人数/人	131778	141407	158492
企业平均人数/人	232	234	253
资产总计/亿元	1223.22	1289.27	1299.49
负债总计/亿元	676.50	711.83	707.56

资料来源：宁波市统计局。

（三）产业升级中产业人才引领作用不明显

宁波服装产业人员平均创造价值呈现逐年提升势头，这些价值的提升主要得益于新技术、新设备的应用，更在于一批具有技术、学历的人才的引进。如太平鸟高薪聘请服装设计和研发人员，与中央工艺美术学校、东华大学等高校合作成立设计研发小组，在深圳设立时尚研发设计中心，实现以人才集聚带动企业转型的目标，取得了良好成效。为分析服装产业人才作用，课题组还把宁波服装产业发展情况与国内其他 14 个城市进行对比（见图 1）。

从图 1 可见，宁波服装产业从业人员数位居国内前三，仅比广州、上海少。但从人员平均创造产值来看，宁波却处于倒数第三的位置，仅比珠海高。通过对产业的进一步分析，我们发现在服装产业统计口径中，纺织服装、服饰业、皮革、毛皮、羽毛及其制品虽然产值较大，但都是劳动密集型，一般从业人员较多，但人均产值不高，从而导致人均产值与其他城市相比处于劣势，宁波服装产业人才引领作用还需要进一步加强。

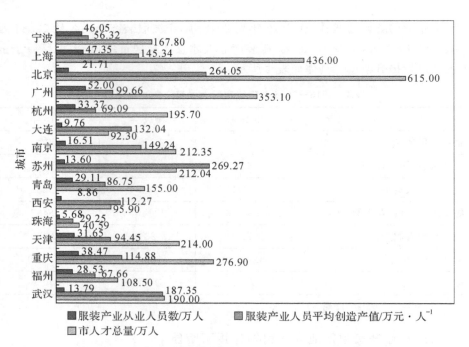

图 1　各服装产业主要城市人才对比及创造产值数据

数据来源：2018 年统计年鉴。

三、谋划和优化产业转型升级人才资源结构的对策思考

建设"246"万千亿级产业集群，传统纺织服装产业转型升级，面临当前各类成本上升的产业环境，服装产业失去了原有的成本价格优势，当前服装产业升级中，迫切需要通过人才增值产品的高附加值，提升产业竞争力。依据全球价值链治理以及微笑曲线等理论对宁波服装产业现状进行考察，形成一个完整的人力资源链条，人力资源配置随着产业链上各环节创造的价值要素密集度的变化而变化，为企业和政府管理提供决策依据（见图 2）。

（一）优化研发创新人才结构

研发创新人才是提高企业技术进步的重要保障。从图 3 中可以看出，要吸引和利用具有国际化视野的拥有国内外优势资源和先进技术的人才，以强化企业的自主创新能力，并且带动企业团队在开放的环境下学习先进国家的一流技术。要注重产品市场研究，关注市场动态，加强产品的研发力度，优先占据相关市场。

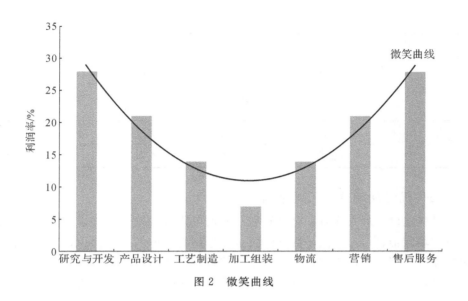

图 2　微笑曲线

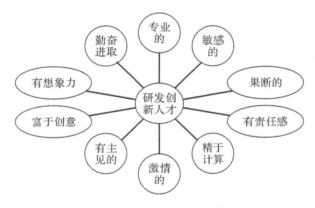

图 3　研发创新人才团队素质

（二）优化设计定位人才结构

产品设计是服装品牌的核心内容,设计人员是服装生产的基础和骨干力量。意大利的成功之处就在于"重视品牌,赢在设计"。服装产业设计团队可分为两个系统,即企业内的设计人员和专业设计公司,将两个系统设计人员结合,形成特别重视设计的氛围,使设计成为时尚潮流的风向标。创意设计人才建设对服装产业的发展意义深远(见表 2)。

表 2　市场选择与设计定位

定位类别	中年妇女	都市白领	儿童	正装
设计定位 1	成熟的	奢华的 都市的	卡通型	保守的
	优雅的	张扬的	宝贝型	经典的
设计定位 2	年轻的	田园的	牛仔风	雅皮士风
	性感的	质朴的	不羁风	酷

（三）优化品牌建设人才结构

品牌建设管理人才对综合素质和专业素养都有着很高的要求,要培养不仅具备市场营销、广告宣传、传播、公关、企业管理等方面的专业知识,还对品牌发展规律有较深刻的认识和掌握的行业品牌建设人才队伍,使企业的品牌有使命导向,以文化、产品、服务为载体,为社会以及公众创造一定价值(见表 3)。

表 3　纺织服装企业品牌建设人才

人才结构	品牌文化、品牌精神、品牌人格
市场营销	营销市场细分、目标、定位、营销组合
设计师	以设计细节对品牌形象与地位进行解释
风格师	季节主题、品牌风格的确定
织物技师	负责确保织物符合时装企业的质量标准要求
商品策划师	负责确保商品在一定系列内能于合适的时间由供应商向零售商递送合适的数量
配送员	负责分配采购的详细款式和数量给零售店
艺术总监	负责设计宣传册的版面编排或者邮购目录(包括照片集)
买手	在适当的时间,以适当的价格,采购适当的产品(数量、质量、品种)

（四）优化市场营销人才结构

服装企业的销售人才是开拓市场的先锋力量,是企业形象的重要代表,产业内利润最大的环节是销售流通环节,市场营销人才结构是营销环节作为全球价值链的一个重要环节,也是产业向价值链高端环节攀升的重要驱动因素之一。以在某一类型销售模式领域内掌握较高销售水平的专家型的销售人才组建销售团队至关重要(见表 4)。

表 4　市场营销人才

营销领域	特许销售	销售代理
营销合同	授权人—受许人	制造商—代理商
双方关系	平等合作 契约关系（强）	雇佣关系、松散交易 契约关系（弱）
销售业绩	独立核算 完全拥有剩余收益	根据销售额的提成 形成代理收益
营销授权	除合同中规定的要求之外，可以自主经营管理。授权范围广	在授权范围内，不得越权行事

四、宁波纺织服装产业紧缺型人才建设的对策建议

（一）规划先行科学引领

认真调研、深入分析，借鉴其他省、服装品牌强市的成功经验，立足于宁波实际，科学编制并尽早出台《宁波市纺织服装产业人才建设"十四五"规划》，进一步明确我市纺织服装产业人才建设工作的指导思想、总体目标、工作任务和主要政策措施等，以此作为实施纺织服装产业紧缺型人才发展战略的行动指南。时间跨度长，涉及面广，通过分解任务，层层抓落实，有序推进人才战略的健康发展。

（二）加大投入推进培养

加大本地区服装产业人才培养的力度，把人才培养模式放在产业升级发展的主体位置，是真正实现产业的持续化整体化运转提升的根本。从现实条件出发建立自身良性循环的人才培养生态，是积极有效的措施。制定《纺织服装企业实用人才评价暂行办法》，评选一批"甬城金匠""甬城银匠"。实施"青年英才"培养工程，加大对纺织服装专业院校的教科研建设投入，包括教学科研设备购置、专业和资料建设、科研项目启动和学术交流等。提升实训基地条件建设投入，加大纺织服装专业实训基地建设力度，进行设计室、研究室、服务中心等的科研仪器购置和环境条件建设。

（三）分层引才政策资助

根据服装产业人才建设规划，制定详尽的人才计划，按照人才需求的轻重缓急，分阶段分步骤推进紧缺型人才的招聘引进。对于设计研发等核心人员，制定专项方案，采取高薪聘任、兼职服务、顾问指导、项目合作等多形式开展引进计

划。完善各类人才引育办法,制定出台新的人才工作(生活)津贴政策,按层次和类别明确补助对象,扩大享受范围,优化补助额度。创新出台以市场化为导向的人才新政,推动"千人计划"、"3315"项目申报、评价、培育及监督的市场运作模式。建议对引进的产业高端人才给予最高 600 万元的资助;对企业引进的人才入选国家、省"千人计划"、市"3315 计划"的,符合条件的分别给予 100 万元、50 万元、20 万元的奖励。对列入计划的企业 5 年内给予一定年限和额度的贷款贴息;对机构或个人推荐纺织服装产业人才项目来甬落户并入选国家、省"千人计划"、市"3315 计划"的,分别给予 50 万元奖励;对企业参加由组织、人社部门组织(推荐、备案)的境外招聘(培训)的,给予一定资助;鼓励引进"千人计划"人才,对符合条件的海内外高端人才团队按 A、B、C、D 四类分别给予 800 万元、500 万元、300 万元、200 万元的资助;对具有国际一流水平,能引领我市纺织服装产业发展、产生重大效益的人才团队、海内外高端创新人才团队实行"一事一议",并给予最高 800 万元的资金资助。

(四)专业提升重视载体

产业技术的专业化持续提升是行业拥有持续竞争力的关键。人才的持续不断专业化跟进及提升,是促进产业升级转型的刚性条件。对纺织服装专业技术人才报考国际项目管理人员认证(PMP)、国际高级人力资源管理师(IPMA)以及其他国际认可的专业资格的,给予一定比例的培训费资助;鼓励纺织服装产业建立国家、省、市级院士专家工作站,并给予配套资助;对建立国家级(省级)纺织服装类学会服务站的,给予配套资助;对建有国家级、省级博士后工作站且有在站博士后的纺织服装企业,给予科研和培养经费资助;对出站后留甬的博士后给予一定额度的安家补助。支持纺织服装企业建立企业技术创新团队、科技创新团队、企业专家工作站、教授(专家)工作室、技能大师工作室。发挥海外人才工作站、人才使者等的引才作用,视情况给予工作经费补助。

宁波服装产业紧缺型人才建设是一项长期复杂的系统工程,在促进我市服装产业发展中起着重要的支撑作用。需政府部门、专业院校、行业企业和社会力量共同参与、统筹规划、综合协调和科学管理,尽快形成政府统筹、部门协调、分工负责、良性互动的工作机制,为宁波纺织服装"246"产业集群建设目标顺利实施提供人才保障。

(作者单位:浙江纺织服装职业技术学院)

宁波智能制造创新生态系统建设路径研究

方　磊　吴向鹏　励效杰　舒卫英　何军邀

一、研究背景

宁波作为中国首个"中国制造 2025"的试点城市和长三角南翼的经济中心，有责任在加快实体经济数字化转型方面勇立潮头，也有信心在发展智能制造、推动智能经济高质量发展方面走在前列。宁波于 2019 年 5 月提出，要在 2025 年建成"246"万千亿级产业集群，坚持产业提质扩量和关键核心技术零部件攻关两条战线一体推进，瞄准以智能制造引领产业集群建设，加速构建全球产业链，提升"宁波制造"的全球竞争力。宁波肩负着为浙江乃至全国制造业创新发展、由大到强探索新路径的重要使命。因此，规划建设宁波智能制造创新生态系统，是宁波响应国家创新政策、开展自主创新示范的题中应有之义。努力建成全球领先的制造经济智创中心，是"十三五"时期宁波市深入实施创新驱动发展战略、推动供给侧结构性改革的点睛之笔。

二、制造业创新生态系统的内涵

制造业创新生态系统是指在一定时间和空间内以制造业企业为核心，由创新相关主体组成，以协同创新为目的，以合作共生为基础，通过创新物质、能量和信息流动的方式，实现创新资源共享、优势互补、风险共担的相互依赖、相互作用的动态平衡系统。它包括高等院校、科研机构、供应商、销售商、中介机构、金融机构等系统成员,以及进行技术创新所需的各种资源、保障系统正常运行的各项规则等。

三、宁波智能制造创新生态系统建设的实践

(一)核心企业支撑,发挥龙头作用

宁波市智能制造产业发展迅速,产业规模不断扩大。核心企业发挥了关键作用,也取得了显著成就。

智能制造产业注重自身内涵发展。宏观层面,2018 年宁波市智能制造装备产业共有规上工业企业 560 家,实现工业总产值 577.15 亿元,出口交货值 135.42 亿元。微观层面,汽车产业的智能化程度高,旭升电子、均胜电子等都已初步实现智能化改造。石化产业也是智能制造应用的高地,镇海炼化入选工信部首批智能制造示范项目。

智能制造产业加强对外合作。宁波与中东欧国家落地的双向投资项目数量居全国前列,涵盖医药、汽配、光伏等领域。目前,宁波"走出去"的企业已遍布全球 100 多个国家和地区。

(二)创新合作支撑,形成发展合力

宁波对创新合作单元作用和重要性的认识在逐步提升,也引进了一系列的资源。加大智能制造领域的精准招商力度,促成了中芯国际集成电路、浙大智能制造研究院、浙江机器人产业集团等项目成功落地。同时,推进实敏集团工业机器人智能装配产业园、海天中大型二板注塑机等一批重大项目建设,为智能制造发展提供了强大的发展后劲。

(三)组织人才支撑,协同合作服务

社会组织的专业指引和人才智力的引进培育为宁波智能制造产业发展起到了重大的推动作用。如宁波市企业信息化促进会推动指导 13 家宁波企业入列工信部"2018 年两化融合管理体系贯标试点企业"名单。宁波市还将智能制造纳入市"3315 计划"人才引进重点领域。截至目前,智能制造领域累计已引进"国千"人才 11 名、"省千"人才 16 名、"3315 计划"创业创新团队和个人 36 个,已创办企业 28 家,累计开发市级以上新产品 98 项。

(四)政策规划支撑,优化创新生态

宁波市先后出台《关于推进大数据发展的实施意见》和《全面改造提升传统制造业实施方案(2017—2020 年)》,明确改造的方式之一就是将宁波打造成未

来国家级大数据创业创新中心和城市大数据产业基地。市经信委发布《宁波市智能制造工程三年攻坚行动计划(2017—2019)》,在三年内聚焦智能产品和装备创新、智能制造模式培育、智能制造试点示范、应用服务体系构建和智能制造基础建设等五大工程攻坚行动,着力培育离散型智能制造、流程型智能制造、网络协同制造、个性化定制、智能服务等五大新型制造模式。

四、宁波智能制造创新生态系统的建设路径

建设宁波智能制造创新生态系统的关键是实现转变,激活宁波优势,突破宁波制造面临的制约。需完成四大转变任务:由研发促进制造向研发—制造协同的转变、由要素资源优势向要素聚集高地的转变、由科学研究优势向工程化能力的转变、由实验室为主向实验室＋母工厂模式的转变。

(一)突破制造业成本约束:由单一制造向研发—制造协同转变

1.培育发展技术密集型制造业

大力发展代表产业制高点的创新前沿产品、满足国家战略需求的关键核心产品、体现制造业服务化的集成服务产品、推动产业轻资产化的设计创意产品和保障基础民生需求的名优产品,构建"高、新、轻、智、特"的产品体系。

2.优化"双创"环境

打造一批双创园区,提供管家式服务,为创业者提供场所和网络等基础设施,注重提供法律、人事、财务等服务。引导创业企业和创新性中小企业参与制造业务,加强双创空间对制造业转型升级的支撑,增加双创企业对接制造企业的公共平台和服务体系。

(二)吸引高端要素的集聚:由要素资源优势向要素聚集高地转变

1.高端人才要素聚集

一是以人才对系统的贡献为评判标准给予奖励,对不同领域、不同学历人才给予足够重视。二是积极借助全国首个智能制造协会——宁波市智能制造协会、论坛和非正式组织,建立全市层面的人才交流合作机制。三是在国有企业、事业单位中淡化"体制内外"的区别,培育诚实守信的人才中介机构和人才市场。

2.高端技术要素聚集

一是加强知识产权保护。形成综合的知识产权保护体系,让创新者真正获得创新带来的收益。二是重视技术标准的形成和推广。积极推广自主技术标

准,主动参与国际标准的制定。三是积极打造前沿性平台。大力打造智慧城市、智慧交通、工业互联网,改造升级宁波传统产业,并将其作为宁波的创新发展成果进行集中展示。

3.高端市场要素聚集

一是搭建宁波智能制造全球市场咨询中心,实时接收来自欧美等主要高端市场发送的产品质量投诉和问题咨询,专业市场分析人员对信息进行分类、汇总后将结果回馈给新兴产业的政府管理部门、科研机构和高校、行业协会、联盟组织和企业。二是打造公共产品试点和推广平台,对新技术、新产品先行先试,并面向全国市场进行推广。三是打造多层次的新产品、新技术、新工艺的宣传体系,在重点区域建设体验设施,宣传新产品、新技术。可以考虑采取的形式有:在博物馆中设计相关新兴产业参观项目、企业联合建设行业展示中心、企业自建工业参观和体验中心等。

(三)促进技术转化和交易:由科学研究优势向工程化能力转变

1.积极发挥宁波市智能制造技术研究院的作用

充分发挥宁波市智能制造技术研究院的作用。一是在原有联盟协同中心、研发中心、成果转化中心等组织架构的基础上,增设产业服务中心,将原处于成果转化中心的智能制造工程服务职能单列在产业服务中心,不仅协助企业解决在引进共性技术、采购通用设备过程中遇到的技术问题,还协助解决资金、人才等问题。二是建立一支工程服务队伍,为缺乏工程化能力的中小企业提供设备安装、设备检修、设备调试、人员培训等服务。三是灵活调用科研院所与高校专家作为研究人员。四是采用"立项＋自发"相结合的形式开展研究项目,各研究所和实验室完成政府下达的重点共性技术研究任务,也可根据研究能力和市场需求自行选择研究方向。五是政府定向购买研究成果并进行非营利性推广,研究人员获得政府给予的经济、精神奖励,并在技术推广中获得分红。

2.加强技术交易市场建设

宁波建设智能制造创新生态系统需要全国领先的技术交易环境。在 2019年 3月上升为国家发展战略的长三角一体化发展大框架下,成立跨区域的技术转移中心,并在江浙沪皖地区各建立至少一个分中心。科技转移中心汇集供需信息收集、信息咨询、技术咨询与技术服务、为企业寻求合作伙伴、交易项目的受理与评估等多种服务功能于一身,重点促进创新成果的转移与转化。此外,支持各大高校、科研机构、大型企业的研发部门建立开放型的知识管理及技术服务平台,建立和完善公共科研数据的管理及共享机制。

（四）实现产业引领与示范：由实验室为主向实验室＋母工厂建设转变

高成本制约下的产业配套能力弱和具备现代化制造能级的现代工厂的缺乏，是宁波高科技成果转化困难的症结所在。要突破这一症结，可以考虑发展规模较小，但具有复制和推广意义的"母工厂"，这不仅能够促进技术研发成果的就地转化，提高研发—制造的协同，同时可以使新技术、新工艺、新产品、新业态在大规模推广前能在靠近技术研发源头的场所进行整合和优化。当条件成熟时，可将"母工厂"放大并复制到更适合发展大规模制造的地区。

着力突出"现代工厂建设"的内容，实施"协同推进'研发中心建设'和'现代工厂建设'战略"，以"现代工厂建设"为抓手，从根本上解决产业化能力弱和要素成本高等制约宁波制造业发展的瓶颈问题，提升宁波市在我国工业转型升级和创新型国家建设事业中的先行先试和引领示范作用。建议制定《宁波市现代工厂建设计划》，依托吉利、雅戈尔等宁波市主导产业中制造技术能力突出的优势企业，采取"遴选一批、培育一批、引进一批"的方法，分阶段实施"现代工厂"建设策略。以"现代工厂"为平台，加快人工智能、数字制造、工业机器人等先进制造技术和制造装备的研发和应用；加强宁波市工业产品在国内外高端市场的竞争能力；通过对科研院所等创新载体在小试、中试等环节的产业化支撑，从根本上解决宁波市核心技术资源外流、产业化能力不足等问题。鼓励领先企业建设有宁波特色的"母子工厂体系"。

五、宁波智能制造创新生态系统建设的对策建议

（一）加强创新源头的更新力度，增加知识、智力、人才的供给输出

一是发挥研究型大学的创新源头作用，培育和创造技术型人力资本、专业知识等高级生产要素，将目光更多投向基础研究、智能制造产业共性技术的开发和创新人才培养，加速"从发现知识到转化为生产力"的进程。

二是继续以项目形式引进制造业大院大所，重点集聚部分领域的国内外一流研发机构，争取成为国家级智能制造创新策源地，源源不断地为宁波智能制造创新生态系统提供知识原动力和内生驱动力。

三是加大在科研创新领域的投入，提升政府科研支出的全国排名。在资金、政策上扶持大学院所在智能制造领域进行基础研究，催生出从国家实验室走向实际智能制造进而扩展至全球的成功产业模式，为科技创新提供持续发展的动力源泉。

（二）提升系统内物种配套程度，改善创新生态文化的氛围环境

一是从核心企业突破，发挥核心企业在系统中的引领作用。一方面，选择若干个特色块状经济行业，联合智能装备制造（集成）企业、软件和信息技术服务企业及科研院所等多方优势，开展智能化成套装备首台（套）的研制和系统集成，并通过突破示范，最终实现智能制造技术和装备的广泛应用；另一方面，选择若干个区县（市）开展区域试点，对试点改造工作推进卓有成效的地区给予市级技改专项资金补助。

二是从创新单元着手，培育智能制造系统解决方案供应商。根据"扶一家、帮百家、成就百家"的培育理念，着力培养产品物联使用工程供应商或者总包商和智能产品与装备联网使用的工程总包商，发展一批具备整体设计能力和解决方案提供能力的系统服务集成商，确保每年每个区县（市）至少培育 1 家工程服务公司。

三是从其他合作单元着手，加强智能制造服务平台（机构）支撑。建立和扶持一批智能制造技术研究和开发、产品检验检测、工业互联网技术开发和应用、工业大数据库建设和应用、云制造、工业核心软件开发等智能制造产业服务平台和机构。尽快筹建宁波工业大数据应用推广联盟，建立有效的工业大数据资源。

（三）营造开放共生的生态环境，加强智造创新要素的集聚吸引

在创新方式上，应加快由封闭式创新向开放共生式创新转变，联合建设高水平、高层次的实验室、工程中心、中试基地、技术转移基地，通过互补性协作，形成持续的创新能力，主动融入全球创新版图。建立知识交流与共享机制、文化机制、技术标准化机制，引导企业和社会组织积极承担各级专业标准化技术委员会秘书处工作。

在智造创新要素的集聚吸引上，政府要加快政府创新管理的能力迁移，从创新生态的角度重新思考原有管理模式。一是制定研究地方产品、自主创新产品推广应用和装备首台（套）、材料首批次、软件首版次保险补偿机制。二是鼓励重点行业企业实施智能制造技术改造，打造数字化车间和智能工厂标杆，形成具有自主知识产权和核心智造技术的智能制造模式。三是对部分劳动密集型传统行业和特殊生产环境，鼓励企业运用数字化技术、系统集成技术、关键技术装备，实施不同层级的"机器换人"技术改造。

（作者单位：浙江医药高等专科学校）

宁波市家政服务业发展现状与对策研究

朱晓卓

近年来,国家高度重视家政服务业惠民生、促就业、扩内需的作用。2019年6月国务院办公厅发布《关于促进家政服务业提质扩容的意见》(国办发〔2019〕30号)(以下简称"家政36条"),先后启动家政培训提升、家政服务业"领跑者"和信用建设等三大专项行动。宁波市积极响应国家、省各级政府关于发展家政服务业的要求,积极推动行业提质扩容,行业在满足人民群众对美好生活需求中的作用日益突出。

一、宁波市家政服务行业发展现状

宁波市家政服务业的发展起步于20世纪90年代,历经自发、扶持、发展等多个阶段。2019年7月,根据"家政服务"营业项目的检索情况,全市开展家政业务的企业达到了8400多家,营业收入超过千万的超过5家,按照平均每家有服务人员30人计算,估计全市家政服务人员数超过20万。通过对宁波市88家家政企业的抽样调查①,家政服务人员平均年收入57600元,下岗再就业从事家政服务的人数占比约为5%,农村转移劳动力从事家政服务的人数合计占比约为95%。基于社会民众对家政服务专业性要求的提高,技术含量越高的项目价格也越高,例如钟点工最高可超过45元/小时,月嫂月工资最高已超过18000元,住家育儿嫂一般至少3500元/月以上,护工最高可超过12000元/月。对419名家政服务人员收入情况的调查显示,月收入超过4500元的占46.5%,月

---

① 　如无特殊说明,文中数据均来自2019年宁波市家政服务业协会和宁波家政学院的调查。

收入超过 8000 元的占 7%。随着社会人口老龄化、家庭小型化的趋势加剧,二孩政策施行,家政服务市场前景看好,吸纳就业能力增强,行业已进入提质扩容阶段,成为促进社会经济发展、解决就业与改善民生的关键因素。

(一)政府扶持、市场主导、企业运作,努力营造家政服务健康发展环境

2010 年,宁波市人民政府建立了以市分管领导为召集人、商务等 13 个部门为成员单位的联席会议制度,统筹协调解决家政服务业发展中的重大问题。一是推出家政服务人员职业责任保险。市场运作和政府补贴相结合,由企业、从业人员和财政补贴共同承担保费。二是市商务局协同人社部门落实员工制企业社会保险补贴政策。对从事家政服务业的员工制企业城镇职工按基本养老、基本医疗和失业保险费最低标准之和享受 50% 补贴。三是鼓励开展"互联网+"等家政新业态。出现阿拉家政、好慷在家等多个 O2O 企业,市场呈现多层次多领域的发展态势,服务业态不断丰富,结构持续优化,目前家政服务内容有 20 大类190 小项,基本覆盖市民生活所需。

(二)政府推动、行业参与、高校支持,努力推进家政服务信用体系建设

2016 年,宁波市 81890 求助服务中心以加盟单位信用评价为切入点,着手研究制定出评价模型,并于 2017 年对以开展生活类服务为主的 400 余家加盟单位试行信用评价,每年出具评价报告。2018 年 7 月,宁波市信用宁波建设领导小组办公室下文《关于印发〈宁波市推进"诚信家政"建设行动方案〉的通知》(甬信办〔2018〕16 号),明确了推进家政业诚信建设的工作目标和主要任务,提出了建立完善家政行业主体信用档案和建立家政行业信用联合奖惩机制的相关举措。2019 年 6 月,宁波市商务局、宁波市财政局联合制定了《宁波市家政服务业信用体系建设资金使用方案和管理办法》,获得商务部资金 900 万元。

(三)制定标准、规范服务、强化考核,加快家政行业标准化规范化进程

宁波市高度重视家政行业标准体系建设,稳步推进市场行为的规范,确保行业有序发展。一是制订行业标准。近年来,市商务局联合市质监局组织制定《宁波市家政企业等级标准》等 10 项宁波市地方标准,其中 3 项标准升格为全国标准。二是依据标准引领行业发展。根据标准开展家政企业等级评定和从业人员星级评定工作。三是构建家政服务工种规范化培训考核体系。2014 年,宁波家政学院完成了母婴护理员等 5 项家政服务工种的培训体系建设,其中 4 个工种的培训标准成为地方标准,同时出版配套教材 16 本。四是规范行业服务行为。2015 年《宁波市家政服务行业消费争议暂行处理办法》出台,同时发布家政服务合同"宁波范本",这在国内尚属首创。

（四）依托家政学院、政校行企协同，加快家政服务人员的培养培训

　　人才是行业发展的关键，宁波市高度重视家政服务专业人才培养培训工作。一是在省内率先开展高职层次家政服务专业的学历教育。2013年宁波市商务局和宁波卫生职业技术学院联合成立宁波家政学院，通过设置奖学金、政府订单、行业导师联合培养等方式，办学质量稳步提升，专业被评为浙江省"十三五"特色专业建设项目。2019年宁波家政学院办学模式被国家发改委、商务部和人社部认定为全国首批家政服务业发展典型案例，同年7月在国务院政策例行吹风会上，部委有关负责人介绍《关于促进家政服务业提质扩容的意见》有关情况时，宁波家政学院办学模式获点名肯定。二是开展家政企业管理人才在职培训。举办管理人员高级研修班，共受训100多人次。三是开展一线从业人员培训。培训合格初级家政服务人员达1.5万名。四是推动校企、行校合作。2017年宁波市家庭服务业协会发布《家政服务专业学生教学实习保障行业范本》，提出家政专业学生实践教学的管理要求，同时由宁波81890原主任胡道林开设了家政服务专业人才培养工作室，选拔优秀的家政服务专业学生进入工作室进行个性化培养，目前已经选拔4届，结业人数13人。2018年3月，宁波市商务局和宁波卫生职业技术学院共建宁波家政创业园，联合培养家政创业人才，孵化创业项目。

二、家政服务业发展中的主要问题分析

　　发展家政服务业，不仅是促进社会就业增收的重要渠道，也是改善民生、扩大内需、调整结构的重要举措。但是，行业发展总体上仍处于比较低端的发展阶段。

（一）小、散、乱现象普遍存在，行业规模化、职业化和诚信情况不理想

　　面对日益增长的家政服务需求，整个行业小、散、乱现象成为阻碍该行业发展的最大阻力。一是企业总体规模偏小。调查数据显示，家政企业无连锁门店的占94％，营业面积在100㎡以下的占50.6％，员工数超过百人的只有28家，以私营有限责任公司作为工商登记类型的占81％，缺少知名度高的服务品牌。二是从业人员职业化程度不高。员工制企业不超过10％，绝大多数企业为中介性质，只负责推荐用工，家政服务人员平均2～5年换一家公司，46％的人员未参加社会保险。家政服务人员学历层次低且未实现培训全覆盖，95％以上的为女性，初中学历的占73.4％，高中和中专学历的占25.9％，大专及以上学历的仅占

0.7%，未经过培训的占 27.6%，未持有职业资格证书的占 70%。三是行业存在诚信缺失问题。无证经营、价格恶性竞争、服务欺诈等现象时有发生，59%的消费者对企业提供的家政服务人员个人信息表示不能完全相信。78%的消费者认为家政服务价格偏高且不透明，而行业信用体系建设工作推进较慢，个别素质低、有犯罪记录或是健康条件不符合工作要求的家政服务人员也影响消费者的安全感和信任度。四是行业协会自律作用尚不突出，宁波市家庭服务业协会目前只有会员单位 130 多家，会员单位主要业务集中在保洁、搬家和水电维修等传统家政领域，相比全市上千的家政企业和上万的从业人员，凝聚的行业力量有限。

（二）家政行业监管体系尚不完善，服务标准缺失且执行落实情况不理想

与家政服务业快速发展的现状相比，行业监管体系建设相对滞后。一是监督管理范围不明确，尚缺乏统一的"家政服务"的法律概念，不断涌现的服务项目进一步造成家政服务界定不清楚，致使政府部门监管职责的缺位。二是协同监管合力未形成。家政服务领域广泛，涉及商务、人社等多个部门，市场和政府之间的界限不够清晰，直接影响监管体系、监管合力的形成，造成监管的力度不够。三是行业服务标准缺失且执行情况不佳，2017 年 9 月国家职业资格证书中取消了家政服务员、养老护理员等工种，涉及生活照料服务人员的职业工种只有孤残儿童护理员、育婴员和保育员等 3 个。一些新兴家政服务项目如小儿推拿等尚缺少统一的行业标准，已有的服务标准覆盖面较小，执行力较差。宁波市现有 4 个家政服务工种培训地方标准，目前通过培训鉴定的尚不足 2000 人。市面上还充斥了较多不同来源的证书，培训证书和职业资格证书常被混为一谈，甚至出现了一些山寨组织颁发的证书，冒名考证、培训形式化和考核过场化等现象仍然存在。

（三）推动家政服务业发展的政策保障体系尚不完善，支持力度有待加强

家政行业人员流动性大，互联网＋家政等新业态尚未在行业中全面推广，2018 年宁波市家政服务人员平均年收入只有在岗职工（含劳务派遣）平均工资的 80.4%。52%的家政服务人员希望改善工资待遇，67%的家政服务人员希望能改善住宿条件，超过 90%的家政企业认为招工难、留人难，推动家政服务业发展的政策保障体系尚不完善。一是相关配套政策相对滞后。如"家政 36 条"颁布后，宁波市尚没有出台相应的配套政策。二是相关政策落实推进情况不理想。2018 年 11 月起宁波市取消家政职业保险补贴制度，家政进社区资金和场地保障不力、企业员工社保和纳税负担过重、吸引大学生到家政领域就业创业的支持不足等已经成为阻碍行业发展的重要原因。

三、加快推动宁波市家政服务业发展对策建议

面对家政服务业存在的供需矛盾突出、市场主体发育不充分、专业化程度较低、管理机制不健全等问题,近年来宁波市多名两会代表的提案中都建议立即启动家政服务立法和信用体系建设、加强人才培训。根据"家政36条"的整体工作部署,可采取以下举措。

(一)优化家政领域营商环境,加快行业提质扩容

加快家政领域的放管服改革,引导家政企业转型升级。一是要支持家政企业规模化发展。支持企业开展员工制管理,支持家政企业进社区,支持依托政府投资建设的城乡社区综合服务设施(场地)设立家政服务网点,推进家政服务共享,发展家政电商等新业态,探索家政服务业与养老、育幼、物业、快递等服务业融合发展,培育家政服务中介市场主体,鼓励建设家政服务信息共享平台,培育一批家政龙头企业和服务品牌。二是对家政企业予以财税金融优惠。以较低成本向家政企业提供闲置厂房、社区用房等作为家政服务培训基地,为辖区内家政服务员免费提供上岗前初次体检,合理降低家政企业进驻社区的场地租金、水电等费用,对提供社区家政相关服务的收入免征增值税,扩大员工制家政企业免征增值税范围,运用投资、基金等组合工具支持家政企业融资,鼓励商业银行对信用好的家政企业提供贷款优惠。三是推进家政服务信用体系建设和推广应用。规范家政服务信息采集,实现对家政服务人员个人信息、家政企业资质、家政行为规范性、雇主行为诚信度的追溯,争取将其纳入全市信用体系建设的总体规划中,对失信家政企业和服务人员实施跨部门联合惩戒。

(二)完善家政行业监管体系,推动行业规范发展

家政行业监管应明确各方职责,将行业规范化发展纳入法制化轨道。一是要完善家政服务领域规范性文件。根据国家相关政策配套出台实施细则,借鉴上海等地经验,组织开展立法调研,尽快将家政立法纳入市人大立法计划。二是要建立家政服务工作协调机制。理顺行业管理体制,相关部门要形成共管合力,清晰业务监管范围,把推动家政服务业提质扩容列入政府工作会议重要议程,纳入各区(县)的政府部门考核指标。三是要建立家政服务考核评价监管和纠纷常态化多元化调解机制。支持家政企业开展优质服务承诺,公开服务质量信息,建立家政服务质量第三方认证制度,对家政企业开展考核评价并进行动态监管,发挥行业协会、消协等社会组织的作用,落实家政服务合同,明确各方权益和纠纷

处理途径。四是要完善落实行业各类标准。根据服务领域拓展情况,及时制定相应的行业标准,支持大型家政企业联合申请团体标准,规范培训要求,严格鉴定流程,取缔非法证书。

(三)加强从业人员职业保障,推动行业规范发展

提高家政服务人员素质是行业提质扩容的关键。一是要加快家政服务专业人才培养。支持院校办好家政服务相关专业,扩大培养规模,培育产教融合型企业,优先支持家政类校企深度合作项目。二是要开展家政培训提升行动。将家政服务纳入各类职业技能实训基地的重要培训内容,安排专项资金以政府购买服务方式,支持职业院校发挥资源优势,联合行业协会和企业,为困难企业转岗职工、就业重点群体和贫困劳动力等从事家政服务提供职业培训,为员工制家政企业人员提供免费的岗前培训和"回炉"培训。三是要建立家政服务人员就业保障机制。搭建家政企业和劳动力供需对接平台,对企业招用就业困难人员或当年高校毕业生、员工制企业人员在社保、职业保险等方面予以补贴,支持员工制家政企业配建职工集体宿舍,对优秀家政服务人员在子女读书、廉价租房、购房落户等方面予以政策倾斜,支持为家政服务人员购买商业保险,组织从业人员统一投保。四是建立家政服务人员褒扬机制。组织开展家政服务人员技能大赛,对获奖选手按规定授予"首席工人"等荣誉称号,并晋升相应职业技能等级,加强对家政服务人员先进事迹与奉献精神的社会宣传,让家政服务人员的劳动创造和社会价值在全社会得到尊重。

(作者单位:宁波卫生职业技术学院)

宁波人才政策与相关城市比较研究

陈小渊　　王明荣　董晨妍　何永红　陆佩蓓

　　习近平总书记指出,要切实实施人才强国战略,以人才引领发展,建设人才队伍,制定人才引进政策,聚天下英才而用之。近年来,宁波相继出台一系列含金量高、成效明显的人才创新举措,人才集聚效应显著提升,为宁波走在高质量发展前列、努力当好浙江"两个高水平"建设的排头兵提供了有力人才支撑。

一、宁波现行人才政策

　　2018 年以来,宁波着眼打造人才政策竞争优势,突出对标追赶,拿出真招实招,出台"1+X"的人才政策升级版,形成了较为完整的现行人才政策体系,宁波现行人才政策特点可以概括为"全覆盖、全链条、全过程"。

(一)实现各类人才全覆盖

　　宁波现行人才政策实现了高端人才与基础人才、创业人才与创新人才、技术人才与技能人才、海外人才与国内人才以及青年人才等全覆盖,为宁波经济社会发展集聚最全面的人才。如出台了《关于加快推进开放揽才产业聚智的若干意见》《宁波市职业技能培训条例》等政策,实施专门针对海内外高层次人才和团队引进的"3315 计划"和"泛 3315 计划"等。

(二)涵盖引育留用全链条

　　宁波人才政策注重涵盖人才引育留用全链条,为人才开发提供全面的政策保障。在人才引进方面,加大人才引进的支持力度并完善引进配套体系,为人才引进提供系统的政策支撑,如对入选"3315 计划"的高端创业创新团队,符合条件的,给予最高 1 亿元创业创新资助经费。在人才培育方面,支持企业等用人主体加大人才培育力度,同时积极鼓励人才自我提升,如对宁波自主培养的顶尖人才,给予最高 800 万元奖励,给予培养单位一次性 500 万元奖励。在支持人才留甬方面,为人才提供购房补贴并系统解决子女就学问题,积极采取措施支持高校毕业生留甬,如为不同层次人才提供购房补贴,最高给予 60 万元补贴。

(三)贯穿创业创新全过程

宁波关注人才创业创新整个过程,为人才企业从初创到发展壮大提供系统的扶持政策。在人才企业初创阶段,给予配套启动资金,为人才提供创业担保贷款和贴息。如高校在校生和毕业 5 年内高校毕业生创办实体企业,可享受最高 30 万元创业担保贷款和贴息。在人才企业发展阶段,对发展较快的人才创办企业给予持续支持,如"3315 计划"人才(团队)创办企业自成立之日起,5 年内发展成长较快、对宁波经济社会发展贡献较大的,经认定后再给予企业最高 500 万元资助经费。在人才企业壮大阶段,支持人才企业挂牌上市。

二、宁波人才政策与同类城市比较

我们选择了杭州、西安、成都、武汉、南京、青岛、深圳等 7 个同类城市的人才政策,具体就各地人才引进、培育、激励等三个方面政策进行分类比较。

(一)人才引进政策比较。主要对相关城市市级重点工程人才引进奖励、安家补贴、引才激励等方面政策做对比评估

比较发现宁波对人才引进的安家补助、购房补贴和基础人才补助方面总体额度处于第一梯队,在补助力度和方式上均比较领先;在高端团队引进方面,宁波最高补助 1 亿元,一般的优秀项目给予 500 万元到 2000 万元的补助,同样处于第一梯队,与相关城市相比仍有竞争优势(见表 1)。但是,比较发现宁波对中介引才的激励力度还有待提升,相关城市市场化引才激励力度更大,如深圳设立"引才伯乐奖",最高奖励 200 万元(见表 2)。

表 1　相关城市引进高端团队奖励政策

城市	高端团队或项目资助	
宁波	"3315 计划"团队	一般 500 万~2000 万元,最高 1 亿元
	"泛 3315 计划"团队	100 万~500 万元
杭州	领军型创新创业团队	60 万~2000 万元

续表

城市	高端团队或项目资助	
西安	高层次人才优秀创新项目	100 万～5000 万元
武汉	高层次人才团队项目	100 万元资助和最高 1000 万元股权投资
南京	高层次人才团队项目	50 万～500 万元
青岛	高层次人才团队项目	1000 万～1 亿元
深圳	"孔雀计划"创新创业团队	2000 万～8000 万元
	预备团队	最高 500 万元

注:数据来源为各地政策。

表 2　相关城市引才激励方式比较

城市	引才激励方式
宁波	聘请知名人士担任"海外引才大使",每年给予 5 万元经费,并根据引才荐才成效再给予相应奖励
杭州	对个人或中介组织引才最高奖励 30 万元
西安	设立引才西安伯乐奖,最高奖励 100 万元
武汉	每年设立不少于 200 万元市级引才奖励专项资金,对引才业绩突出的海外人才工作联络站、人力资源服务机构给予奖励补贴。企业引才,最高给予企业 100 万元奖励补贴
成都	鼓励企业通过猎头公司等人力资源服务机构引进人才,按其引才成本的 50% 给予企业补贴,最高 10 万元
青岛	对成功引进高层次人才的中介机构和个人,每引进 1 名顶尖人才奖励 30 万元;每引进 1 名特优人才奖励 10 万元;每引进 1 名领军人才奖励 5 万元;每引进 1 个高层次人才团队奖励 20 万元
深圳	设立"引才伯乐奖",最高奖励 200 万元

注:数据来源为各地政策。

（二）人才培育政策比较。主要对相关城市高层次创业创新人才提升培养、技能人才培养等方面政策做比较

　　比较发现宁波对于人才培养的支持力度较大,但在技能人才奖励方面还有一定差距,如西安对获得中华技能大奖的人才给予最高 50 万元的奖励,宁波则只有 5 万元,对于世界技能大赛获奖的选手杭州最高给予 50 万元奖励,宁波还有一定的差距(见表 3)。

表 3 相关城市技能人才培育方式及扶持力度比较

城市	各地技能人才培育方式
宁波	●对新取得国际行业资质证书的人才给予每人 3 万元的资助。 ●实施"十百千技能大师培养工程",分三个层次分别给予培养人选 10 万元、6 万元、2 万元资助。 ●对世界技能大赛获奖选手给予一定奖励。 ●对市优秀高技能人才给予 10 万元奖励,对获得中华技能大奖、省杰出技能人才、全国技术能手的分别给予 5 万元、3 万元、2 万元奖励。
杭州	●对新取得国际行业资质证书的人才给予每人 2 万元的资助。 ●组织和推动优秀高技能人才开展国(境)外交流培训。 ●对世界技能大赛获奖选手给予 15 万～50 万元奖励。
西安	●鼓励各类技能人才参加国内外技能大赛,对于获得"中华技能大奖""全国技术能手"等奖项的个人或团体,给予最高 50 万元奖励,并给所在企业奖励 10 万元。
成都	●对在世界技能大赛中获奖的给予 3 万～20 万元奖励。
深圳	●实施"技能菁英"工程,每年遴选 30 名技能菁英,组织赴国(境)外开展技艺技能研修培训、技能技艺交流及参加国际技能竞赛。

注:数据来源为各地政策。

（三）人才激励政策比较。主要对相关城市人才荣誉激励、科技成果转化激励等方面政策进行比较

比较发现宁波现行人才荣誉激励力度较强,但是在科技成果转化激励的方式方法上还有待创新(见表 4)。在科技成果转化激励方面,宁波规定高校、科研院所对科技成果转化收益,可按不低于 70% 的比例对相关人员进行奖励,探索赋予科研人员科技成果所有权或长期使用权,对由市财政资金形成的职务成果,可按成果发明人占成果所有权的 70% 以上分割。相关城市都高度重视科技成果转化激励,在科技成果转化方面创新突破力度较大。如杭州市鼓励人才带高新技术研发成果、专利技术等在杭州实现成果转化和产业化,对符合条件的给予不超过 60 万元资助;西安市对科技成果转化人员所得收益的个人所得税可在 5 年内分次缴纳;深圳市对于符合当地产业发展需求的技术转移机构,给予最高 1000 万元研发资助。

表 4　相关城市人才奖励政策比较

城市	奖项名称	奖励力度
宁波	宁波市杰出人才奖	60 万～100 万元
杭州	杭州市杰出人才奖	30 万元
西安	西安英才奖	30 万～50 万元,特别贡献奖 150 万元
武汉	武汉杰出人才奖	50 万元
南京	科技产业高层次人才奖励	根据对南京的经济贡献奖励
青岛	青岛市突出贡献人才功勋奖	100 万元
深圳	鹏城杰出人才	100 万元,总额每年 10 亿元

注:数据来源为各地政策。

三、提升宁波人才政策吸引力和竞争力的对策建议

通过对宁波人才政策和执行情况的分析梳理,结合与相关城市的政策比较,建议宁波今后在以下四个方面提升人才政策吸引力和竞争力。

(一)进一步提升人才引进政策力度和精度

一是在引才重点上,突出产业紧缺急需人才导向。有效排摸宁波"246"万千亿级现代产业集群、广大外贸企业、重点功能园区、重大功能平台、产业技术研究院的人才需求。深入开展调研,将调研了解的"246"产业企业和"225"外贸双万亿人才需求绘制成宁波市重点人才需求分布图,根据产业类别和区域分布,分行业编制人才紧缺指数,形成人才需求地图。加强与相关部门引才工作的协同联动,为下一步制定相关产业人才政策、明确引才方向,掌握全面准确的第一手资料。

二是在引才主体上,突出企业引才主体地位。建议研究制定出台《关于引导和鼓励企业加强人才引进和培养工作的实施意见》,鼓励企业柔性引进海内外高层次人才。企业以岗位聘用、项目聘用、兼职聘用等形式,柔性引进顶尖人才、特优人才、领军人才以及拔尖人才,开展技术攻关、技术咨询、工艺改进、人才培养等产学研合作活动的,经认定,三年内按照企业实际支付薪酬的 10% 给予奖励,每家企业每年最高不超过 100 万元。减免企业引才费用。凡参与市委人才办、市人社局等部门集中组织的人才招聘活动的企业,宣传费、摊位费和统一制作的招聘广告费用,全额给予补助。

三是在引才力度上,加速形成人才政策比较优势。聚焦政策"空白点""薄弱点",加快落实集聚顶尖人才实施办法,赋予顶尖人才更大的人才物支配权、技术路线决定权、内部机构设置权。在人才资助、安家补助、生活用品津贴、年薪资助等政策环节力求突破,保持住目前在顶尖人才的支持力度上全国领先、综合性价比最高,着力引进一批以院士为代表的顶尖人才;出台部省属单位引进人才专项政策,打破部省属单位引进人才享受地方人才政策的限制。研究出台引才工作专项激励政策,提高对引才人员、引才机构、引才企业的专项补助或奖励力度。

(二)进一步优化宁波人才培养政策

一是整合提升现有人才培养工程。在国家和省级层面,以两院院士、长江学者、国家千人计划、万人计划、中科院百人计划、省特级专家、省高层次人才特殊支持计划等综合性人才开发工程为牵引,明确人才培养的方向和要求,提高入选人数和入选层次。在市级层面,以"3315 计划"、"泛 3315 计划"、市领军和拔尖人才培养工程为抓手,确立在本土人才培养中的引领作用,同时形成覆盖不同领域、不同层次的人才培养体系,原则上一个部门人才领域要出台一个人才综合性意见,形成完整的人才培养体系。

二是完善人才发展规划体系。根据人才开发的要求,结合产业、教育、卫生、体育等经济社会发展的需要,建立体系完备的人才发展规划体系,为人才培养确立明确的目标、方向和路径,如原则上要求千亿级产业和教育、文化、卫生、体育等重点社会发展事业领域都有专门的人才发展规划。在人才发展规划制定中要突出人才培养举措的创新,尤其是各领域人才发展中体制机制的创新突破,建立适合不同领域不同层次人才的培养模式。要进一步完善人才的统计体系,从而能够提出针对性的培养举措,为宁波经济社会发展奠定坚实的人才支撑。

三是加大人才培养的投入力度。要对人才发展专项资金、其他各类人才开发资金建立专门的人才培养资金统筹体系,市财政部门要加强对人才开发资金的统筹研究力度,对于不同专项领域的人才培养和开发资金进行通盘考虑,避免对特定周期内人才培养的重复投入,扩大人才培养的覆盖面。对于部门人才开发中用于人才培养的专项资金要明确资金来源和使用方式,在产业规划、事业发展的整体规划编制中要充分考虑人才优先投入的要求,合理设置人才培养的资金安排,允许使用开支。

(三)进一步优化完善人才激励政策

一是改进人才评价激励机制。落实分类推进人才评价机制改革的指导意见,建立体现不同职业、不同岗位和不同层次人才特点的评价机制和办法。出台深化职称制度改革意见,推行职称评价标准量化机制,持续下放中级职称评审权限,实现高校、医院、科研院所人才自主评审全覆盖,争取一批全省高级工程师评委会。持续推进企业技能人才、乡村振兴人才自主评价,推动企业主体、行业协会等采用灵活管用的评价方式甄别人才,遴选一批"土专家""田秀才"纳入人才政策支持范围。

二是促进人才双向流动激励机制。鼓励支持事业单位科研人才在岗创业、到企业兼职创新、离岗创业创新,允许事业单位将空出的岗位用于引进急需人才。鼓励高校院所、公立医院等事业单位设立特聘岗位,引进高层次人才可不受编制数和岗位结构比例限制,因不同制度没有职称的可享受同等岗位人才待遇。建立市属国有企业职业经理人才制度,推动有条件的市属国有企业扩大试点,合理提高经营管理人才市场化选聘比例。

三是优化人才物质和荣誉激励机制。加快建立绩效工资持续增长机制,试行并逐步完善"绩效工资总量+X"管理模式,允许高校、科研院所等事业单位实行高层次人才年薪工资、协议工资、项目工资等多种薪酬分配制度。深化科技成果转移转化机制改革,持续提高科研人员职务科技成果转化收益比例,创新研发成果实施阶段所有权分割机制。加强对人才的荣誉激励,对于宁波杰出人才给予高规格的表彰。积极推进人才申报国家"友谊奖"、宁波"茶花奖"、"宁波荣誉市民"等荣誉称号,予以人才更高的礼遇。

(四)进一步提升留才聚才环境引力

一是打造好高层次人才服务联盟。深入推进"最多跑一次"改革,实施"服务联盟提质创优"行动,实现人才服务清单化、流程化,切实解决人才服务"中梗阻"问题。整合政务服务资源,梳理人才服务需求,建立人才服务清单,实行对账破难、销号管理,实现人才服务精准化、高效化。完善人才公共服务信息平台,编制完善人才地图、创新地图、产业地图和政策目录、引才目录、服务目录,集聚金融创投、法务商务、人力资源等市场服务力量,整合政府和市场服务资源,建立线上线下双向联动的人才服务平台。

二是营造好尊才爱才重才的浓厚氛围。深入开展"弘扬爱国奋斗精神、建功立业新时代"活动,持续举办人才国情教育和研修培训,建设一批人才国情教育基地,选树宣传一批爱国奉献、成果卓越的人才团队,引导广大人才把爱国之情、报国之志融入宁波高质量发展事业中。探索制定人才工作条例,形成人才发展良好氛围。积极营造鼓励创新、宽容失败的人才创业创新文化,建立更加符合市场规律和人才创业创新规律的审计监管机制,对人才给予更多"静待花开"的耐心,对创业失败人才给予更多人文关怀,让人才充分发挥作用、施展才华。

三是推广好宁波人才特色工作品牌。强化宁波人才日(与宁波共成长)、宁波人才科技周、"我选宁波,我才甬现"等活动品牌的设计和运营,重点抓住高端创新团队、高端创新论坛、高端创新大赛等有形品牌,进行完整的形象规划,形成统一的形象观念。建立多元的线上传播载体,借助抖音、直播、综艺节目等线上平台,通过创意短视频、城市纪录片等,把政策性语言转化为媒体语言、群众语言,以当下在年轻人中流行的互动方式打造"网红城市"。

(作者单位:宁波卫生职业技术学院)

基于信息点数据的宁波城市空间结构研究

丁　乐

在对 2019 年高德地图中宁波市 70 余万信息点（point of information，POI）数据进行采集处理的基础上，我们分析了宁波市 POI 聚集的空间特征。

一、市六区 POI 空间聚集呈多极主副圈层
与片状区域相结合的形态

市六区 POI 空间聚集总体呈现由中心区域向四周发散的多中心圈层式空间结构与片状区域相结合的特征。

（一）原老三区范围内 POI 聚集呈多极主圈层与单极副圈层和片状区域混合的形态

为简化起见，以某点 600m 范围内的 POI 总数 N 来衡量该点所在区域的空间聚集程度。

原老三区范围内区 POI 聚集以天一广场为中心形成主峰，峰值约为 $N=$ 10105；以鼓楼、彩虹商住圈为中心形成两个次高峰，峰值在 $N=3000$ 至 $N=$ 3500 之间；主峰及两个次高峰坐落在大体以三江口为几何中心的东西长、南北窄、平均高度在 $N=500$ 至 $N=2000$ 的长方形高原上，以天一广场为核心向四周逐渐下降，向西及向北下降坡度大、面积小，向东和向南坡度小、面积大；同时，在高原的外围存在着许多小的峰值。

上述主峰、两个次高峰、高原以及高原外围部分在地图上的投影，分别是天一商圈、鼓楼及彩虹商住圈、三江口商住圈及各微小商住圈的范围，由此可以观测到原老三区 POI 聚集呈明显多极主副圈层结构。其中，POI 聚集程度最高的

天一商圈为第一级主圈层,聚集程度次之的鼓楼、彩虹商住圈为第二级主圈层,它们坐落在范围更大但聚集程度稍低的三江口商住圈内,其他依附于主圈层的众多小微商圈为副圈层。

1. 天一商圈为多极主圈层中 POI 高密度核心聚集区

天一商圈是宁波市 POI 聚集程度最高的地方,国购中心南段及酷购商城部分区域的 N 值在 10000 至 10150 之间。在 $5500<N<10000$ 层面,POI 聚集密度等高线总体上围绕天一广场呈环状逐层向四周扩散,且密度中心随开发时间、商业密度和居民区密度发生变化。

当 $4000<N<5500$ 时,可以观测到天一商圈北部受姚江影响出现空白,向东开始跨奉化江至鄞州区江东北路和百丈路,南部至大、小沙泥街,西侧则是鼓楼步行街等较大片状区域。

当 $3000<N<4000$ 时,观测到 POI 聚集分别形成了鼓楼和彩虹商住圈,标志着天一商圈影响范围在东西方向的终结。

当 $2000<N<3000$ 时,观测到鼓楼、彩虹商住圈与天一商圈融合,形成西门口—彩虹扁平环状圈层聚集。

2. 三江口商住圈为主圈层中 POI 中低密度聚集区

三江口商住圈的 POI 聚集呈以下特点:

(1)POI 聚集密度变化相对连续,表明其中起决定性作用的是长期的时间积累,而各种规模的人为改造并没有显著影响其整体聚集趋势。

(2)在 $1500<N<2000$ 层面,三江口商住圈的重心开始明显偏东,呈以中山西路翠柏路口—百丈东路桑田路口连线为对称轴的扁平带状聚集,北至海曙高塘四村—江北区新马路,东至鄞州中山东路—通途路片区、百丈东路—桑田路片区,南至灵桥路—尹江岸新村—火车站北广场一线,西至柳汀街—长春路口。

(3)在 $500<N<1500$ 层面,三江口商住圈大体呈以中山东路为对称轴的不规则扁平环状且中心偏西南:北部为海曙机场路—永丰路—余姚江所围区域和甬江两岸带状区域,东部在通途路—329 国道—惊驾路—桑田路、惊驾路—329国道—兴宁路—沧海路、海晏北路—会展路—福庆北路—宁东路、宁东路—河清北路—中山路—海晏北路所围区域,南边受杭甬高速和奉化江的影响呈不连续成片聚集,西部为永丰西路—环城西路—联丰中路—学院路所围区域及联丰中路—机场路西南三角区域。

3. 三江口商住圈外为中低密度 POI 聚集副圈层和片区

在 $1500<N<2000$ 层面,可以观测到江北万达广场周边及宝庆路—丽江西路—江北大道所围成区域、鄞州盛莫路—镇中路片区、钱湖北路印象城片区、四

明中路片区、天童南路罗蒙大厦片区和石碶商住圈。

在 $1000<N<1500$ 层面,在江北可以观测到青林湾、奥林 80 等新建住宅小区和慈城、洪塘、庄桥等片区,在鄞州可以观测到邱隘、南环高架—鄞县大道成片区域、南部商务区、横溪和姜山片区,海曙可以观测到集士港、联丰中路、高桥和徐家漕片区。

(二)镇海、北仑、奉化三区 POI 聚集呈单极圈层与片状区域混合的形态

1. 镇海区 POI 聚集呈多点分散的态势

镇海 POI 聚集在镇海老城、骆驼、庄市 3 个商住圈和镇海炼化等 4 个低密度片区内。

受甬江及其水系的限制,镇海老城商住圈大体呈东西长、南北短的扁平环状:在 $500<N<3000$ 层面,大体以招宝山城关商场店为几何中心形成环状商住圈,其聚集程度变化较为均匀但向西的扩展速度较大,最终形成东至沿江东路,西至隧道北路,南至甬江,北至环城北路的范围。

骆驼商住圈。在 $500<N<1500$ 层面,骆驼商住圈北至宁波绕城高速以南,东至东邑北路两侧,西至兴骆路—慈海南路—荣吉路—通园路所围区域内,南部则在南二西路—东邑北路—镇海大道—西大河北路所围区域内。

庄市商住圈。在 $2000<N<2500$ 层面,可以观测到 POI 聚集形成鑫隆花园片区。在 $1000<N<2000$ 层面,鑫隆花园片区演变为以庄市大道—明海南路—清泉路—兴海南路所围环状区域。

2. 北仑区 POI 聚集呈多环集中融合态势

北仑 POI 主要集中在明州路商住圈、大碶商住圈、小港片区内,其中明州路商住圈聚集程度及面积独大,其余商住圈和片区规模较小且距离较远。

明州路商住圈。在 $2000<N<2500$ 层面,以新大路—嵩山路—高凤路—华山路所围区域形成 POI 聚集区;在 $500<N<2000$ 层面,向东扩展至闽江路,向南至 329 国道,向东至松花江路,向北至进港路北侧,在东、南和西侧分别形成了三个较大面积密集区。

大碶商住圈。在 $1000<N<2500$ 层面,可以观测到大碶商住圈范围从灵峰公寓及大碶综合市场扩展到庐山中路、329 国道和钱塘江中路。当 $500<N<1000$ 时,大碶商住圈向东与明州路商圈融合,向西形成庐山西路—钱塘江中路三角区密聚集集区。

小港片区。在 $500<N<2500$ 层面,小港片区从泰山锦苑小区周边及奥力孚景明小区西侧扩展到滨海府周边、港都名宅周边、纬四路—渡口路三角区。

3. 奉化区 POI 聚集呈主环外四周片状辐射态势

奉化区 POI 主要聚集在以南山路为对称轴的南山路商住圈,向西、东、东南各有 1 个明显聚集区,向北有 3 个明显聚集区。

南山路商住圈。在 $3500 < N < 4000$ 层面,POI 聚集在中山路与南山路口及南山路—岳林路—广平路—慧政路步行街所围区域。在 $1500 < N < 3500$ 层面,大体上以南山路为轴呈椭圆环状聚集。在 $500 < N < 1500$ 层面,西侧受锦屏山影响,大体呈"D"字环状聚集且在东部形成大面积片状聚集:"D"字的竖边为大成路—河头路—西苑路所围三角区域和锦屏南路—西直路区域,北部集中在长汀路,东部则为金钟路—大城东路—东环路—金海路所围区域,南部在金海路—宝化路。

向北在宁波—奉化之间有 3 个 POI 聚集区:宁南新城、江口街道和奉化经济开发区,其中宁南新城片区距宁波绕城高速仅 2 千米左右。

向西出现溪口镇商住圈。在 $1000 < N < 1500$ 层面,溪口中兴中路部分路段有明显聚集;在 $500 < N < 1000$ 层面,形成长途车站至奉通北路段为对称轴的扁环状商住圈。

在 $500 < N < 1500$ 层面,向东、东南可以观测到西坞镇和莼湖镇片区,向南在尚田镇只有零星聚集。

二、各县(市)POI 空间聚集呈单极主副圈层
与片状区域相结合的形态

(一)余慈地区 POI 聚集呈相背发展态势

两地主城区商住圈的 POI 聚集都比较密集,但慈溪市镇级 POI 密集聚集区比余姚的数量和规模都要大许多。

1. 慈溪市 POI 聚集呈现出城区密集、向北多点、沿国道聚集的特征

慈溪市 POI 主要聚集在主城区商住圈内,向东有观海卫商住圈,向北及沿国道有数量多且成规模镇级 POI 聚集片区。

(1)主城区商住圈 POI 呈中高密度聚集

慈溪主城区商住圈 POI 聚集密度最高点在 $5000 < N < 5500$ 之间,集中在球场路—沿河路—解放东街步行街—天九街所围区域。在 $4000 < N < 5000$ 层面,呈以华润万家为中心的环状聚集。

在 $2500 < N < 4000$ 层面,POI 聚集呈不连续环状:其东侧部分较稀疏而西

北相对面积较大。在 1500＜N＜2500 层面,POI 呈不连续"d"状聚集:其竖边为
孙塘路与新城大道间带状区域,"c"字部为北二环中路孙塘路口至一商检路口
段、校场山路与三北西大街交叉口东北和南二环路。

在 500＜N＜1500 层面,主城区商住圈呈以慈甬路—三北大街和青少年公
路—乌山路为对称轴的环状聚集。

(2)主城区外向东、向北有较多成规模 POI 聚集区

主城区外向东主要为观海卫商住圈。观海卫镇片在 1500＜N＜2500 呈不
规则环状聚集,在 1000＜N＜1500 层面呈"d"字状聚集:其竖边为南大街市场中
路口至三北中路段,"c"边为三北中路南大街路口和市场路金鸡路口—南大街路
口段。

此外,当 500＜N＜1000 时,向东沿三北东路有匡堰等 5 个、向北有坎墩街
道等 8 个、向西和向南只有周巷及横河 2 个 POI 聚集程度相对较低的镇级
片区。

2.余姚市 POI 聚集呈城区独大、乡镇较小的特点

余姚市 POI 主要集中在主城区,主城区外 POI 聚集片区较少且主要沿国道
分布。

(1)主城区聚集相对均匀,但受地理条件影响明显

余姚 POI 聚集的最高值在 4000＜N＜4500 之间,位于南雷路两侧的南雷路
综合楼和余姚小商品市场。在 2500＜N＜4000 层面,POI 聚集呈不规则环状:
环状西北角因受龙山公园和姚江阻挡而出现明显缺口,其余部分呈"u"字状:
"u"字上边的一横为大体以阳明路为轴的带状聚集,而"u"状主要为巍星路—世
南路—新西门路和笋行弄之间区域。

在 500＜N＜2000 层面,主城区 POI 呈不规则环状外加东北、正西、正南有
大片密聚集集的态势:东北部分为北环西路—月梅路—子陵路—新建北路所围
片区及塑料城片区,东部为中山北路—东阜门路所围片区,南部为市南路—谭家
岭路所围片区,西部为以阳明西路为对称轴的舜水北路—余姚江—西环北路—
丰山路所围片区。

(2)外围沿国道有零散的小规模聚集

城区以外,POI 聚集规模小、数量少且离城区远:仅在 N 值为 500 左右时,
能观测到 329 国道、319 省道和杭甬高速沿线有 4 个小规模片区和 3 个点状镇
级聚集。

(二)象山、宁海 POI 聚集呈各自成片发展

两县绝大多数 POI 聚集在主城区商住圈内且呈明显的均匀环状聚集,表

明其地理环境相对较好且独立性较强。主城区外聚集区域少、规模小且距离较远。

1. 象山、宁海 POI 聚集呈两圈两片分散发展形态

象山 POI 聚集主要在主城区和石浦两个商住圈、爵溪和西周两个片区。

(1)主城区 POI 呈中高密度聚集且相对均匀

POI 聚集最高点在 $4000<N<4500$ 之间,主要在天安路与靖南大街路口附近。在 $1500<N<4000$ 层面,POI 聚集明显呈以靖南大街金鹰路口为中心的环状,且以金秋住宅区—靖南大街为中心向外扩散。当 $500<N<1500$ 时,主城区开始呈不连续环状聚集,反映出主城区空间上在西、北、东北受山区限制的实际情况。

(2)主城区外 POI 向东、南聚集明显

主城区外,象山向南往石浦镇、向东往爵溪街道明显聚集。

石浦在 $1500<N<2500$ 密度上基本上是以凤凰新城为中心的扁平环状聚集。$500<N<1500$ 时,石浦商住圈主要集中在曙光路—凤栖路—火头炉路—渔港南路所围区域。

在 $500<N<1000$ 时,可以观测到爵溪片区,其 POI 主要集中在新瀛路东溪路口至西溪路口、西溪路游仙路口至镇前街段以及十字东、西、南街和镇前街沿线。

2. 宁海县 POI 聚集呈一圈两片北向发展形态

宁海县 POI 主要集中在一圈两片,即主城区商住圈和正北方向的塔山、西店片区。

(1)主城区 POI 呈中高密度聚集且相对均匀

宁海主城区 POI 密度最高值为 $3500<N<4000$。在 $3000<N<3500$ 时开始呈明显环状区域,在桃源中路—北大街—兴宁南路—兴宁中路—正学路—天寿路所围区域内。从 $2000<N<3000$ 开始,呈明显连续环状,且北部形成片状密集区。从 $N=2000$ 到 $N=500$,主城区商住圈逐渐形成大体以气象北路及其延长线为对称轴的南北走向扁平环状。

(2)主城区外向北有明显聚集

在 $500<N<1000$ 层面,在主城区向北与奉化之间有 2 个明显聚集区:西店镇环状和塔山片区,其中西店镇 POI 集中在西店北路—滨海路—甬临线—铁场东路所围成的区域内,塔山片区集中在梅林路与振兴街、梅桥路所围区域。

三、对于宁波城市空间发展的建议

从宁波 POI 空间聚集的角度看,存在着以下问题:一是市六区和各县市之间的空间发展趋势不尽协调,体现在余慈地区与主城区空间发展方向不一致、宁海向北发展的趋势未得到有效响应上;二是各县(市)之间空间发展趋势不协调,主要体现在余慈两地之间空间发展有明显割裂的痕迹、宁海和象山之间未观测到显著相向发展趋势上;三是重点发展区域聚集基础较为薄弱,基本上是 $N<$ 1500 以下的低密度、小规模片状聚集。因此,建议在实际工作中加以重视和调整。

提升宁波市六区的向心力建设。迎接奉化北上的趋势,引导宁波城区适当扩张,推动主城区和镇海、北仑的融合,提升市六区的城市能级,增强市六区对于周边县市的向心力。加强各县(市)与宁波主城区的通联建设,促进现有通道上成规模 POI 聚集区扩大并相向连通,视情况开发建设到主城区的新通道。

加强各县市空间协调融合发展。加强余慈地区、前湾新区的融合建设。促进海曙、江北向西发展,提升宁波主城区和余慈及前湾新区的融合程度。重视宁海空间发展北上的趋势,引导奉化城区适度向南和东南方向发展。发挥象山港大桥经济效益,促进宁波、象山相互吸引。

重视新开发区域建设的长期性。要打造面积较大的重点开发区域并形成合理的 POI 聚集,需要巨大的物力支持和漫长的时间积累。以原老三区为例,即便是取 $N=100$ 作为边界,也是经过历史的长期积淀才形成了目前以三江口为中心、半径 7~10 千米、重心偏东南的不规则环状区域,所围面积不过 300 平方千米。要一次性开发大面积的区域,难度可见一斑,各界应对此有充分的认识和长远打算。

(作者单位:宁波市社会科学院)

加快推进宁波工业旅游发展研究

徐兆丰

一、宁波发展工业旅游的三大意义

长期以来,宁波市认真贯彻党中央、国务院指示、要求,落实"创新、协调、绿色、开放、共享"五大发展理念,深化对工业旅游内涵的认识,不断丰富工业旅游产品,扩大工业旅游市场规模。发展工业旅游将成为展现宁波都市建设成就的新亮点。

(一)有利于展示宁波制造业大市形象

宁波的工业尤其是制造业,一直是宁波城市名片的重要标志。开展工业旅游有利于保护好宁波不同发展阶段具有突出价值的工业遗产,给后人留下相对完整的宁波制造业发展轨迹,同时赋予宁波制造业大市新的亮点和特色,有利于进一步展示宁波现有制造业发展水平,提高宁波的美誉度和知名度,成为推动宁波制造业走在高质量发展前列的助推器。

(二)有利于推动宁波旅游可持续发展

与传统旅游产品相比,宁波发展工业旅游可以提供更有特色的旅游产品、旅游服务和旅游纪念品,不仅可以扩大旅游产品的供给,丰富旅游产品的内涵,提升旅游消费的质量和品位,还可以不断拓宽工业旅游的产业融合领域,寻求形成具有个性化与多样化的工业遗产旅游、工业科普旅游、产业公园旅游、企业文化旅游、工业购物旅游等旅游产品体系,有利于保持宁波旅游的可持续发展。

（三）有利于促进宁波工业高质量发展

工业旅游将工业和旅游有机融合起来，兼具生产性和服务性功能，不仅能够提高企业生产的附加值，促进企业的转型，还创造了与社会交流沟通的环境，有利于提升企业自身的品牌知名度，优化企业资源配置，提升企业管理水平，实现工业和旅游之间产业链的相互延伸，提升产业创新能级，同时提升对创意策划、衍生品设计等的孵化与扶持，促进传统产业向创意化、互动式、体验性发展，实现产业高质量发展。

二、宁波发展工业旅游的三大优势

宁波是中国工业重镇，是不少民族品牌的发源地，船舶、纺织、印刷、机器制造等已有近二百年的历史。目前宁波涉及 35 个制造业大类，工业文明底蕴丰厚，工业旅游资源丰富，发展工业旅游优势独特。

（一）宁波工业遗存资源丰富

宁波工业遗存包括工业设施、工业相关设施、工业次生景观和历史建筑 4 个大类 20 个种类，存在整体分布广泛、局部地区相对集中等显著特点；宁波工业遗存比较集中的区域是海曙区的老城区及外围周边、鄞州区的江东北路和东钱湖一带、江北区的甬江北岸工业遗存走廊。此外，还有镇海的笠山风力发电试验场、北仑的梅山盐场、余姚的通用机器厂和浙东运河上的交通设施，宁海县力洋酒厂、梅林电厂、铝制品厂、象山的鹤浦潮汐电站等点状分布。

（二）宁波工业企业实力雄厚

宁波工业企业门类众多，有 35 个制造业大类，形成了绿色石化、汽车制造等一批国内领先、规模较大、效益较好的产业集群，拥有 9 个全国唯一的产业基地和 28 家国家级制造业单项冠军，单项冠军数量居全国首位。得力、欧琳、公牛、恒康、海伦、贝发等一大批注重品牌培育、知名度高的企业都具备向游客开放的实力。

（三）宁波旅游产业基础良好

近年来，宁波大力推进旅游资源有机整合、产业融合发展、社会共建共享，加快实现从景点旅游向全域旅游、从观光旅游向休闲旅游、从规模扩张向品质提升转变，逐步形成全景化打造、全时空体验、全要素保障、全程化服务、全方位管理的全域旅游发展格局，已连续三年荣膺"中国最佳休闲城市"称号，并获评首批中国旅游休闲示范城市。旅游业已经成为宁波现代服务业的支柱产业，为发展工业旅游奠定了雄厚基础。

不过与此同时,随着宁波旅游融合发展、高品质发展的不断深化,宁波工业旅游发展不平衡、不充分,企业重视程度不高,产品体验形式单一,运营模式缺乏创新,政府扶持力度不足等问题也逐步凸显。

三、宁波发展工业旅游的三大建议

深入贯彻党的十九大精神,以习近平新时代中国特色社会主义思想为指导,落实全域旅游发展战略和优质旅游发展理念,立足宁波工业文明优势和都市旅游特色,通过点线面结合打造旅游产品,完善配套服务强化市场影响,健全工业旅游保障机制等举措大力推进工业和旅游资源有机整合,为推动我市走在高质量发展前列提供有力支撑。

(一)点线面结合打造工业旅游产品

工业旅游作为宁波全域旅游的重要一环,要找准工业旅游"点线面",推动宁波工业旅游统筹联动、共建共享。点上发力,推进一批高等级工业旅游景区、工业旅游特色小镇、景区工厂等工业旅游基地建设,形成文创港、镇海炼化、北仑港、海曙垃圾处理中心等精品景区。线上延伸,以重点工业旅游基地为基础,形成"城景一体""留住乡愁""前湾时代""绿色家园""红帮裁缝"等五条精品路线。面上拓展,在精品线路基础上整合形成甬江两岸工业带、三江口都市工业板块、沿海沿湾海洋工业板块、环四明山环保工业板块等工业旅游"一带三板块"空间布局。其中几条精品路线的建设是关键。

一是培育"城景一体"精品线路。打造宁波文创港、宁波火车老北站等甬江两岸工业遗产地标,点亮"甬江科创大走廊"主题灯光秀,丰富北高教园区文创业态,优化甬江两岸建筑群滨水休闲空间,形成"处处有产业、时时是景色、人人宜游玩"的城景一体化发展格局。

二是丰富"留住乡愁"精品线路。聚力旧城改造、城市双修,加快推动旅游以传统的食宿、观光为主向体验、怀旧为主转变,打造余姚水泥厂、梅山盐厂、梅林电厂等一批特色鲜明的工业旅游怀旧产品体系,重点布局一批景区工厂。

三是共建"前湾时代"精品线路。加快建设前湾新区精品工业旅游线路,充分发挥前湾新区现有产业基础优势,依托具有较强发展潜力的工业集聚区,不断优化吉利汽车、方太厨具等工业旅游产品,把"前湾工业游"打造成必去必看必游景点和最亮丽的"宁波制造业名片"。

四是发展"绿色家园"精品线路。以生态环境优化、产业转型提质为目标,依托海曙垃圾处理中心、鄞州污水处理厂等环保工业资源,发展一批环境友好型工业旅游产品,高标准建设一批"绿色家园"精品产品,生动展现"绿水青山就是金山银山"。

五是推出"红帮裁缝"精品线路。以雅戈尔、杉杉、申洲等宁波大型纺织服装企业为依托,加快发展纺织服装产业体验旅游产品,加大创意服装研发力度,在旅游景区推出服装租赁项目。加快发展纺织服装产业体验旅游产品,让传统"红帮裁缝"制作的宁波装通过工业旅游焕发新活力,打造宁波"246"万千亿级产业集群工业旅游的新典范。

六是推出"建设成就"红色工业旅游线路。以北仑港、杭州湾跨海大桥等现代化建设成就为依托,加快发展现代化工业成就体验系列旅游产品,依托宁波城市更新和现代化进程中的工业建设成就,深化工业旅游认识,诠释工业旅游内涵,展示都市改革开放发展成就的新典范。

(二)完善配套服务强化市场影响

一是充分运用各类新老媒体进行宣传。要运用传统的广播电视、纸媒等进行宣传促销,要求选择新的宣传着力点,以全新的视角吸引潜在游客的注意力,同时注重与线上口碑等自媒体结合,运用创新思维培育客源。要巩固已有客源市场,挖掘潜在客源市场,如青年人追求运动时尚,可开展网络组群赴汽车生产厂家现场观摩、试驾、欣赏模特展示、团购优惠等针对性促销活动。

二是强化市场互动,举办工业旅游品牌活动。充分利用旅游日、科普日,尤其是中东欧博览会、智博会等重大活动载体,组织开展"工业旅游线路推介会"、"市民工业互动游"、工业旅游进社区、进校园等活动,扩大工业旅游的社会影响。发挥宁波旅游网等平台载体的作用,加大工业旅游宣传推广,提高工业旅游的人气指数和群众基础。

三是接驳公共服务体系,优化动线设计。围绕全域旅游发展主线,完善游憩设施与服务。充分结合城市公共交通设施,优化工业旅游动线设计,将工业旅游景点与其他类型旅游景点、旅游服务设施、公共服务设施等有机串联,形成主题联动、空间集聚、功能复合的工业旅游发展布局。

四是完善智慧旅游管理,优化游客体验。引导社会组织、服务机构做好工业旅游服务平台。引导工业旅游景点做好信息服务,对外发布开放时间、最大承载量、咨询和预约方式等。针对学生团队,做好大客流导引、疏解、救援等服务。加强工业旅游景点智慧旅游体系建设,促进人工智能、虚拟现实、增强现实技术运用和线上互动体验设计,结合手机 APP,完善无线上网、导游导览、专业讲解等自助服务。

五是强化人才培养,构筑工业旅游人才高地。选取宁波院校、优秀的工业旅游景点,探索设立"宁波工业旅游培训基地"。评选对宁波工业旅游发展做出突出贡献的杰出人物,评选宁波工业旅游金牌服务人员。汇编工业旅游讲解词,探索将工业旅游知识和讲解技巧纳入全市导游培训课程。促进校企合作,做好人才储备,鼓励优秀工业旅游景点与高校、职业院校搭建定单式教育、见习基地等多层次的校企合作平台,结合经营管理、创意策划、衍生品设计、多语言讲解、志愿者队伍建设等。

六是加强跨界联合,增强工业旅游品牌推广力度。动员、引导工业旅游服务机构、景点联合开展线上、线下营销,借助品牌展会和节庆活动宣传展示,与长三角、全国以及境外旅行社共同推出境内外工业旅游特色专线。将工业旅游景点纳入市中小学生社会实践基地,推动工业旅游进学校。加强与社区居委会等的联动,推动工业旅游进社区。

(三)健全工业旅游保障机制

一是加大资金投入,探索多元保障。坚持大产业、大市场、大投资、大发展的方向,积极吸引社会投资,探索建立市场化、多元化的资金保障机制。增加工业旅游在教育培训、节庆活动、宣传推广等相关工作中的财政资金投入。

二是做好政策扶持,培育企业主体。有效利用宁波市旅游发展专项资金,加大对符合条件的工业旅游项目的扶持力度,鼓励开发和改造升级工业旅游景点,支持展示区、参观通道、游客接待中心、标识导览系统等的建设。鼓励有条件的工业旅游景点参与标准化达标评优,并逐步创建 A 级景区。引导工业旅游景点利用地方教育附加专项资金,加强企业职工职业培训。对接全市文化创意产业发展财政扶持资金等,鼓励工业文明的深入挖掘和工业旅游品牌的打造。

三是完善数据支撑,做好统计评估。开展资源普查,建立数据库。调研摸清宁波工业遗存、工业博物馆和民生、制造、重大工业文明成就类的工业旅游资源的数量、质量、分布、特点等,编制《宁波工业旅游景点名录》《宁波工业旅游景点地图》。构建评价体系,实施跟踪评估。探索建立适应工业旅游发展的评价指标、评估体系。做好工业旅游数据统计,明确工业旅游统计指标和统计口径,加强接待游客量、旅游收入等基础数据的跟踪统计。

四是建立工业旅游协调工作机制,推动制度建设。经信、文旅、教育、财政、科技等有关部门要加强协调,指导工业旅游的政策制定、规划编制、项目推进、环境优化、区域联动等重点工作,推动尽快编制实施《宁波市工业旅游发展专项规划》,提升工业旅游规划实施的法律效力,建立工业旅游规划评估实施督导机制,将工业旅游发展作为重要内容纳入经济社会发展、城乡建设、土地利用、基础设施建设和生态环境保护等相关规划。编制和调整各类重要规划时,充分考虑工业旅游发展需要。

　　五是成立行业协会引导工业企业转变观念。筹备成立工业旅游行业协会，引导企业树立主要不靠门票收入的观念，把重心放在其他收入项目以及社会效益上；引导企业体验式开发工业旅游，将体验经济融入生产企业工业旅游，给予游客全程体验消费，增加工业旅游创收；引导企业挖掘工业旅游的文化内涵，满足游客对生产企业文化旅游的需求。

　　六是要建立健全工业旅游的监督检查与评估制度。工业旅游相关主管部门要严格按照相关标准，加强对工业旅游示范基地的动态管理，定期开展第三方评估，按规定对在工业旅游工作中做出突出贡献的单位和个人进行表彰和奖励，加大宣传力度，选树一批先进典型。

　　七是要建立健全工业旅游景区安全管理保障制度。明确工业旅游场所的安全责任主体和监管部门，严格执行有关安全标准，完善安全设施，保障各种旅游设施、机械的安全运转，完善事故应急机制，要针对工业旅游的特点特别注意旅游者的安全和生产的安全，同时谨防核心技术泄密，严格执行安全事故报告制度和重大责任追究制度。

（作者单位：宁波市社会科学院）

做好宁波文化礼堂建设相对薄弱村工作研究

王仕龙

2019 年 6 月,中共宁波市委宣传部结合"不忘初心,牢记使命"主题教育,组织全市宣传文化系统的党员干部重点对全市 190 余个相对薄弱的农村文化礼堂开展调研和服务。在此基础上,本文对我市文化礼堂建设取得的成绩、相对薄弱文化礼堂建设存在的问题进行了梳理,并提出了做好相对薄弱文化礼堂建设的建议和对策。

一、农村文化礼堂的概念

农村文化礼堂是践行社会主义核心价值观的重要载体,文化礼堂建设可以促进农村文化与农民群众的生产生活相结合、与传统美德和地方特色文化相结合,把优秀进步的文化以大家喜闻乐见的形式传递给广大村民,引导群众形成健康、向上的精神风貌,形成践行社会主义核心价值体系的良好氛围。

2018 年,浙江省委省政府制定了《浙江省农村文化礼堂建设实施纲要(2018—2022 年)》,全面开启新一轮农村文化礼堂建设大幕。宁波市委、市政府结合"六争攻坚、三年攀高"行动,提出农村文化礼堂"五年任务三年完成",力争到 2020 年实现全覆盖,把我市农村文化礼堂打造成弘扬主流价值的新平台、传承传统文化的新载体、展示村庄形象的新窗口、农民文体活动的主阵地,全面发挥农村文化礼堂的作用。

二、宁波市农村文化礼堂建设现状

(一)宁波市农村文化礼堂建设的成绩

1.抓制度建设,建有效机制。先后制定出台了《关于推进全市农村文化礼堂建设的实施意见》等系列文件,成立市、区县(市)两级农村文化礼堂建设领导小组,建立了一整套制度、机制,形成了"党政主导、分级负责、社会参与、群众自主"的工作格局。

2.抓科学规划,强顶层设计。2017年底至2018年6月,我市连续召开了4次工作会议,重新编制了新一轮农村文化礼堂建设总体规划。按照"一村一色""一堂一品"理念,结合各村村史村情,深入挖掘优秀传统文化内涵,建成了一批优质礼堂。

3.抓管理使用,建过硬队伍。通过深入学习贯彻习近平新时代中国特色社会主义思想和党的十九大精神,以习近平总书记给横坎头村全体党员重要回信精神为契机,结合"六争攻坚、三年攀高"行动,组织党员干部进农村开展政策宣讲,让农村文化礼堂真正"活起来""用起来",成为乡村振兴战略的重要载体。通过开启"文化礼堂＋"模式,推出"菜单式"服务项目供需平台,不断满足村民文化需求,激发农村文化礼堂内生力。

4.抓典型培育,强精品文化。注重典型示范,通过农村文化礼堂"十佳"系列评选等活动,涌现出一批"明星礼堂",形成了一批品牌。

(二)宁波市薄弱文化礼堂建设存在的主要问题

1.思想认识不足,阵地意识薄弱

在宁波农村文化礼堂建设工作中,有些基层干部认为文化礼堂也就是村民平时唱唱跳跳、搓搓麻将等自娱活动的场所,社会主义思想文化"阵地"意识薄弱,还没有把加强农村文化礼堂建设提升到,是我们党同封建宗族、宗教迷信争夺"阵地",是宣传新时代中国特色社会主义思想、传递社会主义核心价值观的重要课堂,是夯实党的执政基础、筑牢党的执政根基的重要举措的高度来认识。

2.文化人才缺乏,空心老龄村多

调研显示,文化礼堂建设薄弱村、"空心村"、"老龄村"的常住人口中,40岁以下的户籍人口基本不在村里住,60岁以上的老人占村里的常住人口达85%以上。这样的村子看上去屋前屋后鸡犬相闻,邻里之间和睦相处,但文艺人才匮乏,缺少特色队伍,活动形式单一,村民、文艺骨干参加文艺培训的机会较少。而且,半数以上村的文化礼堂没有专职管理人员,有些名为管理员,干的是物业保洁工作。且大多是老年人,很少有人会操作电脑、网络等现代办公设施和软件,工作力不从心,更谈不上创新。且村里年轻人奇缺,农村文化传承"后继无人"。

3. 村级经济薄弱,礼堂经费短缺

活动经费不足是制约我市文化礼堂建设薄弱村发展的重要因素。在调研中,有位老支书面对询问,吐露了他的难处,该村本来就是一个贫困村,文化基础设施薄弱,村里的日常开支也勉强维系,虽然村文化礼堂在多方帮助下建起来了,但已经拿不出多少经费用于日常维护。"巧妇难为无米之炊",没有经费和人员的支持,文化礼堂建设也是不能长久的。

4. 文化"送""需"脱节,形式重于内容

调研中,部分村民反映上级"送"的文化有时流于形式,存在"送""需"脱节、吸引力不足、针对性不强等问题。问卷显示,农民群众认为"活动不够丰富"的比例达 35%。送文化"菜单"上的内容并不一定符合村民的需求,村民普遍反映"对内容不感兴趣""讲的内容不合'口味'""听不懂普通话"等。

三、加强宁波薄弱农村文化礼堂建设的对策建议

(一)加强班子建设,提高思想认识

1. 建强班子,选好书记

一是要建好配强农村领导班子,要把有事业心、工作责任心,勇担当的党员干部选拔到基层班子中去。二是要选好书记。村书记是党的基层组织的号召者和凝聚者,是基层班子的主心骨。在农村文化礼堂建设工作中,村书记要切实提高政治站位,努力将农村文化礼堂打造成农村文化综合体和村民的精神家园。

2. 提高认识,占领阵地

农村文化礼堂建设要用社会主义精神文明,用高尚的社会主义文化和思想占领广大村民的思想文化阵地,排除其他一切腐朽、糟粕的封建落后文化。"以科学的理论武装人,以正确的舆论引导人",使农村文化礼堂真正服务于提高村民素质、繁荣农业经济、稳定农村社会,使新时代中国特色社会主义思想和社会主义精神文明"飞入寻常百姓家"。引导村干部真正把文化礼堂"建、管、用、育"与本村经济建设、环境改善、社会安全、综合发展等方方面面紧密联系起来,从思想上认识到加强文化礼堂建设的重大意义。

3.加强学习,创新机制

建立基层干部交流学习平台,将交叉交流机制向基层村镇延伸,让一线干部在参观、交流中切实认识到文化礼堂建设工作的差距,拓宽工作思路。将全市文化礼堂建设中具有鲜明特色和推广价值的典型案例和经验做法进行提炼、浓缩,编辑成册,作为开展礼堂工作的教材、范本,宣传优秀文化礼堂的发展成果,激活潜在的原生文化需求,倒逼村干部重视文化礼堂工作。

(二)培育文化能人,输入新鲜血液

1.加强队伍建设,培育内生力

积极发挥党员干部的示范引领作用,在组建队伍上下功夫。对有特长、有能力的基层党员干部,组织他们进行业务培训,提高他们的文艺专业技能,进一步发挥他们的积极性和主观能动性,带头组织村民开展好各类文化活动,增强薄弱村文化礼堂建设的内生力。

2.各级政府牵头,培育带头人

各区县(市)镇要发现、培养、组织一批热心公益事业、群众中威信高、有一定文艺特长的文化骨干,担任各个文化兴趣小组的带头人。根据各村特点,开展丰富多彩的文化活动,提高薄弱村文化礼堂的综合实力。有组织有计划地进行技术指导和培训文艺骨干,引导、使用好各类文艺活动爱好者,并从中发展一批文艺志愿者领队人,提高他们的文艺素养,进一步提高薄弱村文化礼堂建设的内生力量。

3.吸纳外来文化,培育融合力

在我市农村有大量外来务工人员,这些外来人员大多是中青年,其中不少有文化特长,要把他们组织起来,成为我市农村文化礼堂建设的生力军。既可以丰富村文化礼堂的活动,也能使本土文化与异乡文化交流融合,更有利于外来人员参与我市乡村文明建设。要积极组织外来务工人员走进文化礼堂,与村民一起同歌共舞,推动外来文化融入宁波文化礼堂活动。

(三)发展村级经济,多方筹措资金

1.发展旅游经济,增强经费保障

要发挥农村文化礼堂在壮大集体经济中的作用,坚持"绿水青山就是金山银山"的发展理念,充分利用农村青山绿水和自然人文景观资源,发展特色、红色、绿色、蓝色等各具特色的农村生态旅游经济,为文化礼堂建设注入资金。在具有一定乡村旅游资源的革命老区村、生态高山村、原味海岛村等,结合农村文化礼堂建设,开发各种旅游资源,可以集思想道德、非遗展示与步行健身等活动项目于一体,实现"一堂多用",把文化礼堂作为活动场地、会议室、农家乐等,壮大村集体经济收入,充实礼堂经费。

2.利用市场机制,实现"以堂养堂"

在人口集聚度高、交通便利的村可以把文化礼堂的部分场地和部分时间段有偿出让给有一定专业资质的公司运营管理,村里通过场地出租、教育培训等获取经营性收入,并用于文化礼堂的部分建设和管理。

(四)挖掘优势资源,灵活开展活动

1.发挥本土特色,丰富活动内容

结合农村现状,整理村史宗谱资料,注重传统文化与现代文化的融合。可以在展览墙或展览馆通过照片、文字、实物、模型或者多媒体等多种形式展示民风民俗、风土人情和村中的典型人物;举办一些群众喜闻乐见、愿意参与的活动,如文艺演出、摄影比赛、书画展览等,弘扬地方文化,传播正能量。

2.提高使用效率,变礼堂为乐堂

在文化礼堂使用过程中,要实现文化礼堂教育与娱乐的功能,把政策宣讲、道德讲堂、政治宣传、思想教育、文化学习、农技培训、文艺活动等融入文化礼堂活动中去,实现文化礼堂与乡村振兴建设相互兼容,相互统筹。通过送文化、种文化、育文化、聚人心、育人才、送人才等多方面相结合,打开礼堂的门、点亮礼堂的灯,搞活礼堂的气氛,让人进礼堂,使礼堂闹起来、火起来,让村民群众高高兴兴享受家门口的文化大餐。通过相关部门邀请市内外专家对村里感兴趣的村民进行专业指导,并请其他村民做演员、当观众,进行互动交流,激发村民文艺兴趣和参与热情,让村民体验艺术的魅力,一改薄弱村农村文化礼堂建设的冷落状态。

3.挖掘优势资源,灵活文化形式

可以制定针对性较强的公共文化服务,"乡村亲子游""爸爸在哪里""我爱我村""暑期夏令村"等系列活动也是一种可以尝试的农村文化活动新形式。如"谱写一曲村歌、拍摄一幅村景、挖掘一批村落文化、发现一些古迹;关爱一群儿童、发现一群能人、培育一批人才、汇聚一批人心、关爱一群老人、丰富一群结对;送一场戏入乡、送一批书进村、出版一部专著、编撰一批文集、打造一个品牌、开发一批文创产品;办好一次讲座、组织一次义诊、进行一次咨询、规范一场庆典、办好一场村会、开展一场讨论、组织一次比赛、组织一次捐赠、开辟一个新地"等多个"一"的文化活动,切实把我市文化礼堂建设薄弱村打造成"文化地标、精神家园"。

（五）挖掘传统文化，服务礼堂建设

1. 保护传统文化，传承历史流脉

每逢我国共同的传统节日，如端午节、中秋节、重阳节、春节时，宁波当地都会举行包青团、包粽子、做年糕、酿米酒等传统的饮食文化活动。而各村又有具有地方特色的乡村文化，所以，在农村文化礼堂建设中，要增强传统村落文化挖掘，传承、发扬历史流传下来的各种优秀村镇文化。如此种种不胜枚举。这些传统文化是我们在农村文化礼堂建设中不可多得的历史文化资源和文化遗产，我们应加大发掘力度。

2. 挖掘村落文化，增强乡村自豪

因村制宜，挖掘、提炼村落历史文化内涵，让特色文化"浓"起来。一是引导村民，特别是年长的村民，请他们收集老物件、整理口述史、讲村里的传统故事，也许从他们的口里，更能挖掘出一些村庄的传说、英雄的人物、历史的典故等；二是要充分利用村史家谱，通过对"村史""家谱""家训"的研究和挖掘，整理出一些村落历史文化，提炼乡土文化内涵；三是把村落历史文化制作成电子版，永久保存，并在文化礼堂中用大屏展示、放映，提升礼堂的文化内涵，提高村民的荣誉感和自豪感。如可以对一些"红色文化村""革命老区村""历史名人村""高山绿色村""领导题词村""海防前沿村""古城保护村""非遗留存村""渔港文化村""抗倭英豪村"等，拍摄影像资料，进行宣传教育，把"乡愁""村根"留驻在现代化的文化礼堂。

（六）掌握群众需求，精准输送文化

1. 加强调查研究，实现精准供给

文化礼堂建设薄弱村，一般也是交通不便村，文化建设滞后，经济建设不强，村民难以获得各种文化资源。所以在"输"文化过程中，要根据村民组成、村庄特点，加大政府文化采购力度，增强文化供给的针对性和有效性，努力做到送戏到村民的心坎上，送戏到村民的脑海里，送戏到村民的甜梦中，让村民笑口常开、笑脸常在，开口不离曲，闭口不离戏，手不离书，眼不离文化，身不离礼堂，沉浸在文化艺术的海洋中，激发村民极大的参与热情。从文化礼堂建设角度看，要真正考虑送、育、种文化，才更能满足村民日益增长的文化需求。

2. 突出村民主体，实现精准决策

要突出村民主体地位，赋予村民更多文化需求自主权和决策权。一是尊重村民主体地位，坚持内外并举，实现公共文化服务的外部推力与内部动力的科学互动、相互融合，使农民成为积极行动者、组织者和参与者。二是发扬民主参与

机制,通过问卷调查、座谈听证等形式,及时了解和采纳村民对礼堂建设的意见建议,以优化政府文化配送体系,及时调整配送策略和配送内容。

在薄弱文化礼堂建设中,我们还可以通过加强制度建设,做好日常管理,运用现代科技手段等途径,做好薄弱农村文化礼堂建设工作。

（作者单位：宁波市社会科学院）

新时代宁波社会风险治理的实践与创新研究

邵一琼

2019 年 9 月,习近平总书记发表重要讲话,指出"当前和今后一个时期,我国发展进入各种风险挑战不断积累甚至集中显露的时期","领导干部要有草摇叶响知鹿过、松风一起知虎来、一叶易色而知天下秋的见微知著能力,对潜在的风险有科学预判,知道风险在哪里,表现形式是什么,发展趋势会怎样,该斗争的就要斗争"。2019 年宁波市法学会在全省率先成立首家风险评估研究会。新时代下,改革开放向纵深推进,各种风险挑战前所未有,其中社会风险因素影响巨大。优化社会风险治理机制,构建社会风险治理新格局,对高水平推进宁波市域治理现代化有着重要意义。

一、宁波社会发展进入新时代:环境与挑战

(一)面临的环境

当前,我市社会大局总体稳定、长期向好的基本面没有改变,但受外来人口数量增加、人口老龄化、"二孩政策"放开等因素影响,我市人口结构发生深刻变化,社会风险领域也面临新形势和新难题。一是各种风险多样多发。新型风险层出不穷,除了传统的婚姻、家庭、赡养、宅基地、劳动争议纠纷外,征地补偿、房屋买卖租赁、物业管理纠纷等因社会发展引起的新风险明显增加,尤其是群众环保意识增强,邻避风险异常突出。矛盾纠纷主体多元化,不仅包括个人之间,而且包括个人与组织、群体与群体之间的矛盾纠纷,因小事琐事引起的纠纷数量占多数。风险范围多领域交织,很多社会风险是民事纠纷、行政纠纷、经济纠纷、治安案件甚至刑事案件混杂在一起,解决难度大。二是犯罪特征略有变化。当前,

我市刑事犯罪的形态、场景和手法正在发生深刻变化,职业化、地域化特征更加明显,非接触式犯罪比例大幅提高,通信网络新型犯罪在我市刑事案件中的占比逐年提高,黑恶势力犯罪呈现出组织"合法化"、头目"幕后化"、结构"松散化"、暴力"轻微化"发展趋势。截至 2018 年底,我市公安机关共打掉涉黑涉恶团伙 393 个,扣押、冻结黑恶势力非法资产 1.65 亿元。三是城市安全隐患增多。近年来,随着地下空间、城市综合体不断扩大,城市运行系统日趋复杂,而老百姓对行政管理服务和安全的需求却越来越高。截至 2018 年底,我市汽车保有量达到 254 万辆,2018 年新增 24.9 万辆,增幅为 10.87%。而 2018 年我市共有交通事故 1973 次,其中汽车、摩托车等机动车造成的交通事故 1583 次,占 80%。此外,我市化工产业快速发展,庞大的危化品生产、仓储和运输,使得交通、消防管控工作压力不断增大。四是人口管理压力较大。据统计,截至 2019 年 6 月底,我市登记在册的流动人口为 480.37 万人,同比增加 11.27 万人,增幅为 2.4%。其中有 388.3 万人居住在租赁房屋内,占到总数的 80.83%,大大增加社会治安管理难度。

(二)面临的挑战

1.现代社会风险认知不足

一是现代社会风险感知存在滞后。在经济全球化的大背景下,大规模人口、资源、信息、资本快速流动,加速风险传播,增加基层社会治理难度,导致一些部门对新形式社会风险的关注程度与感知能力都无法达到应有水平。如宁波个别地区存在一些黑恶势力通过注册公司、承包经营等手段,采用电话滋扰、上门骚扰催债等软暴力方式进行讨债,用合法包装掩盖非法目的,当地基层政府无法第一时间发现这些社会风险。二是社会风险危机警觉性不够。个别部门重临时应急、轻常规建设,缺乏忧患意识,存在侥幸心理,没有把社会风险治理工作纳入议事日程。如个别地区出现非法加油(私油)现象,不仅扰乱正常市场经济秩序,而且带来潜在社会风险,但是相关部门对初露端倪的社会风险缺乏警觉性,使这种现象慢慢变成行业潜规则。三是社会风险宣传认识不到位。政府对社会风险知识的宣传力度不够,形式单一,造成民众缺乏对社会风险的全面、正确认识,面对风险容易被误导。2018 年 10 月自宁波北仑春晓发生砍人事件以来,一时间谣言四起。随后发生的几起刑事案件,在网络媒体平台上被有心者夸大事件严重性,不少民众被谣言误导而在微信微博转发,进一步传播恐慌情绪。

2.信息管理体制机制有待完善

一是信息搜集工作机制不健全。多数情况下只是被动地根据要求搜集信息,主动搜集能力较弱,技术方法运用不足。网格员通过入户走访等途径了解掌握信息得不到村(居)民的有效配合,收集的信息量较为有限。特别是新农村建设不断推进,土地征用、建筑破拆、路桥施工等存在较大利益空间,而农村管理和警务资源相对薄弱。如果信息搜集机制不健全,黑恶势力乘势而入村(社区)管理,那么极易出现重大社会风险,影响社会稳定安全。二是信息发布机制不健全。由于政策或法律缺失,社会风险信息发布存在较大自由度,为减少事端而采取少公布、晚公布一些信息的做法,加上政府与公众信息互动不及时,导致公众信息反馈缺失,容易埋下重大社会风险隐患。如某区垃圾中转站建设事件,在项目审批时虽然经过技术论证和公示,但是公示后没有及时和周边居民沟通解释,导致在准备项目建设时,周边居民多次上访,并采用堵路、不予配合等方式阻止项目建设,导致项目推进缓慢。三是政府内部传递信息机制不合理。传统社会风险信息管理机制具有封闭、垂直的特点,但由于存在个别部门或区域的保护主义思想,横向的平级部门间的信息往往很难及时传递。

3. 协同治理格局尚未形成

一是基层政府本身存在缺陷。面对多元主体日益增长的治理需求和社会公共事务治理碎片化,基层政府传统的垂直管理模式出现管理空白和漏洞,个别基层政府动员组织群众能力弱,采取行政手段多、运用市场手段少。如热电厂的迁建事件中,某区政府确定选址并召集相关部门、利益相关方签署备忘录,但房产开发商却没有明确告知购房者关于热电厂的具体位置、环境影响,造成大批已经购买房产的居民担忧电磁辐射等问题,不断向环保部门反映,一些情绪激动的业主甚至与售楼处保安发生冲突,影响项目建设推进。这暴露出个别基层政府依靠专门力量过多、发动社会力量较少的问题。二是社会组织专业水平参差不齐。一些社会组织市场准入门槛较低,导致整体力量薄弱、专业人才匮乏、评估流程不规范、评估方式自由化,个别组织独立寻找风险、风险调查以及落实风险防范化解能力较弱,往往要依赖于当地政府和基层组织。三是社会参与渠道少且不畅通。面对社会风险时,没有统一秩序引导,也没有形成一些共同准则,这有时候会引起民众混乱,影响风险治理效果。民众包括机关干部参与应急演练的机会较少,平时预案演练不足、预案熟悉度不高,预案难以发挥实际效用。

4. 风险评估重视程度不够

一是风险评估走过场。评估开展只停留在"评"的层面,重形式、轻效果,不能很好地运用评估结果,没有把评估工作与矛盾化解工作有机结合,导致风险评估机制没有发挥应有作用。二是风险评估不敢评。面对地方党委、政府的决策和引进的重大项目,个别部门担心评估工作可能影响党委、政府决策,影响招商引资工作,妨碍项目落地从而遭受指责,故有时避重就轻,选取部门重点项目"走走程序"。三是风险评估不规范。对一些跨地区跨部门的重大工程项目和重大决策进行评估时,会出现责任主体不明确、评估内容不具体等问题,从而使评估工作无法进行。

二、进一步推进新时代社会风险治理:思考与建议

(一)培育风险意识,着力营造社会信任新环境

一是重视风险应对行为引导。畅通民众利益诉求通道,高度重视突发事件等社会风险苗头,对风险多发地区进行社会调查和深入了解,重点关注研究社会热难点问题,保障人大、政协、工会、妇联、听证会、上访、信访、司法等渠道,积极引导公民向制度化和半制度化渠道靠拢。二是重视风险知识普及和认知改善。通过风险意识启蒙和加强风险责任意识培育,一定程度上缓解民众对"四重一敏感"政策的"对抗性解读",使公众能够坦然应对那些可能造成的伤害或已经产生的损失,使得潜在危害感知正常化、可接受化。除了利用新媒体手段宣传外,也要重视传统媒体以正视听,培育民众理性参与氛围。三是培育积极健康的城乡居民社会心态。将社会心理服务与村(社区)服务有机融合,方便群众享受快捷、精准、专业的心理服务。推出社会特殊人群"心防"工程,形成科学化、专业化、分众化的社会心理服务网,组建基础队伍、专门队伍、社会队伍三位一体的社会心理服务人才体系,开展差异化心理服务疏导和危机干预,同步落实跟踪帮扶措施,最大限度防止发生极端案件,有效防范和降低社会风险。

(二)创新信息管理,着力建立风险预警防控新体系

一是推动信息管理结构扁平化。推动信息资源整合,促进信息横向传递,加快推动建立党委政府主导、综治部门或公安机关推动、各部门力量配合参与的协调联动机制,全面加强与银行、工商、医疗、劳动、房产、教育、交通等部门的衔接沟通,建立常态协作联系制度。二是健全舆情研判和信息引导机制。建立社会风险预警指标体系,通过"三色预警"等机制,加强市、区县(市)、街道(乡镇)三级舆情研判导控平台建设,及时关注网络动态,盯住重点难点、社会敏感问题。各级政府及相关部门都要建立新闻发言人制度,定期向社会发布准确信息,有突发事件时第一时间发布权威信息,最大限度挤压谣言空间,努力掌握网络舆论引导主动权。三是加强网络综合防控机制。健全宣传部门统一领导、相关职能部门参与的齐抓共管的网络管理机制,组织信息员、网评员等群防群治力量,提高对网上煽动网下串联行动的突发事件和群体性事件的处置打击能力。

（三）注重多元共治，着力形成平安建设新常态

一是加强政府部门协调联动。强化不同部门间衔接配合，整合基层各站所资源力量，积极开展矛盾纠纷排查，将风险评估、治理及风险责任落实衔接起来。各级党委政府之间应加强风险沟通和应急联动，在统一平台上实现上下级之间的纵向指挥和不同部门之间的横向协作。二是发动社会组织协同治理。切实提高社会组织参与社会风险治理的独立地位，提高社会组织参与治理的门槛，加强行业指导，强化制度建设，特别是在风险隐患较大、矛盾突出、涉及公共利益、跨地区跨部门等事项上要明确规定让律师事务所、公证处、新闻媒体、评估机构等社会组织参与进来，充分发挥社会力量的积极性。三是动员广大群众参与治理。借鉴"枫桥经验"，创新社会治安综合治理模式，立足基层基础，整合社会资源，发动群众力量，形成品牌效应。发挥"村民说事"的民主协商作用，强化"村规民约"的规范功能，引导群众参与基层矛盾纠纷预防和化解。加强基层应急救援和保障能力，扎实做好多层次、多渠道、全方位、全民参与的应急演练。

（四）推动程序落地，着力完善风险评估新机制

一是推行社会风险评估"一把手"负责制。实行社会风险评估和治理方案向党政"一把手"直接送达的直报机制。通过强化日常学习、调研指导、典型引导、党校培训等方式，切实加强领导干部对社会风险治理的学习，强化社会风险治理与评估理念，消除社会风险评估与环境影响评价混淆等常见误区。二是推动风险评估工作规范化、常态化、法制化。尽快出台《宁波市重大决策社会风险评估实施细则》《宁波市风险评估机构管理办法》等相关规定，健全重大工程项目和重大政策制定的社会稳定风险评估机制，重点评估审查民生问题、社会管理、资金链问题、干部能力、舆论炒作以及诱发性问题等"六类风险点"，按照谁决策谁评估原则明确评估主体，切实将稳评工作纳入现行决策程序、部门职能、审批体系以及绩效管理，严格责任倒查机制。三是重视风险事件的跟踪分析。即时收集和整理各地出现的社会风险事件，对引发事件的深层次原因进行分析和归类，从而建立相应的应急预案和治理方案。

（作者单位：宁波市社科院）

推进宁波文化小镇高质量发展问题研究

李广雷

　　文化小镇是一种以文化资源为主要生产对象、以文化产业为主要生产方式、以文化消费和文化服务为城镇核心功能的新型特色小镇。总结宁波文化小镇发展现状,并在此基础上探索适合文化小镇特点的高质量发展模式和道路,对厚植发展新优势、助推文化强市和新型城镇化具有重要现实意义。

一、宁波文化小镇发展现状

(一)宁波文化小镇类型

　　1.历史文化名镇。这类文化小镇由国家或者省住建部门和文物局组织评选,入围标准为保存文物特别丰富且具有重大历史价值或纪念意义的、能较完整地反映一些历史时期传统风貌和地方民族特色的镇。宁波有中国历史文化名镇3 个,省级历史文化名镇 5 个[①]。

　　2.行业文化小镇。这类小镇由行业主管部门认定,大多拥有独特的自然资源、建筑风貌、节会风俗、特产风物、餐饮风味和人物风采,具备以旅游休闲为主导功能的业态,类型包括森林文化小镇、旅游风情小镇和非物质文化遗产小镇等。宁波有"国家级森林文化小镇"1 个,省级"旅游风情小镇"创建培育小镇 16个,市"非物质文化遗产小镇"7 个。

　　3.文化特色小镇。这类小镇多依托地方传统优势产业,通过特色小镇这一

---

　　①　除注明外,数据统计时间节点均为 2019 年 12 月,下同。

载体,将文化元素要植入产业发展全过程,为传统产业注入新活力,或者依托丰富的自然和人文资源,推进集旅游、休闲、文化于一体的文旅产业链建设,类型包括文化产业小镇、文旅产业小镇和创意设计小镇。典型代表有慈溪市的鸣鹤药镇、杭州湾新区滨海欢乐假期小镇、象山星光影视小镇、海曙区梁祝爱情小镇和奉化区的雪窦养心小镇等。全市入围省以上创建名单特色小镇 15 个,入围市创建名单 26 个,其中以特色文化及相关产业为主导的有 14 个。

(二)宁波文化小镇发展模式

1. **"文化+经典历史产业"发展模式。** 典型特征是"传统文化+经典产业+N",以文化的展示、传承和体验为核心,以历史经典产业的研发、设计、生产、发布、博览和会展为基础,并形成与文创、健康、旅游、互联网和数创产业融合发展的趋势。这类小镇与工艺传承、产业积累、生态人文环境资源等因素关系密切,是天时、地利、人和的产物,像慈溪市的国药小镇。

2. **"文化+创意产业"发展模式。** 主要通过文化元素打造现代创意平台,服务实体经济发展,实现"创意文化+特色小镇"建设,有代表性的是镇海 i 设计小镇、宁波文创港等。文化创意产业本身属于知识密集型产业,资源消耗少,综合效益好,具有较强的行业黏合性和渗透性,具有打造多种文化创意特色小镇的潜力。

3. **"文化+现代制造业"发展模式。** 这是宁波块状经济类产业园区转型升级打造特色小镇中体现文化内涵的主要模式,如余姚智能光电小镇、宁波杭州湾汽车智创小镇、宁海智能汽车小镇等。

4. **"文化+旅游产业"发展模式。** 主要通过充分挖掘文化遗迹、非物质文化遗产,打造特色文化活动品牌,实现"旅游文化+特色小镇"建设。政企合作(PPP)是现阶段打造文化产业特色小镇的通用模式,有代表性的如杭州湾新区滨海欢乐假期小镇、象山星光影视小镇、奉化时光文旅小镇等。

(三)宁波文化小镇发展特点

1. **以特色文化资源为小镇建设的核心资源。** 如梁弄镇依托革命时期的旧址群等红色文化资源和良好的生态资源优势,形成以横坎头为核心的红色旅游集群。

2. **以文化遗产为小镇建设的比较优势。** 如慈城镇推动文化遗产保护、文化产业发展双向联动,全力提升文化影响能级,成为联合国教科文组织认可的亚太地区文化遗产保护的典范。

3. **以融合思维为小镇建设的能动力。** 如星光影视小镇以影视产业为核心,形成集影视旅游、休闲度假、影视制作、艺术众创等于一体的发展模式。

二、宁波文化小镇发展存在的问题

（一）文化内涵缺失

一是存在概念化、同质化现象。一些地方将文化小镇视为破解增长乏力的机遇，在没有充分考虑自身资源禀赋、产业基础以及运营能力的情况下，仓促启动文化小镇建设。二是建设过程中忽视文化遗产保护和文化传承，存在潜力挖掘不充分、文化形象模糊、文化内涵缺失等问题。三是一些小镇把主要精力用于产业项目招商，对包括公益性文化设施在内的社区配套功能建设兼顾不够。

（二）产业集聚度低

一是缺乏领军型文化标杆小镇。在全省正式命名的小镇中，以时尚、文旅等泛文化形态为主导的有 11 个，占总数的一半。可见文化类小镇是当前特色小镇培育创建的主要切入点。就宁波情况看，市内文化类标杆小镇均属于培育类。二是产业链缺乏全覆盖。如影视星光小镇，作为全省唯一的创建类影视文化特色小镇，产业链布局尚未实现上游制作制片、中游发行、下游放映及相关设备器材研发、销售的全覆盖。三是产业结构不合理。创意产业小镇发展相对滞后，产值低与结构性矛盾并存，广告会展、管理策划、数字娱乐等较少。

（三）要素支撑薄弱

一是金融支持不足。由于资金投入量大、建设周期长、重资产特质以及商业银行关于政府类项目融资政策变化，部分发展前景不明朗的文化小镇存在资本支撑后劲不足或不可持续发展的问题。二是人才吸引力不强。部分经典历史产业存在工艺美术大师老龄化、非遗国家级传承人传承断档等共性问题；文化资源挖掘整理保护、人文环境规划设计改造和文化创意专业人才总量缺乏、结构欠佳。三是载体平台建设滞后。在创意文化小镇中，各类创意平台载体的资源要素集聚能力不强，在发挥文化带动作用、促进文化产业与制造、金融、科技、信息、旅游等的深度融合方面不够充分。

（四）工作机制不完善

一是多头管理主体、统筹协调难的问题依然突出。现行机制为部门分工合作、市县统筹推进、企业为主建设，联席会议办公室履行综合指导职能，宣传文化部门角色和职责不是很清晰。二是考核指标体系待完善。省级特色小镇考核指标体系中，仅涉及非遗工作和公共文化设施建设两个方面，文化建设考核内容单一，文化主管部门参与度不高。

三、推进宁波文化小镇高质量发展的对策建议

（一）挖掘保护文化资源、有序传承文化遗存，为高标准规划建设夯实基础

1.加强文化资源的调查评估。全面调查、梳理、评估特色小镇区域内各类文化资源，包括体现优秀传统文化价值、能够保护利用的文物古迹、传统村落等物质文化资源，匠人技艺、民风民俗等活态的非物质文化资源，以及旅游、文艺、创意设计等现代文化资源，建立系统完备的数据库，为挖掘文化价值和发展潜力奠定基础。

2.加强文化资源的保护管控。以"历史的真实性、风貌的完整性、生活的延续性"为原则，加强区域内文物建筑、工业遗产、传统村落的保护管控、修缮利用和创意化改造，构建以"文化产业功能区、文化产业示范园区、文化街区、文化空间"为主的新型文化空间和体系架构，在保持遗存空间立体性、平面协调性和风貌整体性的前提下，形成与地理特征、文化传统、人文个性相符合的整体风格和文化形象。

3.立足资源禀赋做好规划编制。在规划编制过程中，要立足人文地理禀赋和历史人文资源，深入挖掘和发挥地方传统空间和文化特色优势，以传承优秀设计文化、摒弃"洋大怪"规划设计模式，使自然和文化特色与小镇建设相协调，为产业和空间走特色化发展之路提供顶层设计。

（二）提升产业基础能力和产业链竞争力，做精做强主导特色产业

1.推动现代文化产业和配套设施向文化小镇布局。创新政府与市场良性互动的建设运营模式，发挥好要素市场的资源配置功能，加大对创意设计、艺术会展、文化旅游等领军型文化产业的定向招引，加大文化设施建设力度，使小镇成为文化产业发展的新引擎，文化要素集聚的新平台，文化遗产传承创新的新基地。

2.积极探索传统文化资源产业化路径。发挥非物质文化遗产小镇文化传承和创新发展的载体作用，深入挖掘骨木镶嵌、金银彩绣、泥金彩漆、朱金木雕、甬式家具以及越窑青瓷等国家级和省级非遗项目文化内涵，培育和孵化更多历史经典产业特色小镇，提升文化附加值与无形资产，传承传统工艺文化精髓，为重塑传统产业要素与价值链提供成长和变革空间。积极打造互联网创客、艺术创客、农业创客、教育创客、休闲服务创客等各类新业态，通过提供工作机会、适度

生活补助等方式建设创客基地,引导年轻人参与到传统文化产业的传承创新中来。

3.积极推动文化与旅游深度融合。以文化资源为内涵,以产业资源为引导,以旅游业态为载体,积极推进基于地域文化特征的文化旅游小镇转型发展。如前童镇、梁弄镇、石浦镇等历史文化名镇,要深度整合属地特色人文资源、自然资源、产业资源等关联性资源,将产业竞争力植根于独特的历史人文土壤里,打造以"微度假"为品牌的乡村度假型产品集群,形成全领域、多层次、多品类的文化旅游产业链。对制造业小镇,要通过创意和再生设计,深化工业旅游线路建设,形成文化体验与科技观光相融合的工业旅游配套功能。

4.推动文化创意产业在小镇集聚。完善文化创意与科技、金融协同发展的体制机制和运行体系,面向文化艺术、影视传媒、数字出版、设计服务等领域,建立数字化创意设计、云计算技术应用等开放共享的专业化服务平台,凝聚文化创意精英,培育创意制作生产、传播营销、技术服务、金融服务等各类企业。

(三)补齐公共文化短板,完善小镇文化功能

1.提升公共文化设施,丰富文化产品供给。推动特色文化活动和优质文化资源向小镇倾斜,支持民间资本参与博物馆、纪念馆、陈列馆等公共文化设施建设,建设一批体现小镇特质、蕴含小镇精神的文体设施。通过政府购买服务等多种方式加强公共文化产品供给,搭建更加有效、更具特色的公共文化服务平台,对公益性文化项目,制定明晰的帮扶标准和监管制度,提高补贴力度。

2.推动文化成果互联互通,提升小镇知名度、美誉度。鼓励有条件的小镇以特色建筑为平台、属地文化为灵魂,加强对传统文化街区的改造提升,建设历史文化资源展示区或主题文化景观生态线,营造与现代城市差异化的情景。立足文化积淀和文化产业特色,搭建民俗节、艺术节、戏剧节、音乐节、产品博览节、展会论坛、文化赛事等文化交流传播平台和特色性文化节会,打造特色文化活动品牌。

3.呵护小镇文化传统,提升居民认同感和归属感。尊重本地居民的历史记忆,以系统化的特色文化标识为指向,构建文化、生态、生活、产业有机融合的生态型空间体系,让懂得本地历史传统与民众情感的"文化人""乡贤"立足小镇,发挥文化保护、传承、创新、建设的重要作用。

(四)加大政策创新力度,引导高端要素向文化小镇集聚

1.以引领高质量发展为导向,优化创建机制。优化联席会议办公室成员单位职责,拓展文化专项小组工作内容,强化其在文化小镇规划建设、文化内涵挖掘以及文化功能培育等方面的指导作用。建立健全统计监测指标体系,规范统

计口径、统计标准和统计制度方法,为文化小镇的管理治理提供依据。开展试点示范工作,以正面引领高质量发展为导向,挖掘典型案例,总结有益经验,树立示范性标杆。把文化小镇培育与国家文化产业园区申报、文化产业重点项目资助结合起来,选择不同区域不同小镇分类开展试点。

2.完善金融政策,强化资金保障。完善金融服务机制,在债务风险可控前提下,引导金融机构提供长周期、低成本融资服务,支持产业发展及基础设施、公共服务设施、智慧化设施建设。设立发展基金,通过股权投资、债权投资或股债集合的方式,发挥财政资金对社会资本的引导撬动作用。支持文化遗产资源丰富的小镇申报历史文化街区、名镇、名村,将具备文物价值的各类遗存申报相应级别的文物保护单位。

3.完善人才政策,推动人才集聚。以新型智库建设为载体,引入专家咨询、外部运营、咨询机构高端文化人才,针对文化小镇建设的专门政策、工作机制和创意支持等,开展系统探索研究,以在规划编制、建设培育中更好地融入文化元素。与高校等文化机构合作建立艺术教育实践基地、美术写生创作基地,鼓励高校相关专家参与开发系列文化创意产品。

4.完善用地政策,破解用地瓶颈。用地指标优先向文化小镇覆盖,对社会力量投资兴办剧场、博物馆、美术馆、文化产业园区等文化产业基础设施的给予用地方面的政策支持。引导文化小镇盘活存量建设用地和低效用地,鼓励集体建设用地以入股或租赁等形式分享文化小镇发展收益。鼓励企业通过收购、升级改造旧城区、旧村、旧工业区等方式建设文化创意产业集聚区,并将其改造提升为文化小镇。

(作者单位:宁波市社会科学院)

发挥党组织在宁波基层治理中的引领作用研究

王铭徽

党的十八大以来,以习近平总书记为核心的党中央高度重视党组织在基层治理中的引领作用。习近平总书记指出,党的工作最坚实的力量支撑在基层,经济社会发展和民生最突出的矛盾和问题也在基层,必须把抓基层打基础作为长远之计和固本之策,丝毫不能放松。

一、新时代对党组织引领基层治理提出了新要求

当前,我国正处于"两个一百年"奋斗目标的历史交汇期,长期积累的各种社会矛盾的释放、外部环境的深刻演变,使得基层治理面临的挑战异常艰巨复杂,社会风险源头多、风险点分布领域广,新旧交织、内外并存、传统与非传统叠加,这些风险借助信息化的迅猛发展,极易快速传播放大。同时,随着社会主要矛盾发生历史性变化,人民对美好生活的需要日益广泛,不仅对物质文化生活提出了更高的需求,而且在民主、法治、公平、正义、安全、环境等方面的需求也日益增长。当前面临的一个重要课题,就是如何发挥党组织的引领作用,正确认识和妥善处理发展起来以后不断出现的新情况新问题,进而推动基层治理步入科学化轨道。

坚持党对基层治理的全面领导,是改革开放以来基层治理及其创新实践最重要的成功经验,是新时代基层治理方式与时俱进的必然要求。党的十九大报告强调指出,要"完善党委领导、政府负责、社会协同、公众参与、法治保障的社会治理体制"。作为基层治理的核心力量,党的建设水平直接关系到基层治理的质量。创新基层治理体制,把资源、服务、管理下沉到基层,把基层党建同基层治理

有机结合起来,是新时代实现基层治理现代化的主要思路。

二、新时代党组织引领基层治理面临的现实困境

近年来,宁波市以政治引领为核心、以有效覆盖为基础、以资源整合为关键、以智慧党建为支点、以精准服务为主题、以要素投入为保障,进一步在组织融合、队伍融合、活动融合、服务融合上抓深化促完善,初步探索出一条新时代党组织引领基层治理的新路子,取得了一些扎实的成效,但与新时代党的建设的新要求相比,与党员群众的新期盼新愿望相比,还存在一些亟待改进的地方。

(一)基层党组织"双覆盖"仍待加强

组织和工作"双覆盖"是增强基层党组织战斗堡垒作用的重要基石。面对急剧变化的经济社会状况,面对量大面广的城乡各类组织,党组织建设仍有很大提升空间。一是"两新"组织仍是基层党建的薄弱点。对于"两新"组织来说,由于数量多、分布广、党员少、党员流动较为频繁,生产经营不稳定,组织和工作的"双覆盖"还有诸多空白。二是农村党组织软弱涣散现象仍有存在。党员老化问题较为严重,党员奉献精神有所弱化,有些党组织发展党员存在家族化和宗派化倾向。三是统筹引领社会资源的能力不足。一些基层党组织习惯于"关起门来搞党建",主动统筹引领社会组织的意识不强,存在角色缺位、领导核心作用发挥不足的问题。一些基层党组织常态化联系服务群众的机制不完善,内容、项目和手段单一,失去群众、失去阵地的问题不容忽视。

(二)基层党组织的政治属性和政治功能不够凸显

一是基层党组织对党员缺乏凝聚力感召力。社区党组织基本上依托地缘要素建立,党员的年龄、学历、职业差异较大,对组织生活的诉求不一,交流存在一定障碍,进而导致个别党员对所在党组织的认同感弱化。二是组织生活政治主旋律不强。有的学习内容相对空泛,学习方式过于生硬,无法满足党员自主性、参与性需要,也触及不到广大党员的灵魂深处;有的过分强调"互联网+"的便捷性和灵活性,在一定程度上忽视了开展集中性组织生活的仪式感和庄重感。三是党建引领基层治理中的政治功能缺失。在推行"党建+治理"模式过程中,有的把基层党建和基层治理割裂开来,就党建抓党建,习惯于"自转",未能有效整合基层治理的社会资源,没有发挥基层治理的"主心骨"作用。

(三)基层党组织引领基层治理的能力不相匹配

一是一些党组织引领基层治理的"专业化"不强。目前基层党组织的治理共

建主要还处于"联谊式""援助式"状态,很多时候依靠与驻区单位打"感情牌""苦情牌"推进工作。组织居民参与选举类政治活动、联谊类文化娱乐活动及捐款类公益慈善活动相对较多,而组织居民参与社区治理方面的活动相对较少,尤其是对社区养狗、高空抛物、绿化养护、随意停车等居民强烈反映的问题,更是缺乏有效的"专业化"应对举措。二是基层党组织搞的一些活动"形式主义"突出,网格巡查留痕也一定程度上加重了社工负担。三是一些党组织处于"隐身"状态。尤其是在购买公共服务工作中,往往向社会组织"一推了之",群众享受到了便利服务,但由于基层党组织处于"隐身"状态,群众感受不到党组织的存在,自然也感受不到党组织的温暖。

(四)基层党组织引领基层治理的机制亟待完善

一是基层党组织"小马拉大车"的问题仍然没有得到解决。很多镇乡(街道)经常把上级布置的工作直接交给社区办理,各项考核最终落脚点也都是在社区。但是社区党组织整合各方资源的权力却太小,对驻区单位缺乏有效的参与管理权、组织协调权和考核监督权,存在着"协调不动、管理不了、统筹不好"等突出问题。二是基层党组织在基层治理中的"无限责任"情况较为突出。三是基层治理一线留不住优秀人才的老问题依然存在。社工收入与其付出仍然不成正比,区域不均衡现象仍然广泛存在,部分区域社工流失率非常高。目前我市一些社区党组织负责人普遍年龄偏大,接班人问题需引起有关部门重视。

三、新时代发挥党组织引领基层治理的若干建议

党组织引领基层治理是一项系统工程,必须坚持系统谋划、整体推进,构建上下衔接贯通、左右协调联动的体制机制,始终加强政治引领、统筹引领、智能引领、服务引领和法治引领,在基层治理中全方位锻造党组织的组织力,不断扩大党建引领基层治理的整体效应。

(一)加强党组织对基层治理的政治引领

突出基层治理的政治核心。要充分发挥各级党组织统揽全局、协调各方的领导核心地位。要从坚持和加强党对农村工作的全面领导、推动从严治党向基层延伸、巩固党在农村执政基础的战略高度,持续整顿软弱涣散的村级党组织,坚决遏制与防范黑恶势力和宗族势力干扰、宗教势力渗透蔓延,促进农村基层党组织全面进步、全面过硬。要加强社区党组织建设,强化社区党组织对居委会、业委会的领导。

强化基层治理的政治功能。党的十九大明确提出党的政治建设的重大命题,并把政治建设作为党的根本性建设。在基层治理中,要把政治建设摆在首位,增强"四个意识"、坚定"四个自信"、做到"两个维护",确保党组织能够有效引领各类基层组织自觉坚持党的政治领导,贯彻党的政治主张。

确保基层治理的政治方向。各级党组织必须起到政治核心作用,把好方向、掌好舵,经常对标对表,及时校准偏差,确保基层治理的政治方向。在具体事务性问题上,各级党组织要充分发挥各类社会治理主体的积极性和主动性,支持、鼓励、引导各类社会主体明确各自的功能定位,拓展作用的发挥空间,提升治理的专业水平,形成共建共治共享的基层治理格局。

(二)加强党组织对基层治理的统筹引领

建设一支高素质的党员干部队伍。要选优建强基层党组织带头人队伍,加快推进村党组织书记、村委会主任"一肩挑",严格村党组织书记县级党委备案管理制度,建立村党组织书记资格条件常态化审查机制,把受过刑事处罚、存在村霸和涉黑涉恶等问题的村"两委"成员坚决清理出去。

引导各类社会主体参与基层治理。基层党组织要以更加开放的姿态打造区域利益共同体,抓住社会组织、业委会、物业公司、群众活动团队等关键力量,积极构建党组织一元主导和社会组织多元共治的基层治理框架,以党的组织覆盖和工作覆盖为推动力,借助区域资源开展党建引领基层治理工作,推动社区与驻区单位党组织开展契约化共建,加快构建区域统筹、条块协同、上下联动、共建共享的党建新格局。

完善多元协同的工作推进机制。建立社区党组织对业委会成员和物业公司的把关制度,社区党组织牵头职能部门及居民测评业委会和物业公司的工作实绩。针对兴趣性、公益性、互助性、服务性的群众团队,推广"支部领导团队、党员融入团队、团队凝聚群众"的团队党建工作模式。

(三)加强党组织对基层治理的智能引领

实现党组织引领基层治理数据实时共享。完善市级基层社会服务管理综合信息系统,将相关政务 APP 统一整合到"浙政钉",逐步实现"一端通办"。推进市级基层社会服务管理综合信息系统与职能部门系统的对接融合,实现数据信息实时共享、网格事件双向流转。加速提升信息互联、功能集成的"锋领 e 家",推动党建信息平台与基层治理综合信息平台互联互通,打破信息壁垒。

提升党组织引领基层治理的智能化水平。量化细化基层治理内容,促进基层治理向精细化、规范化发展。以需求为导向,从"大数据＋大诚信""大数据＋大平安""大数据＋大城管""大数据＋大教育""大数据＋大健康""大数据＋大生态""大数据＋大民生"等方面,利用云计算、云储存、区块链技术,整合软、硬件资源,加快数据开放共享,进一步推动党组织引领与多元社会主体参与的协同融合。

搭建党组织引领基层治理的线上线下平台。基层党组织的智能引领作用发挥,关键在于充分挖掘互联网的灵活性、开放性、扁平化和高效性功能,真正实现党组织引领基层治理的精准化。要以年轻人喜闻乐见的形式,开展丰富多彩的线上线下活动。要依托智能化平台,实现社会治理领域的数据归集、共享与运用,提升党建引领基层治理的智能化和精准化。

(四)加强党组织对基层治理的服务引领

深化全领域服务型党组织建设。在区县(市)、镇乡(街道)、农村、社区和"两新"组织集聚区,分别设立党员志愿服务总站、分站和窗口,为群众提供一站式便捷化服务。深化在职党员"一员双岗"锋领行动,探索建立完善在职党员社区表现档案,引导在职党员主动认领公益岗位和服务项目。积极开展"解群众烦心事、破百姓挠头难"活动,实施微项目、微公益、微服务、微心愿、微能量等"五微"服务。

建立全科式网格服务团队。深入推进网格党建,建立网格党小组、党支部,实现网格党组织的全覆盖。大力推进基层党组织班子成员、党小组长等党员骨干担任网格长、网格员,确保每个网格配备 1 名以上专职工作人员。实行镇乡(街道)班子成员联网格、在职党员进网格、小分队驻网格,参与网格事务管理,组团开展为民服务。深化网格党组织与区域单位的合作共建,把联系服务党员群众、社情民意采集、公众参与动员等工作统筹到网格中,实现党建网格、城市管理网格和自治共治网格"三网融合"。

全力为群众创造美好生活。基层党组织要努力补齐公共服务的短板,搭建综合性服务治理平台,推进邻里中心建设,以群众需求为导向设置服务项目。邻里中心采用党组织引导下的多元治理模式,由片区中具有一定威望的社区书记担任理事长,理事会成员由社区骨干、驻区单位和各类社会组织的代表担任。发挥业委会、居委会、物业公司的功能,激励既有能力又有意愿的老干部、老党员、老乡贤、老娘舅的积极性,也可将机关事业单位退休党员的组织关系迁到社区,加强基层党员骨干的服务能力。

(五)加强党组织对基层治理的法治引领

提高基层党员干部依法办事的能力。增强运用法治思维和法治方式协调利益关系、处理基层事务、化解矛盾纠纷的能力和水平。要深化"一村(社区)一法律顾问"工作,加强基层法治队伍建设,充分发挥法律顾问在村(社区)级班子依法办事和重大决策、群众法律援助、基层矛盾纠纷调处等方面的职能作用。要普遍推行基层党组织主导的村(居)民议事会、听证会、协调会、评议会等制度,推动基层治理在法治轨道上有序运行。

有效破解基层治理"碎片化"问题。要紧扣基层治理中的现实问题,压实党组织书记"第一责任",坚持"事要解决"原则,以人民为中心,及时有效回应群众关切。鉴于宁波市外来人口较多的实际,要拓展外来人口参与基层治理的有效途径,促进非户籍常住居民及党员参选村(社区)班子,实现外来人口与本地居民共融发展。

坚决铲除影响基层治理的黑恶势力。强力整顿涉黑涉恶的软弱涣散基层党组织,重拳惩治村霸乡霸,严厉打击黑恶势力对基层组织的干扰、渗透、破坏,坚决清除黑恶势力"关系网"和"保护伞"。深入开展民生领域专项整治工作,全面推行农村基层作风巡查制度,严肃查处发生在群众身边的"四风"问题、腐败问题和损害群众切身利益的案件。加强对村级"三资"管理、工程项目建设、惠农政策措施落实、耕地和资源保护、土地流转以及村干部廉洁履职情况的监督。

(作者单位:宁波市社会科学院)

后　记

　　自 2006 年以来,《宁波发展蓝皮书》走过了 14 个春秋,已经成为宁波市社科院(市社科联)服务地方经济社会发展的品牌项目,成为外界了解宁波发展的一个重要窗口。

　　2019 年是新中国成立 70 周年。面对复杂局面,宁波市坚持稳中求进工作总基调,深入实施“六争攻坚”行动,全力打好高质量发展组合拳,高水平全面建成小康社会取得新进展新成效。2020 年 3 月 29 日至 4 月 1 日,习近平总书记亲临浙江,来到宁波考察,赋予了浙江“努力成为新时代全面展示中国特色社会主义制度优越性的重要窗口”的新目标新定位。市委、市政府立足服务全国全省大局,确立了当好浙江建设“重要窗口”模范生的目标定位。站在新的起点上,编纂出版《宁波发展蓝皮书 2020》,为市委、市政府决策提供参考,为各级各部门工作提出建议,具有重大现实意义。

　　在编写过程中,本书力求体现以下几个特点:一是选题的时代性。蓝皮书始终坚持服务市委、市政府中心工作,围绕宁波经济社会发展的重大理论和现实问题开展研究,使研究成果能够贴近宁波发展的实际,努力发挥宁波市社科院(市社科联)“思想库”“智囊团”的作用。二是内容的系统性。作为一部综合性的年度研究报告,全书既包括全面反映宁波政治、经济、社会、文化、生态文明和党的建设发展状况的总报告,也包括各行各业发展状况的产业篇和各区县(市)发展状况的区域篇,还包括与当年度宁波经济社会发展趋势紧密结合的专题研究报告。三是方法的创新性。本书坚持理论与实践相互结合,定性研究和定量研究相互支撑,回顾总结与未来展望相互融合,立足发展实践,突出探索创新。四是成果的应用性。坚持把编写蓝皮书作为加强科研成果转化应用的重要形式,不管是对经济社会发展情况的评估、分析,还是对未来发展趋势的研判、预测,目的都是为各级党委和政府相关工作部门提出建议和对策,从而服务于经济社会发展。

　　宁波市社科院(市社科联)院长(主席)徐方担任本书主编,于立平、鲁焕清、童明荣、李建国担任副主编,负责全书的总体策划、框架确定和终审定稿。科研管理处具体负责编撰计划制订、组织实施、作者协调、书稿审读、课题撰写与出版发行等工作;办公室负责经费使用、文件发布等事宜;经济研究所、社会发展研究所、文化研究所、党建研究所承担了相关专题研究报告的调研、撰写和审稿工作。

　　本书在调研、撰写、编辑和出版过程中,得到了宁波市各区县(市)、有关部门和驻甬高校、党校的鼎力支持,浙江大学出版社也给予了大力支持,在此表示诚挚的感谢!

　　囿于水平,本书难免存在不足之处,恳请大家批评指正。另外需要说明的是,本书引用了大量统计和调查数据,由于各种原因,数据可能存在前后不尽一致或与统计年鉴、统计公报不符等情况,务请读者在引用时注意核对。

编　者

2020 年 6 月

图书在版编目（CIP）数据

宁波发展蓝皮书. 2020 / 徐方主编. —杭州：浙
江大学出版社，2020.6
ISBN 978-7-308-20128-5

Ⅰ.①宁… Ⅱ.①徐… Ⅲ.①区域经济发展－白皮书
－宁波－2020 ②社会发展－白皮书－宁波－2020 Ⅳ.
①F127.553

中国版本图书馆 CIP 数据核字（2020）第 052848 号

宁波发展蓝皮书 2020
徐　方　主编

责任编辑	吴伟伟	
文字编辑	严　莹	
责任校对	杨利军　夏湘娣	
封面设计	周　灵	
出版发行	浙江大学出版社	
	（杭州市天目山路 148 号　邮政编码 310007）	
	（网址：http://www.zjupress.com）	
排　　版	浙江时代出版服务有限公司	
印　　刷	虎彩印艺股份有限公司	
开　　本	710mm×1000mm　1/16	
印　　张	17.75	
字　　数	333 千	
版 印 次	2020 年 6 月第 1 版　2020 年 6 月第 1 次印刷	
书　　号	ISBN 978-7-308-20128-5	
定　　价	78.00 元	